に書かればなりません

手書きの楷書ではいろいろな書き方があるもの

①長短に関する例

雨　雨　雨　　戸　戸　戸　戸

②方向に関する例

京　京　京　　風　風　風

③つけるか、はなすかに関する例

保　保　保　　又　又　又

④はらうか、とめるかに関する例

央　央　央　　角　角　角

⑤はねるか、とめるかに関する例

木　木　木　　改　改　改　改

⑥その他

女　女　女　　令　令　令

＊『常用漢字表の字体・字形に関する指針』（平28　文化庁）による。

注　意

字の骨組み

堂○　堂×

つきでるところ・つきでないところ

車○　車×

字の組み立て

婚○　婚×

・中の横画が二つになっても　進（亻 什 仹 隹 進）

・縦画が上につきぬけても　生（丿 牛 生）

・縦画が二つになっても　寒（宀 宀 宇 寉 寒）

原則3　中が先　**中と左右があって、左右が一、二画である場合は、中を先に書く。**

a　左右が一、二画である場合は、中を先に書く　小（亅 小 小）　当（丨 ⺌ 当）

b　中が二つになっても　業（丶 业 业 業）　赤（土 赤 赤）

c　中が少し複雑になっても　楽（白 泊 楽）　承（了 手 承）

＊ただし、「忄・火」は、例外的に左右を先に書く　忄（丶 忄 忄）　火（丶 丷 火 火）

原則4　外側が先　**くにがまえのように囲む形をとるものは、外側を先に書く。**

a　囲む形をとるものは外側を先に書く　国（冂 国 国）　同（冂 同）

b　「日」や「月」なども、これに含まれる　日（冂 日 日）　月（冂 月 月）

＊ただし、「区」の「」は最後に書く　区（一 㐅 区）

原則5　左払いが先　**左払いと右払いが交差する場合は、左払いを先に書く。**

a　交差する場合は、左払いを先に書く　文（亠 ナ 文）

b　左払いと右払いが接した場合も同じ　人（丿 人）

原則6　つらぬく縦画は最後　**字の全体をつらぬく縦画は、最後に書く。**

a　全体をつらぬく縦画は、最後に書く　中（口 中）

b　下のほうがとまっても　書（⺕ 聿 書）

c　上のほうがとまっても　平（一 ㇸ 平）　手（三 手）

＊ただし、上にも下にもつきぬけない縦画は、上部↓縦画↓下部の順に　里（日 甲 里）

原則7　つらぬく横画は最後　**字の全体をつらぬく横画は、最後に書く。**

a　全体をつらぬく横画は、最後に書く　女（く 女 女）　子（了 子）

＊ただし、「世」の字は例外　世（一 廿 世）

原則8　横画と左払い　**横画が長く、左払いが短い字では、左払いを先に書く。横画が短く、左払いが長い字では、横画を先に書く。**

a　左払いを先に書く　右（ノ ナ 右）

b　横画を先に書く　左（一 ナ 左）

原則9　右肩の「丶」は最後

a　右肩の「丶」は最後に書く　犬（一 ナ 大 犬）

本書は、**漢字と漢字自体が持つ「意味」とを関連づけて学ぶ**ことにより、単なる丸暗記ではない、着実な漢字力の定着をねらいとして編集した問題集です。**「日本漢字能力検定」の5級から2級に対応**しているので、検定試験対策としてもご活用いただけます。

本書の構成

◆漢字の学習編

＊全体の漢字配当を「日本漢字能力検定」の5級から2級に対応させ、5級から順番にクリアしていくことで、**達成感を持って学習できる**ようにしました（ページの都合で級をまたいでいる漢字があります）。

＊見開き2ページで一回分とし、**「漢字表」**と、漢字の意味に対応する用例を示した**「書き取り問題」**、見出し漢字に関連する種々の問題を扱った**「漢字力強化」**、見出し漢字に関連する知識を補うコラム**「漢字の豆知識」**を用意しました。

＊「漢字表」の見出し漢字は、大学入試で出題された漢字熟語の**データベース**を元に、入試出題上位一四〇〇語の熟語を構成する常用漢字五九二字を**「ランクA」**、それ以外の常用漢字を**「ランクB」**とする二段階に分け、**効率的に漢字力を身につけられる**ようにしました。「ランクA」の漢字には用例を二つ、「ランクB」の漢字には用例を一つ用意しています。

＊「書き取り問題」には、**二回ずつ練習できる解答欄**を用意し、繰り返し書くことで**漢字を定着させられる**ようにしました。

＊すべての問題について、「正解」を見開き2ページ内に示し、**その場で確認できる**ようにしました。

＊各級の終わりに「日本漢字能力検定」の出題形式に倣った「模擬テスト」を置き、**達成度を確認できる**ようにしました。

◆付録

＊常用漢字表の改訂により、すべての都道府県名が常用漢字の範囲内で読み書きできるようになったことから、都道府県名を位置と対照させて確認できる**「都道府県名を覚えよう」**を用意しました。

＊慣用表現やことわざなど、高校生が身につけておくべき語彙を扱った問題を用意しました。

目次

A　漢字表　見出し漢字に関する知識を確認

・漢字表の見方は以下のとおりです。

```
8画 ①
担 ②
タン ③
かつ(ぐ)
にな(う)
すてへん ④
担担 ⑤
一ナオオお扫担担
担架
負担 ⑥
担 ⑦
```

① 総画数　② 見出し漢字…

③ 音訓…カタカナは音読み、ひらがなは訓読み。――は高校で習う読み。

④ 部首・部首名〕漢字能力検定試験の基準に拠っています。

⑤ 筆順

⑥ 用例…書き取り問題の解答。読みがなのカタカナは音読み、ひらがなは訓読み。

⑦ なぞり書き…字形や筆順に注意して漢字をなぞり、下の空欄に一回書きましょう。

B　書き取り問題　繰り返し書き、漢字を定着

⑧ 漢字が持つ意味…ランクAの漢字には上位の語義二つまでを示し、ランクBの漢字には最上位の語義を示しました。

⑨ 用例

・漢字が持つ意味に合う用例を示し、意味から漢字を学べるように配慮しました。用例中の赤字は、見出し漢字に対応します。二回ずつ書き、漢字を確実に覚えましょう。

・すべての熟語に意味を示し、慣用表現・四字熟語などについては、該当部分に……を引いてその意味を示しています。

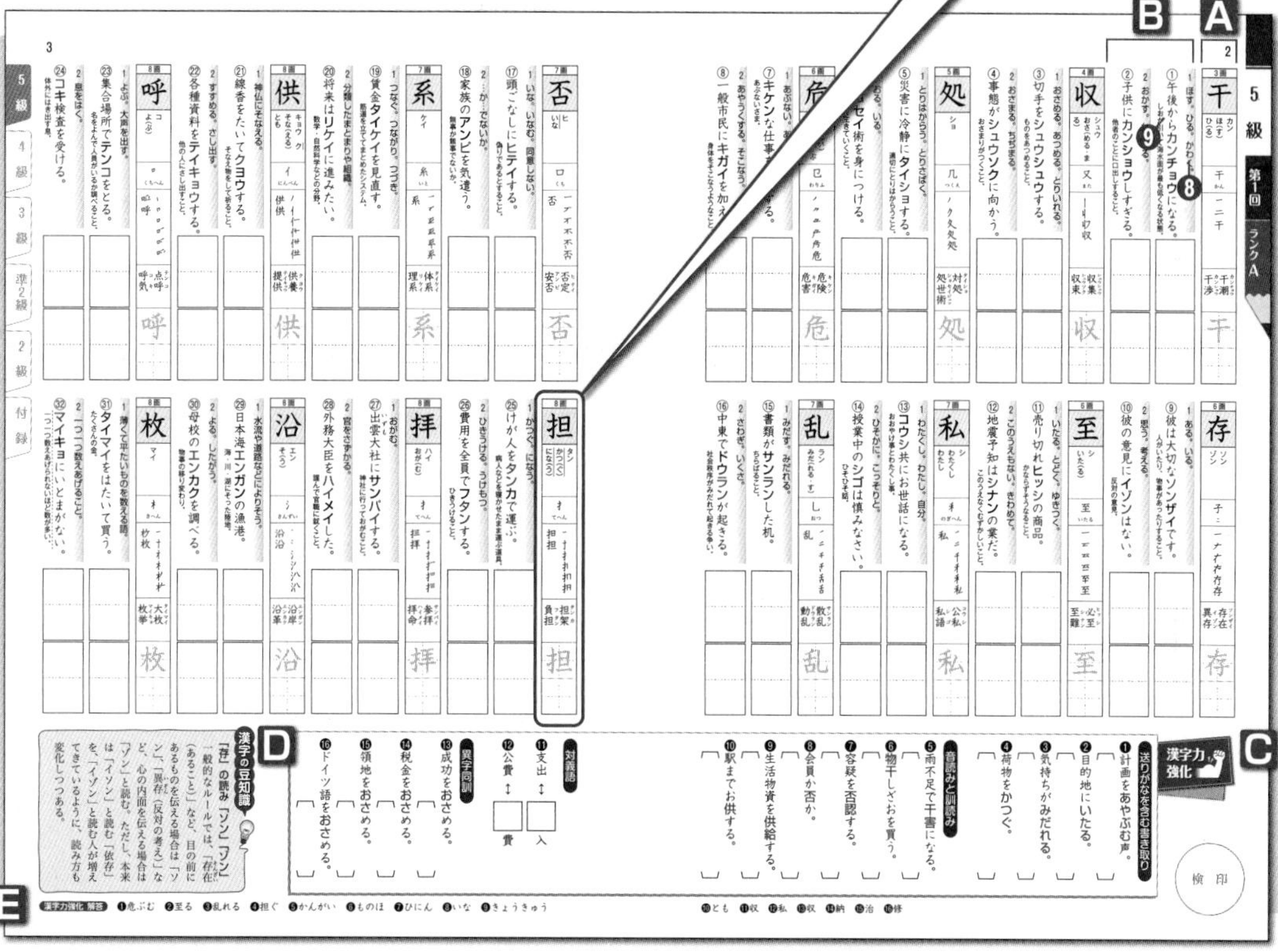

C　漢字力強化　漢字の総合的な力を養成

・すべての回で、「送りがなを含む書き取り」と「音読みと訓読み」の問題を用意しました。漢字表で確認しながら、取り組みましょう。

・各回の見出し漢字に応じて、対義語・類義語・同音異義語・異字同訓・類似字・部首・筆順といった問題から数題を選んで用意しました。実践形式の問題を多く解くことで、漢字の総合的な力を養成しましょう。

D　漢字の豆知識

・漢字に関する興味・関心を高めるためのコラムを、すべての回に用意しました。

・見出し漢字に関連した知識を補うもの、言葉の意味を説明するもの、クイズ形式のものなど、いろいろな内容を取り上げています。

E　漢字力強化　解答

・「漢字力強化」の解答です。

※各級の終わりに漢字能力検定試験の出題形式に倣った「模擬テスト」を用意しました。どのくらい漢字力がついたか確認してみましょう。

干（3画）

カン　ほ(す)　ひ(る)
干《かん》
一 二 干
干潮《カンチョウ》　干渉《カンショウ》

1 ほす。ひる。かわく。
① 午後から**カンチョウ**になる。
しおが引いて海水面が最も低くなる状態。

2 おかす。かかわる。
② 子供に**カンショウ**しすぎる。
他者のことに口出しすること。

収（4画）

シュウ　おさ(める・まる)
又《また》
丨 丩 収 収
収集《シュウシュウ》　収束《シュウソク》

1 おさめる。あつめる。とりいれる。
③ 切手を**シュウシュウ**する。
ものをあつめること。

2 おさまる。ちぢまる。
④ 事態が**シュウソク**に向かう。
おさまりがつくこと。

処（5画）

ショ
几《つくえ》
ノ ク 夂 夊 処
対処《タイショ》　処世術《ショセイジュツ》

1 とりはからう。とりさばく。
⑤ 災害に冷静に**タイショ**する。
適切にとりはからうこと。

2 おる。いる。
⑥ **ショセイ**術を身につける。
社会の中で生きていくこと。

危（6画）

キ　あぶ(ない)　あや(うい・ぶむ)
㔾《わりふ》
ノ ク 厃 户 危 危
危険《キケン》　危害《キガイ》

1 あぶない。あやうい。
⑦ **キケン**な仕事を敬遠する。
あぶないさま。

2 あやうくする。そこなう。
⑧ 一般市民に**キガイ**を加える。
身体をそこなうようなこと。

存（6画）

ソン　ゾン
子《こ》
一 ナ 才 存 存 存
存在《ソンザイ》　異存《イゾン》

1 ある。いる。
⑨ 彼は大切な**ソンザイ**です。
人がいたり、物事があったりすること。

2 思う。考える。
⑩ 彼の意見に**イゾン**はない。
反対の意見。

至（6画）

シ　いた(る)
至《いたる》
一 エ 云 至 至 至
必至《ヒッシ》　至難《シナン》

1 いたる。とどく。ゆきつく。
⑪ 売り切れ**ヒッシ**の商品。
かならずそうなること。

2 このうえもない。きわめて。
⑫ 地震予知は**シナン**の業だ。
このうえなくむずかしいこと。

私（7画）

シ　わたくし　わたし
禾《のぎへん》
ノ 二 千 于 禾 私 私
公私《コウシ》　私語《シゴ》

1 わたくし。わたし。自分。
⑬ **コウシ**共にお世話になる。
おおやけ事とわたくし事。

2 ひそかに。こっそりと。
⑭ 授業中の**シゴ**は慎みなさい。
ひそひそ話。

乱（7画）

ラン　みだ(れる・す)
乚《おつ》
ノ 二 千 千 舌 舌 乱
散乱《サンラン》　動乱《ドウラン》

1 みだす。みだれる。
⑮ 書類が**サンラン**した机。
ちらばること。

2 さわぎ。いくさ。
⑯ 中東で**ドウラン**が起きる。
社会秩序がみだれて起きる争い。

漢字力強化

送りがなを含む書き取り

❶ 計画を**あやぶむ**声。〔　　〕
❷ 目的地に**いたる**。〔　　〕
❸ 気持ちが**みだれる**。〔　　〕
❹ 荷物を**かつぐ**。〔　　〕

音読みと訓読み

❺ 雨不足で**干害**になる。〔　　〕
❻ **物干**しざおを買う。〔　　〕
❼ 容疑を**否認**する。〔　　〕
❽ 会員か**否**か。〔　　〕
❾ 生活物資を**供給**する。〔　　〕
❿ 駅までお**供**する。〔　　〕

検印

5級 / 4級 / 3級 / 準2級 / 2級 / 付録

---

⑰ 頭ごなしにヒテイする。

7画 否 ヒ・いな／いな
口（くち）
一 ア 不 不 否
否定（ヒテイ） 安否（アンピ）
1 いな。いなむ。同意しない。偽りであるとすること。

⑱ 家族のアンピを気遣う。
2 …か…でないか。無事か無事でないか。

⑲ 賃金タイケイを見直す。

7画 系 ケイ
糸（いと）
一 ㇉ 幺 糸 系
体系（タイケイ） 理系（リケイ）
1 つなぐ。つながり。つづき。筋道を立ててまとめたシステム。

⑳ 将来はリケイに進みたい。
2 分類したまとまりや組織。数学・自然科学などの分野。

㉑ 線香をたいてクヨウする。

8画 供 キョウ・ク／そな(える)・とも
イ（にんべん）
ノ 亻 亻 什 供 供
供養（クヨウ） 提供（テイキョウ）
1 神仏にそなえる。そなえ物をして祈ること。

㉒ 各種資料をテイキョウする。
2 すすめる。さし出す。他の人にさし出すこと。

㉓ 集合場所でテンコをとる。

8画 呼 コ／よ(ぶ)
口（くちへん）
㇆ 㗊 呼
点呼（テンコ） 呼気（コキ）
1 よぶ。大声を出す。名をよんで人員がいるか調べること。

㉔ コキ検査を受ける。
2 息をはく。体外にはき出す息。

㉕ けが人をタンカで運ぶ。

8画 担 タン／かつ(ぐ)・にな(う)
扌（てへん）
一 † ‡ 扣 担 担
担架（タンカ） 負担（フタン）
1 かつぐ。になう。病人などを寝かせたまま運ぶ道具。

㉖ 費用を全員でフタンする。
2 ひきうける。うけもつ。ひきうけること。

㉗ 出雲大社にサンパイする。

8画 拝 ハイ／おが(む)
扌（てへん）
一 † ‡ 拝
参拝（サンパイ） 拝命（ハイメイ）
1 おがむ。神社に行っておがむこと。

㉘ 外務大臣をハイメイした。
2 官をさずかる。謹んで官職に就くこと。

㉙ 日本海エンガンの漁港。

8画 沿 エン／そ(う)
氵（さんずい）
丶 冫 氵 沿 沿
沿岸（エンガン） 沿革（エンカク）
1 水流や道路などによりそう。海・川・湖にそった陸地。

㉚ 母校のエンカクを調べる。
2 よる。したがう。物事の移り変わり。

㉛ タイマイをはたいて買う。

8画 枚 マイ
木（きへん）
一 † 朾 村 枚 枚
大枚（タイマイ） 枚挙（マイキョ）
1 薄くて平たいものを数える語。たくさんの金。

㉜ マイキョにいとまがない。
2 一つ一つ数えあげること。一つ一つ数えあげられないほど数が多い。

対義語

⑪ 支出 ⇔ 〔 〕入

⑫ 公費 ⇔ 〔 〕費

異字同訓

⑬ 成功をおさめる。〔 〕

⑭ 税金をおさめる。〔 〕

⑮ 領地をおさめる。〔 〕

⑯ ドイツ語をおさめる。〔 〕

漢字の豆知識

「存」の読み「ソン」「ゾン」

一般的なルールでは、「存在（あること）」など、目の前にあるものを伝える場合は「ソン」、「異存（反対の考え）」など、心の内面を伝える場合は「ゾン」と読む。ただし、本来は「イソン」と読む「依存」を、「イゾン」と読む人が増えてきているように、読み方も変化しつつつある。

漢字力強化 解答 ❶危ぶむ ❷至る ❸乱れる ❹担ぐ ❺かんがい ❻ものほ ❼ひにん ❽いな ❾きょうきゅう

刻（8画）

コク
きざ(む)
りっとう
、一十才亥亥
刻印 コクイン／深刻 シンコク

① 指輪の内側にコクインする。
　しるしをほること。
② 事態がシンコクになる。
　事態が切実で重大なさま。
1 きざむ。ほりつける。
2 むごい。ひどい。きびしい。

若（8画）

ジャク ニャク
わか(い)
も(しくは)
くさかんむり
一十廾芋芋若
老若男女 ロウニャクナンニョ／若干 ジャッカン

③ ロウニャク男女が集う。
　あらゆる人々。
④ 席にジャッカン余裕がある。
　いくらか。
1 わかい。おさない。
2 いくらか。すこし。

延（8画）

エン
の(びる・べる・ばす)
えんにょう
丿一丁下正延
延長 エンチョウ／延期 エンキ

⑤ 開園時間をエンチョウする。
　予定よりものばすこと。
⑥ 雨で体育祭がエンキになる。
　予定より遅れること。
1 のばす。のびる。ひろがる。
2 時間や期日がのびて遅れる。

垂（8画）

スイ
た(れる・らす)
つち
一二二千千垂垂
垂直 スイチョク／垂訓 スイクン

⑦ スイチョクな線を引く。
　まっすぐにたれさがること。
⑧ 山上のスイクン。
　教えをたれること。
1 たれる。たらす。たれさがる。
2 規範を示す。教える。

律（9画）

リツ リチ
ぎょうにんべん
丿彳彳彳行律律
法律 ホウリツ／自律 ジリツ

⑨ ホウリツについて勉強する。
　社会の秩序を維持するきまり。
⑩ ジリツ神経のメカニズム。
　じぶんをコントロールすること。
1 おきて。さだめ。いましめ。
2 のっとる。法則にしたがう。

派（9画）

ハ
さんずい
丶氵氵氵沪沪派
派生 ハセイ／派兵 ハヘイ

⑪ 次々と問題がハセイする。
　わかれ出ること。
⑫ 海外ハヘイの準備をする。
　軍隊をさしむけること。
1 わかれる。わかれ出る。
2 つかわす。さしむける。

映（9画）

エイ
うつ(る・す)
は(える)
ひへん
丨冂日日町映映
映画 エイガ／反映 ハンエイ

⑬ エイガを見て涙を流す。
　シネマ。ムービー。
⑭ 世相をハンエイした流行語。
　影響が他の物に現れること。
1 うつる。うつす。うつしだす。
2 はえる。照りがやく。

段（9画）

ダン
るまた
丿亻仃阝阝段段
階段 カイダン／段落 ダンラク

⑮ 非常カイダンを掃除する。
　だんになった通路。
⑯ ダンラクごとにまとめる。
　長い文章などを分けたひとくぎり。
1 だん。だんだん。きざはし。
2 ひとくぎり。切れ目。

漢字力強化

送りがなを含む書き取り

❶ ネギをきざむ。
❷ 会期がのびる。
❸ 釣り糸をたらす。
❹ 鏡に顔がうつる。
❺ ギターをかなでる。
❻ もっぱら聞き役だ。
❼ 布をそめる。
❽ 目をそむける。

音読みと訓読み

❾ 背景に色を塗る。
❿ 背中がかゆい。

検印

⑪刻　⑫派　⑬背　⑭4　⑮4　⑯3

5級
4級
3級
準2級
2級
付録

宣（9画）

読み：セン
部首：宀《うかんむり》
筆順：丶 丷 宀 宀 宀 宁 宣 宣 宣
用例：宣言《センゲン》　宣下《センゲ》

1 ひろく告げ知らせる。

⑰体育祭の開会**センゲン**。
ひろく外部に表明すること。

2 神・天子がくだす言葉。

⑱将軍**センゲ**を受ける。
朝廷が征夷大将軍に任命する文書を出すこと。

巻（9画）

読み：カン　ま(く)　まき
部首：㔾《わりふ》
筆順：丶 丷 䒑 兰 兴 劵 券 巻 巻
用例：竜巻《たつまき》　巻頭《カントウ》

1 まく。とりまく。

⑲**タツマキ**による被害。
空気の細長くて強いうずまき。

2 まきもの。書物。

⑳雑誌の**カントウ**を飾る。
書物の初めの部分。

奏（9画）

読み：ソウ　かな(でる)
部首：大《だい》
筆順：一 二 三 声 夫 夫 奏 奏 奏
用例：奏上《ソウジョウ》　演奏《エンソウ》

1 すすめる。申しあげる。

㉑帝に**ソウジョウ**する。
申しあげる。

2 かなでる。

㉒笛と琴の見事な**エンソウ**。
楽器をかなでること。

姿（9画）

読み：シ　すがた
部首：女《おんな》
筆順：丶 冫 丫 次 次 次 次 姿 姿
用例：姿勢《シセイ》　容姿《ヨウシ》

1 すがた。かたち。ようす。

㉓楽な**シセイ**でくつろぐ。
体の構え方。

㉔**ヨウシ**が整った女性。
顔だちと体つき。

専（9画）

読み：セン　もっぱ(ら)
部首：寸《すん》
筆順：一 厂 戸 戸 亘 亩 亩 専 専
用例：専門《センモン》　専制《センセイ》

1 もっぱら。そのことだけをする。

㉕服飾の**センモン**学校に通う。
ある特定の分野。

2 ひとりじめにする。勝手にする。

㉖国王による**センセイ**政治。
権力者が独断で事を処理すること。

染（9画）

読み：セン　そ(める・まる)　し(みる・み)
部首：木《き》
筆順：丶 丷 氵 氵 氿 氿 染 染 染
用例：染料《センリョウ》　感染《カンセン》

1 そめる。色をつける。しみる。

㉗紅花から**センリョウ**を作る。
そめものに用いる物質。

2 そまる。うつる。

㉘老人が結核に**カンセン**する。
病気がうつること。

看（9画）

読み：カン
部首：目《め》
筆順：一 二 三 手 手 禾 看 看 看
用例：看過《カンカ》　看板《カンバン》

1 みる。注意してよくみる。

㉙医師不足は**カンカ**できない。
みすごすこと。

㉚店の前に**カンバン**を出す。
人目につくように掲げるいた。

背（9画）

読み：ハイ　せ　せい　そむ(く・ける)
部首：肉《にく》
筆順：丨 十 士 北 北 北 背 背 背
用例：背後《ハイゴ》　背反《ハイハン》

1 せなか。うしろ。

㉛**ハイゴ**から声をかける。
うしろ。

2 そむく。そむける。

㉜上司の命令に**ハイハン**する。
そむくこと。

対義語

⑪早退 ↕ 遅□
⑫地味 ↕ □手
⑬正面 ↕ □面

筆順

⑭若　□画目
⑮延　□画目
⑯垂　□画目

漢字の豆知識

映ると写るの違いは？

「映る」は、「物の上に姿が現れる。映像が現れる。色彩が調和している。」という意味。一方、「写る」は、「写真にとられる。透けて見える。」という意味。

次の「うつる」はどっち？
①着物によく**うつる**帯。
②裏の字が**うつって**見える。

答え　①映　②写

漢字力強化 解答　❶刻む　❷延びる　❸垂らす　❹映る　❺奏でる　❻専ら　❼染める　❽背ける　❾はいけい　❿せなか

革（9画）

音訓：カク　かわ

部首：革（かくのかわ）

筆順：一 十 廾 廿 芦 芇 芑 茁 革

用例：皮革《ヒカク》　改革《カイカク》

1 かわ。なめしがわ。

①**ヒカク**製品を扱う店。（レザー。）

2 あらたまる。新しくする。

②組織**カイカク**に着手する。（欠点をあらため変えること。）

値（10画）

音訓：チ　ね　あたい

部首：亻（にんべん）

筆順：ノ 亻 仁 什 什 佶 佶 佶 値 値

用例：価値《カチ》　数値《スウチ》

1 ね。ねうち。物のねだん。

③展示品は一見の**カチ**がある。（ねうち。）

2 かずの大きさ。

④**スウチ**にばらつきが出る。（計算や計測により得られたかず。）

従（10画）

音訓：ジュウ　ショウ　ジュ　したが(う・える)

部首：彳（ぎょうにんべん）

筆順：ノ 彡 彳 彳 彴 彸 彸 祥 徘 従

用例：従順《ジュウジュン》　従事《ジュウジ》

1 したがう。つきしたがう。

⑤飼い主に**ジュウジュン**な犬。（素直でさからわないこと。）

2 たずさわる。しごとにつく。

⑥部品の製造に**ジュウジ**する。（たずさわること。）

胸（10画）

音訓：キョウ　むね　むな

部首：月（にくづき）

筆順：丿 刀 月 月 肜 肑 肑 胸 胸 胸

用例：胸骨《キョウコツ》　度胸《ドキョウ》

1 むね。腹の上の部分。

⑦**キョウコツ**にひびが入った。（むねのほね。）

2 こころ。こころのうち。

⑧話しかける**ドキョウ**がない。（物事を恐れないこころ。）

討（10画）

音訓：トウ　う(つ)

部首：言（ごんべん）

筆順：丶 亠 亠 言 言 言 言 討 討 討

用例：追討《ツイトウ》　検討《ケントウ》

1 うつ。せめうつ。

⑨平家**ツイトウ**に向かわせる。（敵をおってうつこと。）

2 たずねる。しらべる。

⑩内容の**ケントウ**を重ねる。（よくしらべて考えること。）

針（10画）

音訓：シン　はり

部首：金（かねへん）

筆順：ノ 人 ㇐ 今 今 牟 余 金 金 針

用例：針小棒大《シンショウボウダイ》　指針《シシン》

1 はり。はりのようにとがったもの。

⑪**シンショウ**棒大な記事。（物事を大げさに言うこと。）

2 方向。進路。

⑫行動の**シシン**を提示する。（物事を進めるうえでたよりとするもの。）

展（10画）

音訓：テン

部首：尸（かばね）

筆順：フ コ 尸 尸 尸 屏 屏 屈 屈 展

用例：展示《テンジ》　展開《テンカイ》

1 のべる。ならべる。ひろげる。

⑬生徒の作品を**テンジ**する。（ならべて見せること。）

2 のびる。ひろがる。

⑭今後の**テンカイ**を見守る。（物事のなりゆき。）

座（10画）

音訓：ザ　すわ(る)

部首：广（まだれ）

筆順：丶 亠 广 广 广 庂 庂 座 座 座

用例：座席《ザセキ》　座長《ザチョウ》

1 すわる。すわる場所。地位。

⑮**ザセキ**を確保する。（すわる場所。）

2 集まり。

⑯**ザチョウ**が会議をまとめる。（会議などで取りまとめをする役。）

漢字力強化

送りがなを含む書き取り

❶指示に**したがう**。「　」

❷入口近くに**すわる**。「　」

❸仕事を**さがす**。「　」

❹用事を**すます**。「　」

音読みと訓読み

❺**胸**中お察しします。「　」

❻**胸**板が厚い男性。「　」

❼マツ科の**針**葉樹。「　」

❽**針**金で補強する。「　」

❾老**骨**にむち打つ。「　」

❿**骨**身にしみる。「　」

検印

射	
画数	10画
読み	シャ / い(る)
部首	寸（すん）
熟語	射程《シャテイ》 注射《チュウシャ》

1 弓で矢をいる。鉄砲で弾をうつ。

⑰ 記録更新も**シャテイ**圏内だ。
届き得る範囲。

2 液体や気体を勢いよく出す。

⑱ **チュウシャ**を怖がる子供。
薬液を体内に入れること。

骨	
画数	10画
読み	コツ / ほね
部首	骨（ほね）
熟語	骨格《コッカク》 気骨《キコツ》

1 ほね。

⑲ **コッカク**標本を使った授業。
動物の体を基本的に支える器官。

2 人がら。きだて。

⑳ **キコツ**のある人。
自分の信念を曲げない強い精神力。

域	
画数	11画
読み	イキ
部首	土（つちへん）
熟語	地域《チイキ》 領域《リョウイキ》

1 さかい。場所の区切り。

㉑ **チイキ**代表として出席する。
一定の範囲のとち。

2 ある限られた範囲。

㉒ 新しい**リョウイキ**に挑む。
専門とする範囲。

捨	
画数	11画
読み	シャ / す(てる)
部首	扌（てへん）
熟語	取捨選択《シュシャセンタク》 喜捨《キシャ》

1 すてる。ほうり出す。

㉓ 情報を**シュシャ**選択する。
よいものをとって悪いものをすてること。

2 ほどこす。神仏のために寄付する。

㉔ 托鉢《たくはつ》僧に**キシャ**する。
僧や貧者に寄付すること。

推	
画数	11画
読み	スイ / お(す)
部首	扌（てへん）
熟語	推進《スイシン》 類推《ルイスイ》

1 おす。

㉕ ゴミの削減を**スイシン**する。
おしすすめること。

2 おしはかる。

㉖ 事例から**ルイスイ**する。
似ている点からおしはかること。

探	
画数	11画
読み	タン / さぐ(る) / さが(す)
部首	扌（てへん）
熟語	探究《タンキュウ》 探訪《タンボウ》

1 さぐる。さがす。

㉗ 真理を**タンキュウ**する。
真の姿や本質を明らかにすること。

2 たずねる。見物する。

㉘ 歴史を**タンボウ**する旅。
現場に行ってさぐり歩くこと。

済	
画数	11画
読み	サイ / す(む・ます)
部首	氵（さんずい）
熟語	救済《キュウサイ》 返済《ヘンサイ》

1 すくう。たすける。

㉙ 難民を**キュウサイ**する。
すくい助けること。

2 すむ。すます。

㉚ 借金を**ヘンサイ**する。
借りたものをかえすこと。

脳	
画数	11画
読み	ノウ
部首	月（にくづき）
熟語	脳裏《ノウリ》 首脳《シュノウ》

1 のう。あたま。あたまのはたらき。

㉛ 名案が**ノウリ**に浮かんだ。
あたまの中。

2 中心となる人。

㉜ 各国の**シュノウ**が集まる。
中心となる人。

類似字

⓫ 四**シャ**五入する。〔　〕

⓬ 新校**シャ**を建てる。〔　〕

⓭ 事態を収**シュウ**する。〔　〕

漢字の豆知識

漢字の六書《りくしょ》①

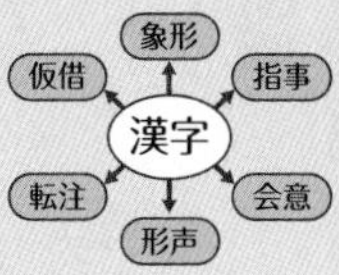

仮借《かしゃ》文字

漢字は、造字法や用法で六種に分類され、これを「六書」という。そのうちの「仮借」は、ある意味を表す漢字がない場合に、意味は違うが同じ発音の既成の漢字を借用する方法。たとえば、本来「皮革」を意味する「革」を、同音の「カク」を持つ「改める」の意味に転用して「革」の字をあてるなど。だから全然意味が違うんだ。

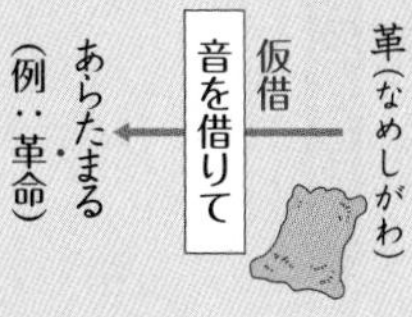

訳（11画）

ヤク　わけ

部首：言（ごんべん）

和訳《ワヤク》　訳《わけ》あり

1 ある言葉を他の言葉に直す。

① 外国語の小説を**ワヤク**する。（日本語に直すこと。）

2 わけ。理由。

② **ワケ**あり商品を安く売る。（特別な事情があること。）

郷（11画）

キョウ　ゴウ

部首：阝（おおざと）

郷里《キョウリ》　異郷《イキョウ》

1 いなか。ふるさと。

③ **キョウリ**の母から米が届く。（生まれた土地。）

2 ところ。場所。

④ **イキョウ**に骨をうずめる。（生地を離れたよその土地。）

密（11画）

ミツ

部首：宀（うかんむり）

秘密《ヒミツ》　密接《ミッセツ》

1 ひそか。ひそかに。

⑤ **ヒミツ**を守る義務がある。（他人に知らせないこと。）

2 すきまがない。

⑥ 家々が**ミッセツ**している。（ぴったりとくっついていること。）

著（11画）

チョ　あらわ(す)　いちじる(しい)

部首：艹（くさかんむり）

著作《チョサク》　著名《チョメイ》

1 あらわす。書きあらわす。

⑦ **チョサク**によって生活する。（書物を書きあらわすこと。）

2 いちじるしい。目立つ。

⑧ **チョメイ**な音楽家の演奏。（世間になまえが知られていること。）

閉（11画）

ヘイ　と(じる)　と(ざす)　し(める・まる)

部首：門（もんがまえ）

開閉《カイヘイ》　閉幕《ヘイマク》

1 とじる。とざす。

⑨ 自動で**カイヘイ**するドア。（あいたりしまったりすること。）

2 おえる。おわる。

⑩ 展覧会が**ヘイマク**する。（おわりになること。）

欲（11画）

ヨク　ほっ(する)　ほ(しい)

部首：欠（あくび）

欲求《ヨッキュウ》　食欲《ショクヨク》

1 ほっする。ほしがる。

⑪ **ヨッキュウ**不満の状態。（ほしがりもとめること。）

2 よく。ものをほしがる気持ち。

⑫ 今日は**ショクヨク**がない。（たべたいという気持ち。）

異（11画）

イ　こと

部首：田（た）

異議《イギ》　特異《トクイ》

1 ことなる。別の。

⑬ 値上げに**イギ**を唱える。（反対意見。）

2 ふつうとちがう。めずらしい。

⑭ **トクイ**な才能の持ち主。（ふつうとくにちがっていること。）

盛（11画）

セイ　ジョウ　も(る)　さか(る・ん)

部首：皿（さら）

山盛《やまも》り　盛大《セイダイ》

1 もる。高く積み上げる。

⑮ ごはんを**ヤマモ**りにする。（うず高くもること。）

2 さかん。さかんになる。

⑯ **セイダイ**な結婚式を挙げる。（立派で規模がおおきいこと。）

漢字力強化

送りがなを含む書き取り

❶ 成長**いちじるしい**。〔　〕

❷ 悲しみで心を**とざす**。〔　〕

❸ 活動を**さかん**に行う。〔　〕

❹ 不足を**おぎなう**。〔　〕

音読みと訓読み

❺ この暑さは**異常**だ。〔　〕

❻ 相**異**なる意見。〔　〕

異字同訓

❼ 書物を**あらわす**。〔　〕

❽ 喜びを言葉で**あらわす**。〔　〕

❾ 本性を**あらわす**。〔　〕

検印

⓭勤　⓮努　⓯務

視 11画
シ
見 みる
筆順：丶 ラ ネ ネ ネ 礻 礻 神 神 視 視
視野《シヤ》 軽視《ケイシ》

1 目で見る。じっと見る。
⑰病気で**シヤ**が狭くなる。
目で見ることのできる範囲。

2 みなす。…とみる。
⑱細部も**ケイシ**しない。
かろんじること。

揮 12画
キ
扌 てへん
筆順：一 十 扌 扌 扌 扌 扌 扌 扌 揮 揮 揮
発揮《ハッキ》 揮発《キハツ》

1 力をふるう。ふりまわす。
⑲試合で実力を**ハッキ**する。
十分に表し出すこと。

2 ちる。まきちらす。
⑳**キハツ**性の高い液体。
常温で液体が気化すること。

晩 12画
バン
日 ひへん
筆順：丨 冂 月 日 日 日 日 日 日 日 晩 晩
今晩《コンバン》 大器晩成《タイキバンセイ》

1 日暮れ。夕暮れ。夜。
㉑**コンバン**八時に電話します。
こよい。

2 おそい。終わりに近い。
㉒彼は大器**バンセイ**型だ。
大人物は世に出るまでに時間がかかる。

補 12画
ホ
おぎな(う)
衤 ころもへん
筆順：丶 ラ ネ ネ 衤 衤 衤 衤 衤 衤 補 補
補足《ホソク》 候補《コウホ》

1 おぎなう。たすける。
㉓担当者が説明を**ホソク**する。
つけたすこと。

2 正式の職に就く前の身分。
㉔優勝**コウホ**のチーム。
ある地位に選ばれる対象の人や物。

創 12画
ソウ
つく(る)
刂 りっとう
筆順：ノ 𠆢 ㇒ 今 今 今 倉 倉 倉 倉 創 創
創傷《ソウショウ》 創意《ソウイ》

1 きず。きずつける。
㉕背中に**ソウショウ**を受ける。
きりきず。

2 はじめ。はじめる。
㉖**ソウイ**に富む料理を出す。
新しい思いつき。

策 12画
サク
⺮ たけかんむり
筆順：ノ ⺈ ⺮ ⺮ ⺮ ⺮ 笁 笁 笞 笰 第 策
画策《カクサク》 散策《サンサク》

1 くわだて。はかりごと。
㉗あれこれと**カクサク**する。
はかりごとを巡らすこと。

2 むち。つえ。つえをつく。
㉘寺の境内を**サンサク**する。
あてもなく歩くこと。

勤 12画
キン ゴン
つと(める・まる)
力 ちから
筆順：一 十 艹 艹 芇 苩 苎 華 堇 堇 勤 勤
勤勉《キンベン》 勤務《キンム》

1 つとめる。精を出す。
㉙**キンベン**な国民性を生かす。
仕事などに一生懸命取り組むこと。

2 つとめ。仕事。
㉚**キンム**時間を短縮する。
仕事をすること。

善 12画
ゼン
よ(い)
口 くち
筆順：丶 丷 䒑 䒑 䒑 羊 羊 羊 盖 善 善 善
最善《サイゼン》 善戦《ゼンセン》

1 よい。正しい。
㉛**サイゼン**を尽くす。
できるかぎりのこと。

2 よくする。うまく。
㉜**ゼンセン**むなしく敗退する。
力の限りよくたたかうこと。

❿神が天地を**つく**る。〔　〕
⓫俳句を**つく**る。〔　〕
⓬貨幣を**つく**る。〔　〕
⓭銀行に**つと**める。〔　〕
⓮問題解決に**つと**める。〔　〕
⓯会議の議長を**つと**める。〔　〕

漢字の豆知識

呉音・漢音・唐音①

漢字は長い年月に渡って伝来したので、同じ漢字でもさまざまな読みが伝わった。
呉音《ごおん》…仏教などといっしょに、最も早く伝来した読み。
漢音《かんおん》…遣唐使などによって伝えられた中国の都ことば（漢民族）の読み。漢字の多くは漢音で読む。

「盛」の「セイ」は漢音、「ジョウ」は呉音。「勤」の「キン」は漢音、「ゴン」は呉音だよ。

（11ページにつづく）

漢字力強化 解答　❶著しい　❷閉ざす　❸盛ん　❹補う　❺いじょう　❻あいこと　❼著　❽表　❾現　❿創　⓫作　⓬造

尊（12画）

ソン
たっと(い・ぶ)
とうと(い・ぶ)

部首：寸（すん）

尊厳《ソンゲン》　尊敬《ソンケイ》

1 たっとい。たっとぶ。

①人間の**ソンゲン**を傷つける。（とうとくおごそかなこと。）

②**ソンケイ**する先輩。（とうとびうやまうこと。）

就（12画）

シュウ
ジュ
つ(く・ける)

部首：尢（だいのまげあし）

去就《キョシュウ》　成就《ジョウジュ》

1 仕事や任務につく。

③**キョシュウ**が注目される。（進退。）

2 なる。なす。なしとげる。

④悲願が**ジョウジュ**する。（願いなどがかなうこと。）

衆（12画）

シュウ
シュ

部首：血（ち）

観衆《カンシュウ》　衆目《シュウモク》

1 数が多い。もろもろ。多くの人。

⑤**カンシュウ**の前で踊る。（見物にきた人。）

⑥一躍**シュウモク**の的となる。（多くの人の見るめ。）

裁（12画）

サイ
た(つ)
さば(く)

部首：衣（ころも）

裁断《サイダン》　裁量《サイリョウ》

1 布を切って衣服を仕立てる。

⑦布地を**サイダン**する。（切る。）

2 さばく。理非をただす。

⑧彼の**サイリョウ**に一任する。（その人の考えで処理すること。）

装（12画）

ソウ
ショウ
よそお(う)

部首：衣（ころも）

衣装《イショウ》　包装《ホウソウ》

1 よそおう。身じたくする。

⑨豪華な**イショウ**に身を包む。（いふく。）

2 かざる。外観をととのえる。

⑩簡易**ホウソウ**の取り組み。（うわづつみをかけること。）

貴（12画）

キ
たっと(い・ぶ)
とうと(い・ぶ)

部首：貝（かい）

高貴《コウキ》　貴重《キチョウ》

1 たっとい。身分や価値がたかい。

⑪王妃は**コウキ**な家柄の出だ。（身分がたかくとうといこと。）

2 たっとぶ。大切にする。

⑫**キチョウ**な経験ができた。（非常に大切であるさま。）

傷（13画）

ショウ
きず
いた(む・める)

部首：亻（にんべん）

負傷《フショウ》　感傷《カンショウ》

1 きず。きずつける。

⑬転んで足を**フショウ**した。（けがをすること。）

2 いたむ。悲しむ。

⑭**カンショウ**にふける。（もの悲しくなること。）

源（13画）

ゲン
みなもと

部首：氵（さんずい）

資源《シゲン》　根源《コンゲン》

1 水の流れるもと。物事のおおもと。

⑮天然**シゲン**を活用する。（自然から得られる生産の材料。）

⑯悪の**コンゲン**を突き止める。（おおもと。）

漢字力強化

送りがなを含む書き取り

❶公平に人を**さばく**。〔　　〕

❷無関心を**よそおう**。〔　　〕

❸自分の非を**みとめる**。〔　　〕

❹**うたがい**のまなざし。〔　　〕

音読みと訓読み

❺運よく**軽傷**ですんだ。〔　　〕

❻**傷口**を消毒する。〔　　〕

❼考えが**脳裏**に浮かぶ。〔　　〕

❽撮影の**裏話**を聞く。〔　　〕

❾正午に**満潮**になる。〔　　〕

❿**潮風**を吸い込む。〔　　〕

検印

❾まんちょう　❿しおかぜ　⓫暖　⓬温　⓭傷　⓮痛　⓯貝　⓰衣

暖（13画）

ダン　あたた(か・かい・まる・める)

部首：日　ひへん

温暖《オンダン》　暖房《ダンボウ》

1 あたたかい。
⑰瀬戸内の**オンダン**な気候。
気候などがあたたかなこと。

2 あたためる。
⑱**ダンボウ**のきいた部屋。
室内をあたためること。

裏（13画）

リ　うら

部首：衣　ころも

表裏一体《ヒョウリイッタイ》　内裏《ダイリ》

1 衣のうら。物のうらがわ。
⑲官民が**ヒョウリ**一体となる。
密接で切り離せない関係。

2 うち。なか。
⑳貴族が**ダイリ**に参上する。
天皇の居所を中心とする御殿。

障（14画）

ショウ　さわ(る)

部首：阝　こざとへん

障子《ショウジ》　障害《ショウガイ》

1 へだてる。さえぎる。
㉑**ショウジ**を閉める。
部屋を仕切る建具の一種。

2 さわる。さしつかえる。
㉒**ショウガイ**物競走に出る。
妨げとなるもの。

模（14画）

モ　ボ

部首：木　きへん

模型《モケイ》　模写《モシャ》

1 かた。ひながた。
㉓戦車の**モケイ**を作る。
実物と同じ形につくったもの。

2 かたどる。まねる。
㉔有名な絵画を**モシャ**する。
そっくりにうつしとること。

認（14画）

ニン　みと(める)

部首：言　ごんべん

承認《ショウニン》　確認《カクニン》

1 ゆるす。聞き入れる。
㉕国の**ショウニン**を得る。
みとめゆるすこと。

2 見分ける。見きわめる。
㉖電話で**カクニン**をする。
はっきりたしかめること。

層（14画）

ソウ

部首：尸　かばね

高層《コウソウ》　階層《カイソウ》

1 いくつもかさなったもの。
㉗**コウソウ**ビルを建てる。
そうがたかく重なっていること。

2 人々や社会の区分。
㉘裕福な**カイソウ**に属する。
社会を形づくる人の集団。

疑（14画）

ギ　うたが(う)

部首：疋　ひき

疑心暗鬼《ギシンアンキ》　疑問《ギモン》

1 うたがう。うたがい。
㉙**ギシン**暗鬼に駆られる。
何でもないことが恐ろしくなること。

㉚子供の**ギモン**に答える。
うたがい尋ねること。

潮（15画）

チョウ　しお

部首：氵　さんずい

潮流《チョウリュウ》　風潮《フウチョウ》

1 しお。海水の干満・ながれ。
㉛**チョウリュウ**発電の研究。
海水のながれ。

2 時のながれ。傾向。
㉜社会の**フウチョウ**に逆らう。
世間一般の傾向。

異字同訓

⓫あたたかい地方。［　］
⓬あたたかい料理。［　］
⓭果物がいたむ。［　］
⓮足首がいたむ。［　］

部首

⓯貴［　］
⓰裏［　］

漢字の豆知識

呉音・漢音・唐音②

唐音《とうおん》…鎌倉・室町時代から江戸時代にかけて伝わった読み。主に禅宗関係の語に多い。「提灯《ちょう》・清国《しん》・普請《しん》」などの特殊な読みがある。

呉音・漢音・唐音の違いは次のとおり。

呉音…行列《ぎょう》　京都《きょう》　明星《みょう》
漢音…行動《こう》　京阪《けい》　明暗《めい》
唐音…行灯《あん》　南京《きん》　明国《みん》

漢字力強化 解答　❶裁く　❷装う　❸認める　❹疑い　❺けいしょう　❻きずぐち　❼のうり　❽うらばなし

権（15画）ケン・ゴン

きへん

1　いきおい。ちから。
2　かり。まにあわせ。

① 強大な**ケンリョク**を振るう。　他人を服従させるちから。
② 美の**ゴンゲ**と言われる女優。　その特性の典型と思われる人。

ケンリョク　権力
ゴンゲ　権化

論（15画）ロン

ごんべん

1　道理を説く。
2　考え。見解。

③ 仲間と激しく**ギロン**する。　互いの意見を述べ合うこと。
④ 監督の方針に**イロン**はない。　ことなる意見。

ギロン　議論
イロン　異論

敵（15画）テキ・かたき

のぶん

1　かたき。てき。戦いの相手。
2　てむかう。張り合う。

⑤ **シュクテキ**に敗れる。　長年のかたき。
⑥ **テキタイ**する二つの集団。　てきとみなしてはむかうこと。

シュクテキ　宿敵
テキタイ　敵対

熟（15画）ジュク・う（れる）

れんが

1　果物や作物などがうれる。みのる。
2　十分に。よくよく。

⑦ りんごが**セイジュク**する。　じゅくすること。
⑧ 資料を**ジュクドク**する。　よくよむこと。

セイジュク　成熟
ジュクドク　熟読

遺（15画）イ・ユイ

しんにょう

1　のこす。のこる。のこった。のこったもの。
2　ぬけおちる。わすれる。

⑨ 父は**ユイゴン**を残していた。　死後のためにのこしたことば。
⑩ **イシツ**物を保管する。　わすれたりなくしたりすること。

ユイゴン　遺言
イシツブツ　遺失物

操（16画）ソウ・みさお・あやつ（る）

てへん

1　あやつる。思いどおりに動かす。
2　みさお。固く守って変えない志。

⑪ 機械を遠隔**ソウサ**する。　あやつって動かすこと。
⑫ **セッソウ**なく意見を変える。　自分の考えを守りとおすこと。

ソウサ　操作
セッソウ　節操

激（16画）ゲキ・はげ（しい）

さんずい

1　はげしい。はなはだしい。
2　はげしく心がうごく。

⑬ **ゲキドウ**する世界情勢。　はげしく揺れうごくこと。
⑭ 褒められて**カンゲキ**する。　気持ちがたかぶること。

ゲキドウ　激動
カンゲキ　感激

縦（16画）ジュウ・たて

いとへん

1　たて。上下または南北の方向。
2　ほしいまま。きままにする。

⑮ **ジュウオウ**無尽の大活躍。　自由自在であるさま。
⑯ 飛行機を**ソウジュウ**する。　思うようにあやつること。

ジュウオウムジン　縦横無尽
ソウジュウ　操縦

漢字力強化

音読みと訓読み

❶ 三か国語を**あやつる**。
❷ 首が**はげしく**痛む。
❸ 勇気を**ふるい**起こす。
❹ 彼は**やさしい**性格だ。
❺ **きびしく**育てる。
❻ 内容が**むずかしい**。

送りがなを含む書き取り

❼ 準備**体操**をする。
❽ 政治家としての**操**。
❾ 日本列島を**縦断**する。
❿ 首を**縦**に振らない。

検印

5級
4級
3級
準2級
2級
付録

16画 奮 フン／ふる(う)
一ナ六ナ衣衣衣奮奮奮
興奮 コウフン／フンキ 奮起
① 母校の勝利にコウフンする。
感情がたかぶること。
1 ふるう。ふるいたつ。
気力をふるいおこすこと。

17画 優 ユウ／やさ(しい)／すぐ(れる)
イ（にんべん）イ亻亻們們價價優優優
優美 ユウビ／ユウショウ 優勝
⑰ 監督が選手にフンキを促す。
⑱ ユウビな印象を演出する。
上品でうつくしいこと。
⑲ 新人戦でユウショウする。
一位になること。
1 やさしい。上品でうつくしい。
2 すぐれている。まさっている。

17画 縮 シュク／ちぢ(む)／ちぢ(まる)／ちぢ(める)／ちぢ(れる)／ちぢ(らす)
糸（いとへん）糸糸糸糸紵紵紵紵絟縮縮縮縮
縮小 シュクショウ／タンシュク 短縮
⑳ 規模をシュクショウする。
ちぢめてちいさくすること。
㉑ 期間をタンシュクする。
長さをちぢめてみじかくすること。
1 ちぢむ。ちぢまる。ちぢめる。

17画 厳 ゲン・ゴン／おごそ(か)／きび(しい)
ツ（つかんむり）ツ ツ 严 严 严 严 严 厳 厳
厳重 ゲンジュウ／ソンゲン 尊厳
㉒ ゲンジュウに戸締まりする。
きびしい態度で対処すること。
㉓ 人間のソンゲンを守る。
とうとくおごそかなこと。
1 きびしい。はげしい。
2 おごそか。いかめしい。

18画 簡 カン
たけかんむり（たけかんむり）ノ 〃 竹 竹 竹 竹 竹 筲 簡 簡 簡 簡 簡
書簡 ショカン／カンタン 簡単
㉔ 江戸時代のショカンを読む。
手紙。
1 本。手紙。
2 てがるな。おおまかな。

18画 臨 リン／のぞ(む)
臣（しん）一 丨 丆 丐 臣 臣 臣 臨 臨 臨 臨 臨
君臨 クンリン／リンジ 臨時
㉕ 政界にクンリンする人物。
絶対的勢力を持つこと。
㉖ カンタンな問題から解く。
手数のかからないさま。
㉗ 年末はリンジで人を増やす。
そのときどきの事情に応じて行うこと。
1 見おろす。上に立つ。
2 その場に直面する。

18画 難 ナン／かた(い)／むずか(しい)
隹（ふるとり）一 艹 苔 苔 莫 莫 葉 蓳 難 難 難 難 難 難
難題 ナンダイ／サイナン 災難
㉘ ナンダイに取り組む。
むずかしいもんだい。
㉙ とんだサイナンだった。
思いがけないわざわい。
1 むずかしい。
2 わざわい。苦しみ。

19画 警 ケイ
言（げん）一 艹 艹 芍 苟 苟 苟 敬 敬 敬 整 警 警
警告 ケイコク／ケイビ 警備
㉚ 再三のケイコクを無視する。
気をつけるよう注意を与えること。
㉛ 大会のケイビは万全だ。
非常時にそなえ、まもること。
1 いましめる。注意する。
2 まもる。そなえる。

漢字の豆知識　漢字の成り立ち

簡

「簡」は、「竹」＋「間」でできていて、竹を削り編んで文字を書く札の意味。紙のなかった時代には、竹の札（竹簡）に文字を書いて、一枚ずつ綴じていた。札と札の間にすきまがあくので、「間（閒）」を用いたよ。

類似字
⑪ 技術が未ジュクだ。［　］

対義語
⑫ 高ネツを出す。［　］
⑬ 実践 ↕ ［理］論
⑭ 晩成 ↕ ［早］
⑮ 詳細 ↕ ［　］略
⑯ 容易 ↕ 困［　］

3画	亡	ボウ・モウ　な(い)	亠 なべぶた	丶 亠 亡	死亡《シボウ》	ほろびる。うしなう。なくなる。
3画	己	コ　キ　おのれ	己 おのれ	㇆ コ 己	自己《ジコ》	おのれ。じぶん。
3画	寸	スン	寸 すん	一 十 寸	採寸《サイスン》	長さ。みじかい。
4画	仁	ジン　ニ	亻 にんべん	ノ イ 仁 仁	仁愛《ジンアイ》	思いやり。いつくしみ。
4画	尺	シャク	尸 かばね	㇆ コ 尸 尺	尺度《シャクド》	長さ。ものさし。
4画	片	ヘン　かた	片 かた	ノ 丿 片 片	破片《ハヘン》	きれはし。かけら。かたほう。

①不慮の事故で**シボウ**する。
しぬこと。

②**ジコ**中心的な考えを改める。
おのれ。

③制服の**サイスン**をする。
サイズを測ること。

④**ジンアイ**の心を持つ。
人を温かく思いやること。

⑤判断の**シャクド**にする。
基準。

⑥ガラスの**ハヘン**が飛び散る。
砕けたもののかけら。

5画	庁	チョウ	广 まだれ	丶 亠 广 广 庁	県庁《ケンチョウ》	役所。
5画	冊	サツ・サク	冂 どうがまえ	丨 冂 冂 冊 冊	別冊《ベッサツ》	とじた書物。
5画	幼	ヨウ　おさな(い)	幺 よう	く 幺 幺 幻 幼	幼児《ヨウジ》	おさない。いとけない。おさなご。
5画	穴	ケツ　あな	穴 あな	丶 丶 宀 穴 穴	墓穴《ボケツ》	あな。くぼんでいるところ。
6画	吸	キュウ　す(う)	口 くちへん	丨 ㄇ 口 叨 吸 吸	呼吸《コキュウ》	息をすう。すいこむ。
6画	机	キ　つくえ	木 きへん	一 十 才 木 朾 机	机上《キジョウ》	つくえ。

⑦**ケンチョウ**所在地を覚える。
けんの事務を処理する役所。

⑧**ベッサツ**付録を付ける。
本誌とはべつに作った本。

⑨**ヨウジ**は入場無料です。
満一歳から小学校就学までの子。

⑩**ボケツ**を掘ってしまった。
自分の言動があだとなること。

⑪腹式**コキュウ**をする。
息をはいたりすったりすること。

⑫**キジョウ**の空論を振り回す。
実際には役に立たない考え。

漢字力強化

送りがなを含む書き取り

❶**なき**祖母の形見。［　　］

❷**おさない**弟がいる。［　　］

❸大きく息を**すう**。［　　］

❹生活に**こまる**。［　　］

❺書類を**わすれる**。［　　］

音読みと訓読み

❻断**片**的な記憶。［　　］

❼**片**手で持つ。［　　］

❽**穴**居生活の跡。［　　］

❾ここは**穴**場だ。［　　］

検印

⓫字　⓬孝　⓭考　⓮亠　⓯火　⓰心

5級
4級
3級
準2級
2級
付録

宇 6画
ウ
宀《うかんむり》
丶 丷 宀 宀 宇 宇
堂宇《ドウウ》
宇

のき。やね。

⑬由緒ある寺の**ドウウ**。
建物。

宅 6画
タク
宀《うかんむり》
丶 丷 宀 宀 宅 宅
住宅《ジュウタク》
宅

いえ。すまい。

⑭郊外の**ジュウタク**地に住む。
人がすむための家。

后 6画
コウ
口《くち》
一 厂 斤 斤 后 后
皇后《コウゴウ》
后

きさき。

⑮**コウゴウ**陛下が訪問される。
君主のきさき。

灰 6画
カイ
はい
火《ひ》
一 厂 厂 厂 灰 灰
石灰《セッカイ》
灰

はい。はいになる。ほろびる。

⑯**セッカイ**で線を引く。
水酸化カルシウムの粉。

舌 6画
ゼツ
した
舌《した》
一 二 千 千 舌 舌
毒舌《ドクゼツ》
舌

した。ことば。

⑰**ドクゼツ**をふるう。
意地の悪い皮肉。

批 7画
ヒ
扌《てへん》
批 一 十 扌 扌 扌 批 批
批判《ヒハン》
批

是非を決める。品定めする。

⑱厳しい**ヒハン**にさらされる。
欠点を指摘して非難すること。

困 7画
コン
こま(る)
囗《くにがまえ》
困 丨 冂 冂 冂 用 困 困
貧困《ヒンコン》
困

こまる。くるしむ。

⑲**ヒンコン**から抜け出せない。
まずしくて生活にこまること。

卵 7画
ラン
たまご
卩《わりふ》
卵 ノ 𠂎 𠂎 卯 卯 卵 卵
産卵《サンラン》
卵

たまご。

⑳ウミガメの**サンラン**を見る。
たまごをうむこと。

孝 7画
コウ
子《こ》
孝 一 十 土 耂 耂 孝 孝
孝行《コウコウ》
孝

子が親を大切にし、よく仕える。

㉑親**コウコウ**な息子たち。
大切にすること。

忘 7画
ボウ
わす(れる)
心《こころ》
忘 丶 亠 亡 亡 忘 忘 忘
備忘録《ビボウロク》
忘

わすれる。おぼえていない。

㉒**ビボウ**録をつけておく。
わすれたときのためのそなえ。

我 7画
ガ
われ
わ
戈《ほこ》
我 ノ 二 千 手 我 我 我
無我夢中《ムガムチュウ》
我

われ。わが。自分。自分の。

㉓**ムガ**夢中で走り抜ける。
われをわすれた状態。

拡 8画
カク
扌《てへん》
拡 拡 一 十 扌 扌 扌 扩 拡 拡
拡張《カクチョウ》
拡

ひろがる。ひろげる。

㉔道路の**カクチョウ**工事。
規模をおしひろげること。

類似字

❿**ウ**治茶を飲む。〔　〕
⓫誤**ジ**の多い文章。〔　〕
⓬親不**コウ**者。〔　〕
⓭参**コウ**書を読む。〔　〕

部首

⓮亡 ⓯灰 ⓰忘

漢字の豆知識

カタカナのもとの字は？

「片仮名《かたかな》」は、漢字の一部をとって作られた。「片」には、「片一方。不完全な。」という意味がある。「阿」から「ア」、「伊」から「イ」、「宇」から「ウ」が作られたが、では次は何？

①奈 ②奴 ③不 ④曽

答え ①ナ ②ヌ ③フ ④ソ

漢字力強化 解答 ❶亡き ❷幼い ❸吸う ❹困る ❺忘れる ❻だんぺん ❼かたて ❽けっきょ ❾あなば ❿宇

乳 8画
ニュウ ちち ち
乚 おつ
孚乳
牛乳《ギュウニュウ》
ちち。
①毎朝ギュウニュウを飲む。
ミルク。

宗 8画
シュウ ソウ
宀 うかんむり
宗宗
宗教《シュウキョウ》
教義。教理。
②シュウキョウ上の理由。
神仏を信じようという考え。

宙 8画
チュウ
宀 うかんむり
宙宙
宇宙《ウチュウ》
大空。空間。
③ウチュウ旅行がしたい。
大気圏の外の空間。

宝 8画
ホウ たから
宀 うかんむり
宝宝
重宝《チョウホウ》
たからもの。たからとする。
④皆からチョウホウがられる。
便利であると大切に使うこと。

届 8画
とど(ける・く)
尸 かばね
届届
届《とど》け
とどく。とどける。とどけ。
⑤学校にトドけを出す。
申し出ること。
［　］け　［　］け

並 8画
ヘイ なみ・なら(べる・ぶ・びに)
一 いち
並並
並立《ヘイリツ》
ならぶ。ならべる。ならびに。
⑥二つの勢力がヘイリツする。
ならびたつこと。

券 8画
ケン
刀 かたな
券券
旅券《リョケン》
信用証書。切手。切符。
⑦リョケンを申請する。
パスポート。

忠 8画
チュウ
心 こころ
忠忠
忠告《チュウコク》
まこと。まごころ。まじめ。
⑧兄のチュウコクを守る。
まごころをこめて説きいさめること。

承 8画
ショウ うけたまわ(る)
手 て
承承
承知《ショウチ》
ささげる。うけいれる。
⑨その件はショウチした。
聞き入れること。

洗 9画
セン あら(う)
氵 さんずい
洗洗
洗練《センレン》
あらう。きれいにする。
⑩センレンされたデザイン。
磨き上げてよいものにすること。

肺 9画
ハイ
月 にくづき
肺肺
肺活量《ハイカツリョウ》
はい。呼吸をつかさどる器官。
⑪ハイカツ量を測定する。
はいが空気を出入りさせる最大量。

砂 9画
サ シャ すな
石 いしへん
砂砂
土砂《ドシャ》
すな。すな状の。
⑫ドシャ崩れが起こる。
つちとすな。

漢字力強化

送りがなを含む書き取り

❶注文をうけたまわる。［　］
❷現役をしりぞく。［　］
❸電車をおりる。［　］
❹不純物を取りのぞく。［　］

音読みと訓読み

❺乳歯が抜ける。［　］
❻乳飲み子《ご》を抱く。［　］
❼国宝の一般公開。［　］
❽子宝に恵まれる。［　］
❾鳥取砂丘を旅する。［　］
❿子供が砂場で遊ぶ。［　］

検印

⑩すなば ⑪しんく ⑫くちべに ⑬一 ⑭手 ⑮白

画数	漢字	読み	部首	筆順	熟語	なぞり書き
9画	紅	コウ ク / べに / くれない	糸 いとへん	く 幺 幺 糸 糸 糸 紆 紅 紅	紅葉《コウヨウ》	紅
9画	退	タイ / しりぞ(く・ける)	辶 しんにょう	フ ヨ ヨ 目 艮 艮 艮 退 退	辞退《ジタイ》	退
9画	泉	セン / いずみ	水 みず	′ 亻 ㇒ 白 白 白 宇 泉 泉	温泉《オンセン》	泉
9画	皇	コウ / オウ	白 しろ	′ 亻 ㇒ 白 白 白 皇 皇 皇	皇室《コウシツ》	皇
9画	胃	イ	肉 にく	丨 口 四 田 田 田 胃 胃 胃	胃腸《イチョウ》	胃
10画	俳	ハイ	亻 にんべん	ノ 亻 亻 亻 亻 亻 俳 俳 俳 俳	俳優《ハイユウ》	俳

くれない。あざやかな赤色。

⑬山のコウヨウが美しい。
はが秋にべに色になること。

あとへ引く。やめる。ゆずる。

⑭受賞をジタイする。
断ること。

いずみ。地中からわき出る水。

⑮家族でオンセンに行く。
地熱で熱せられわき出るいずみ。

てんのうに関する語につける敬称。

⑯コウシツを訪問する。
てんのうの一家。

いぶくろ。い。

⑰イチョウの調子が悪い。
食物の消化・吸収を行う器官。

役者。芸人。

⑱人気のある若手ハイユウ。
役者。

画数	漢字	読み	部首	筆順	熟語	なぞり書き
10画	俵	ヒョウ / たわら	亻 にんべん	ノ 亻 仁 什 仹 俵 俵 俵 俵 俵	土俵《ドヒョウ》	俵
10画	降	コウ / お(りる・ろす) / ふ(る)	阝 こざとへん	７ ３ 阝 阝 阝 阝 陊 陊 降 降	降参《コウサン》	降
10画	除	ジョ / ジ / のぞ(く)	阝 こざとへん	７ ３ 阝 阝 阶 阶 阶 陉 除 除	除去《ジョキョ》	除
10画	陛	ヘイ	阝 こざとへん	７ ３ 阝 阝 阝 阰 阰 阰 陛 陛	陛下《ヘイカ》	陛
10画	株	かぶ	木 きへん	一 十 才 木 木 杧 杧 株 株 株	古株《ふるかぶ》	株
10画	純	ジュン	糸 いとへん	く 幺 幺 糸 糸 糸 紅 紅 紅 純	単純《タンジュン》	純

穀物などを入れる包み。

⑲横綱のドヒョウ入り。
すもうをとる場所。

おりる。くだる。ふる。

⑳力尽きてコウサンした。
争いに負けて相手に服従すること。

のぞく。とりさる。

㉑雑草をジョキョする。
とりのぞくこと。

きざはし。天子の宮殿の階段。

㉒女王ヘイカに手を振る。
天皇などの尊称。

きりかぶ。

㉓職場でフルカブになる。
その集団にふるくからいる人。

まじり気がない。もっぱら。

㉔タンジュンな計算ミス。
こみいっていないこと。

漢字の豆知識

漢字の六書《りくしょ》②

象形文字

象形文字は、ものの形をまねて記号化した文字で、これが漢字の原点だ。たとえば、⊙↓日、↓山、↓木、↓月、⊞↓田、↓火、↓目などは一目瞭然。このページでは、「崖の下から流れ落ちる水」の象形「」からできた「泉」が象形文字だよ。

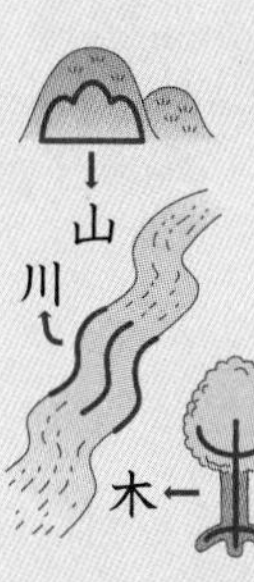

❶真紅のバラを飾る。［　　］

❷口紅をつける。［　　］

部首

⓭並　⓮承　⓯皇

漢字力強化 解答　❶承る　❷退く　❸降りる　❹除く　❺にゅうし　❻ちの　❼こくほう　❽こだから　❾さきゅう

納（10画）
ノウ ナッ ナ ナン トウ おさ(める・まる)
部首：糸 いとへん
納得《ナットク》
いれる。受けいれる。おさめる。
①説明に**ナットク**できない。
理解して受けいれること。

班（10画）
ハン
部首：王 おうへん
班長《ハンチョウ》
組み分けされたグループ。
②**ハンチョウ**を決める。
小単位の集団のかしら。

秘（10画）
ヒ ひ(める)
部首：禾 のぎへん
秘策《ヒサク》
ひめる。かくす。人に見せない。
③勝利のために**ヒサク**を練る。
人の気づかないひみつの計画。

党（10画）
トウ
部首：儿 ひとあし
政党《セイトウ》
なかま。くみ。あつまり。
④保守的な**セイトウ**だ。
共通のせいさくを持つ人の団体。

将（10画）
ショウ
部首：寸 すん
主将《シュショウ》
ひきいる。軍をひきいる人。
⑤野球部の**シュショウ**になる。
キャプテン。

恩（10画）
オン
部首：心 こころ
恩人《オンジン》
めぐみ。いつくしみ。
⑥命の**オンジン**だ。
世話になったひと。

朗（10画）
ロウ ほが(らか)
部首：月 つき
明朗《メイロウ》
ほがらか。あきらか。
⑦**メイロウ**で快活な若者。
あかるくほがらかなさま。

蚕（10画）
サン かいこ
部首：虫 むし
養蚕《ヨウサン》
かいこ。カイコガの幼虫。
⑧**ヨウサン**の盛んな地域。
カイコを飼って繭をとること。

訪（11画）
ホウ おとず(れる) たず(ねる)
部首：言 ごんべん
訪問《ホウモン》
おとずれる。人をたずねる。
⑨家庭**ホウモン**が行われる。
人をたずねること。

郵（11画）
ユウ
部首：阝 おおざと
郵送《ユウソウ》
ゆうびん。
⑩書類を**ユウソウ**する。
ゆうびんでおくること。

頂（11画）
チョウ いただ(く) いただき
部首：頁 おおがい
頂上《チョウジョウ》
いただき。てっぺん。
⑪山の**チョウジョウ**を目ざす。
いちばんうえの所。

窓（11画）
ソウ まど
部首：穴 あなかんむり
車窓《シャソウ》
まど。
⑫**シャソウ**の景色を眺める。
くるまなどのまど。

漢字力強化

送りがなを含む書き取り

❶闘志を内に**ひめる**。〔　〕
❷**ほがらか**に笑う。〔　〕
❸先生の家を**たずねる**。〔　〕
❹子供を**あずける**。〔　〕

音読みと訓読み

❺**筋力**を鍛える。〔　〕
❻**筋道**を立てて話す。〔　〕
❼山の**中腹**で休む。〔　〕
❽すぐに**腹**を立てる。〔　〕
❾**誠意**を見せる。〔　〕
❿**誠**に恐縮です。〔　〕

検印

❾せいい　❿まこと　⓫詞　⓬飼　⓭2　⓮1　⓯4

画数	漢字	読み	部首	筆順	用例	なぞり
11画	翌	ヨク	羽 はね	㇆ ㇆ ㇋ 习ㇷ 羽 羽 羽 翌 翌 翌 翌	翌日《ヨクジツ》	翌

あくる。次の。

⑬ヨクジツまで考える。
あくるひ。

画数	漢字	読み	部首	筆順	用例	なぞり
12画	棒	ボウ	木 きへん	一 十 才 木 木一 木二 朩 桂 梼 椿 棒 棒	鉄棒《テツボウ》	棒

ぼう。ぼうのように。

⑭テツボウにぶら下がる。
てつのぼうでできた体操用具。

画数	漢字	読み	部首	筆順	用例	なぞり
12画	詞	シ	言 ごんべん	丶 亠 亖 言 言 言 言 訂 訂 詞 詞 詞	歌詞《カシ》	詞

ことば。

⑮この曲はカシがいい。
うたのことば。

画数	漢字	読み	部首	筆順	用例	なぞり
12画	割	カツ わ(る・れる) わり さ(く)	刂 りっとう	丶 ハ 宀 宀 中 宝 宝 宝 害 害 害 割	割愛《カツアイ》	割

わる。わける。さく。

⑯時間の都合でカツアイする。
惜しみながら省略すること。

画数	漢字	読み	部首	筆順	用例	なぞり
12画	敬	ケイ うやま(う)	攵 のぶん	一 十 艹 艹 芍 芶 苟 苟 苟 苟 敬 敬	敬遠《ケイエン》	敬

うやまう。うやまいつつしむ。

⑰面倒な仕事をケイエンする。
うやまうように見せて、実際は避けること。

画数	漢字	読み	部首	筆順	用例	なぞり
12画	筋	キン すじ	⺮ たけかんむり	ノ 𠂉 𥫗 𥫗 ⺮ ⺮ 竹 竻 笁 筋 筋 筋	筋骨《キンコツ》	筋

からだのすじ。すじ状のもの。

⑱キンコツたくましい青年。
からだつき。

画数	漢字	読み	部首	筆順	用例	なぞり
12画	痛	ツウ いた(い・む・める)	疒 やまいだれ	丶 亠 广 广 疒 疒 疒 疔 病 痛 痛 痛	腹痛《フクツウ》	痛

いたい。いたむ。いためる。

⑲フクツウのため欠席する。
はらいた。

画数	漢字	読み	部首	筆順	用例	なぞり
13画	腸	チョウ	月 にくづき	ノ 刀 月 月 肌 肛 肛 胆 胆 腸 腸 腸 腸	断腸《ダンチョウ》	腸

はらわた。ちょう。

⑳ダンチョウの思い。
はらわたがちぎれるほど悲しい。

画数	漢字	読み	部首	筆順	用例	なぞり
13画	腹	フク はら	月 にくづき	ノ 刀 月 月 肝 肝 肵 肵 胸 腹 腹 腹 腹	腹案《フクアン》	腹

はら。おなか。心の中。

㉑私にフクアンがあります。
あらかじめ心の中に持っている考え。

画数	漢字	読み	部首	筆順	用例	なぞり
13画	絹	ケン きぬ	糸 いとへん	ㄑ 幺 幺 糸 糸 糸 紀 紀 紀 絹 絹 絹 絹	人絹《ジンケン》	絹

きぬ。きぬ糸。

㉒ジンケンで織った織物。
レーヨンやアセテートなど。

画数	漢字	読み	部首	筆順	用例	なぞり
13画	誠	セイ まこと	言 ごんべん	丶 亠 亖 言 言 言 言 訁 訂 訢 試 誠 誠	誠実《セイジツ》	誠

まこと。まごころ。

㉓セイジツな人柄が好かれる。
まごころがありまじめであるさま。

画数	漢字	読み	部首	筆順	用例	なぞり
13画	預	ヨ あず(ける・かる)	頁 おおがい	フ マ ヌ 予 予 予 予 預 預 預 預 預 預	預金《ヨキン》	預

あずける。

㉔銀行にヨキンする。
おかねをあずける。

漢字の豆知識
"合体《がったい》"して変化する読み

「納得」を「のうとく」と読む人はいないかな。「納《のう》」が「得《とく》」と結びつくと「納得《なっとく》」、「合《ごう》」が「体《たい》」と結びつくと「合体《がったい》」のように、漢字が他の漢字と結びつくと読みが変化する場合がある。その他、因縁《いんねん》・読経《どきょう》・夫婦《ふうふ》・博士《はかせ》なども読みが変化するね。

さて、次は何と読む？
①格子 ②音頭 ③春雨

答え ①こうし ②おんど ③はるさめ

類似字

⑪動シの活用を覚える。［　］
⑫馬をシ育する。［　］

筆順

⑬党 □画目
⑭将 □画目
⑮痛 □画目

漢字力強化 解答 ❶秘める ❷朗らか ❸訪ねる ❹預ける ❺きんりょく ❻すじみち ❼ちゅうふく ❽はら

漢字	画数	読み	部首	筆順	用例	意味
蒸	13画	ジョウ / む(す・れる・らす)	艹 くさかんむり	一 艹 艹 芓 茅 茅 茏 菉 蒸 蒸 蒸 蒸	蒸発《ジョウハツ》	むす。むれる。むらす。
署	13画	ショ	罒 あみがしら	丶 冖 冖 罒 罒 罒 罕 罘 罗 罟 署 署	部署《ブショ》	やくわり。わりあて。
幕	13画	マク / バク	巾 はば	一 艹 艹 芔 芔 荁 荁 莫 莫 莫 幕 幕	開幕《カイマク》	まく。
盟	13画	メイ	皿 さら	丨 冂 日 日 日) 明 明 明 明 明 盟 盟	加盟《カメイ》	ちかう。ちかい。
聖	13画	セイ	耳 みみ	一 丅 F 巨 耳 耳 耶 耶 聖 聖 聖 聖	神聖《シンセイ》	すぐれている。きよらかな。
賃	13画	チン	貝 かい	ノ イ 仁 仁 任 任 任 凭 賃 賃 賃 賃	運賃《ウンチン》	報酬や代償として支払う金銭。

①水分が**ジョウハツ**する。
液体が気体になる現象。

②希望の**ブショ**に配属される。
わりあてられた役目。

③博覧会が**カイマク**する。
始まること。

④国連に**カメイ**する。
組織に一員としてくわわること。

⑤**シンセイ**な雰囲気の境内。
清らかでけがれがないさま。

⑥乗車時に**ウンチン**を払う。
貨物や旅客をはこぶ料金。

漢字	画数	読み	部首	筆順	用例	意味
磁	14画	ジ	石 いしへん	一 ア 石 石' 石" 矿 矿 磁 磁 磁	磁石《ジシャク》	じしゃく。
穀	14画	コク	禾 のぎへん	一 十 士 声 声 壳 壳 壳 榖 穀	穀物《コクモツ》	こくもつ。米・麦・豆など。
誤	14画	ゴ / あやま(る)	言 ごんべん	丶 亠 言 言 言 訁 訁 誤 誤 誤	誤解《ゴカイ》	あやまる。あやまり。
誌	14画	シ	言 ごんべん	丶 亠 亠 言 言 言 計 計 誌 誌	日誌《ニッシ》	しるす。書きしるしたもの。
銭	14画	セン / ぜに	金 かねへん	人 亼 亽 今 余 金 金 釒 銭 銭	金銭《キンセン》	かね。貨幣。
閣	14画	カク	門 もんがまえ	丨 冂 尸 戸 門 門 閂 閃 閣 閣	仏閣《ブッカク》	高い建物。

⑦方位**ジシャク**を用いる。
じきコンパス。

⑧**コクモツ**を収穫する。
主食となるもの。

⑨**ゴカイ**を招く表現を避ける。
思いちがい。

⑩学級**ニッシ**を書く。
まいにちの出来事の記録。

⑪**キンセン**感覚がない。
おかね。

⑫各地の神社**ブッカク**を巡る。
寺の建物。

漢字力強化

送りがなを含む書き取り

❶ご飯を**むらす**。「　」

❷判断を**あやまる**。「　」

❸都会で**くらす**。「　」

音読みと訓読み

❹無**銭**飲食の犯人。「　」

❺革の**小銭**入れ。「　」

❻個人が**所蔵**する本。「　」

❼**酒蔵**が立ち並ぶ。「　」

❽**鉄鋼**業が盛んな町。「　」

❾**鋼**のよろい。「　」

検印

❿賃 ⓫貸 ⓬貨 ⓭巾 ⓮禾

暮　14画
音訓：ボ／く(れる・らす)
部首：日（ひ）
暮春《ボシュン》
くれる。くれ。

⑬**ボシュン**の風景を撮影する。
はるの終わりごろ。

諸　15画
音訓：ショ
部首：言（ごんべん）
諸国《ショコク》
もろもろ。いろいろな。

⑭**ショコク**を歴訪する。
いろいろなくに。

誕　15画
音訓：タン
部首：言（ごんべん）
誕生《タンジョウ》
うまれる。うむ。

⑮初孫の**タンジョウ**を祝う。
うまれること。

劇　15画
音訓：ゲキ
部首：刂（りっとう）
劇的《ゲキテキ》
しばい。

⑯**ゲキテキ**な生涯を送った。
ドラマチック。

蔵　15画
音訓：ゾウ／くら
部首：艹（くさかんむり）
貯蔵《チョゾウ》
おさめる。しまっておく。

⑰米を**チョゾウ**してある。
蓄えておくこと。

樹　16画
音訓：ジュ
部首：木（きへん）
樹木《ジュモク》
たちき。

⑱**ジュモク**の茂る別荘地。
たちき。

糖　16画
音訓：トウ
部首：米（こめへん）
砂糖《サトウ》
あめ。さとう。

⑲紅茶に**サトウ**を入れる。
甘味料の一つ。

鋼　16画
音訓：コウ／はがね
部首：金（かねへん）
鋼鉄《コウテツ》
はがね。

⑳**コウテツ**の肉体を持つ。
はがねのように強いこと。

憲　16画
音訓：ケン
部首：心（こころ）
憲法《ケンポウ》
きまり。基本的なおきて。

㉑日本国**ケンポウ**第一条。
基本となるきまり。

覧　17画
音訓：ラン
部首：見（みる）
展覧《テンラン》
みる。よくみる。広くながめる。

㉒絵画の**テンラン**会に行く。
広く一般にみせること。

臓　19画
音訓：ゾウ
部首：月（にくづき）
心臓《シンゾウ》
はらわた。体内器官の総称。

㉓**シンゾウ**に悪い話だった。
血液を体じゅうに送る器官。

類似字

❿家**チン**を払う。〔　〕

⓫**タイ**借関係がある。〔　〕

⓬**カ**物列車が出発する。〔　〕

部首

⓭幕

⓮穀

漢字の豆知識

「○○署」か「○○所」か？

「警察署」と「駐在所」は、使い分けが紛らわしいね。「署」は、「全体を分けてそれぞれの部署で仕事を行う所・役所。」の意味で、「所」は、「そのようなことをする場所。」という意味だ。「署」は、「消防署・税務署・労働基準監督署」など限られるので、まずこちらを覚えて、それ以外を「所」と考えると、覚えやすいよ。

漢字力強化 解答　❶蒸らす　❷誤る　❸暮らす　❹むせん　❺こぜに　❻しょぞう　❼さかぐら　❽てっこう　❾はがね

一 次の——の漢字の読みをひらがなで書きなさい。

(20) 1×20

1 会場は興奮のるつぼと化した。（　）
2 彼女は三か国語を操る。（　）
3 この絵は一見の価値がある。（　）
4 目じりが垂れた表情になる。（　）
5 夏休みに中学時代の同窓会を開く。（　）
6 手分けして敵の弱点を探す。（　）
7 女王陛下が来日する予定だ。（　）
8 川に沿って道が曲がっている。（　）
9 休日に先生の家を訪問する。（　）
10 胸板が厚いがっしりとした体格。（　）

二 次の漢字の部首と部首名を後の□の中から選び、記号で答えなさい。

(10) 1×10

〈例〉返　部首〔う〕　部首名（ク）

党射蔵刻庁

	部首	部首名
1	〔　〕	（　）
2	〔　〕	（　）
3	〔　〕	（　）
4	〔　〕	（　）
5	〔　〕	（　）
6	〔　〕	（　）
7	〔　〕	（　）
8	〔　〕	（　）
9	〔　〕	（　）
10	〔　〕	（　）

あ 亠　い 刂　う 辶　え 儿
お 言　か 寸　き 厂　く 艹
け 戈　こ 广

ア ごんべん　イ まだれ
ウ ほこ ほこづくり　エ ひとあし にんにょう
オ くさかんむり　カ がんだれ
キ なべぶた けいさんかんむり　ク しんにょう しんにゅう
ケ りっとう　コ すん

五 漢字の読みには音と訓があります。次の熟語の読みは□の中のどの組み合わせになっていますか。ア〜エの記号で答えなさい。

(20) 2×10

ア 音と音　イ 音と訓
ウ 訓と訓　エ 訓と音

1 味方（　）
2 宝庫（　）
3 手配（　）
4 座席（　）
5 目印（　）
6 黒潮（　）
7 台所（　）
8 裏側（　）
9 尊敬（　）
10 布製（　）

六 次のカタカナを漢字になおし、一字だけ書きなさい。

(20) 2×10

1 一心不**ラン**（　）
2 **ソウ**立記念（　）
3 **ユウ**便配達（　）
4 **イ**ロ同音（　）
6 単**ジュン**明快（　）
7 世界**イ**産（　）
8 **ゾウ**器移植（　）
9 **リン**時休業（　）

一	／20
二	／10
三	／10
四	／10
五	／20
六	／20
七	／20
八	／10
九	／20
十	／20
十一	／40
合計	／200

検印

11 毎朝欠かさず牛乳を飲む。（　　）
12 西の空が赤く染まる。（　　）
13 会場を厳重に警備する。（　　）
14 話題の映画の筋を話す。（　　）
15 町内でお知らせを回覧する。（　　）
16 玄関に体全体が映る鏡を置く。（　　）
17 出かける前に時刻表を確認する。（　　）
18 文章に誤りがないか点検する。（　　）
19 道路を拡張する工事が行われる。（　　）
20 日本列島を縦断する。（　　）

三 次の漢字の太い画のところは筆順の何画目か、また総画数は何画か、算用数字（1、2、3…）で答えなさい。 (10) 1×10

〈例〉 定　何画目［5］　総画数（8）

衆 宙 並 裁 蒸

	何画目		総画数
1	［　］	2	（　）
3	［　］	4	（　）
5	［　］	6	（　）
7	［　］	8	（　）
9	［　］	10	（　）

四 次の——線のカタカナの部分を漢字一字と送りがな（ひらがな）になおしなさい。 (10) 2×5

〈例〉 クラブのきまりを**サダメル**。 定める

1 学校の規則が**キビシイ**。（　　）
2 **アブナイ**場所に近づかない。（　　）
3 手を合わせて**オガム**。（　　）
4 **オサナイ**ころの思い出を語る。（　　）
5 **ハゲシイ**風雨。（　　）

---

5 学習意**ヨク**（　　）

10 記念植**ジュ**（　　）

七 後の□の中のひらがなを漢字になおして、対義語（意味が反対や対《つい》になることば）と、類義語（意味がよくにたことば）を書きなさい。□の中のひらがなは一度だけ使い、漢字一字を書きなさい。 (20) 2×10

対義語

1 地味—（　）手
2 可決—（　）決
3 散在—（　）集
4 寒冷—温（　）
5 満潮—（　）潮

類義語

6 向上—発（　）
7 真心—（　）意
8 直前—（　）前
9 次第—順（　）
10 快活—明（　）

ひ・ろう・かん・すん・みっ
せい・は・だん・じょ・てん

八 後の□の中から漢字を選んで、次の意味にあてはまる熟語を作りなさい。答えは記号で書きなさい。　(10) 2×5

〈例〉本を読むこと。（読書）　（シ・サ）

1 非常に大切であるさま。（　・　）

2 思うまま、満足がいくまで。（　・　）

3 中に入れてしまっておくこと。（　・　）

4 予定よりのばすこと。（　・　）

5 現地で実際の様子を見ること。（　・　）

ア 察	イ 重	ウ 収	エ 存
オ 納	カ 視	キ 分	ク 長
ケ 貴	コ 延	サ 書	シ 読

十 次の――線のカタカナを漢字になおしなさい。　(20) 2×10

1 兄は銀行に**ツト**めている。（　　）

2 計画を実現できるよう**ツト**める。（　　）

3 一年間の委員長の**ニンキ**を終えた。（　　）

4 若者に**ニンキ**があるテレビタレント。（　　）

5 プレゼントをきれいに**ホウソウ**する。（　　）

6 昔のドラマが再**ホウソウ**される。（　　）

7 **シキ**折々の花を植えている。（　　）

8 合唱コンクールで**シキ**をする。（　　）

9 交通**ジコ**が起きた。（　　）

10 練習のおかげで**ジコ**最高記録が出た。（　　）

13 彼女は**ヤサ**しい心の持ち主だ。（　　）

14 手早く仕事を**ショリ**する。（　　）

15 アルバイトをして学費を**オギナ**う。（　　）

16 将来は**ツウヤク**になりたい。（　　）

17 機械の使い方がわからず**コマ**った。（　　）

18 鼻で**コキュウ**する。（　　）

19 **アナ**があったら入りたい。（　　）

20 旅先で作った**ハイク**を発表する。（　　）

――おわり――

5級模擬テスト 解答

一 1こうふん　2あやつ　3かち　4た
5どうそうかい　6さが　7へいか　8そ
9ほうもん　10むないた　11ぎゅうにゅう

九 漢字を二字組み合わせた熟語では、二つの漢字の間に意味の上で、次のような関係があります。 (20) 2×10

ア　反対や対《つい》になる意味の字を組み合わせたもの。 （例…強弱）

イ　同じような意味の字を組み合わせたもの。 （例…進行）

ウ　上の字が下の字の意味を説明（修飾《しょく》）しているもの。 （例…国旗）

エ　下の字から上の字へ返って読むと意味がよくわかるもの。 （例…消火）

次の熟語は、右のア～エのどれにあたるか、記号で答えなさい。

1 喜劇　（　　）
2 善悪　（　　）
3 死亡　（　　）
4 誕生　（　　）
5 班長　（　　）
6 就職　（　　）
7 長針　（　　）
8 紅白　（　　）
9 下降　（　　）
10 看病　（　　）

十一 次の――線のカタカナを漢字になおしなさい。 (40) 2×20

1 公園から**コドモ**の笑い声が聞こえる。 （　　）
2 あせをかいたらこまめに**センガン**する。 （　　）
3 昨夜は**ホネミ**にしみる寒さだった。 （　　）
4 **マイキョ**にいとまがない。 （　　）
5 風が強いので窓を**シ**める。 （　　）
6 公害問題について**トウロン**する。 （　　）
7 道路にごみを**ス**てるな。 （　　）
8 水玉**モヨウ**のスカートをはく。 （　　）
9 母に忘れ物を**トド**けてもらった。 （　　）
10 **センモン**家に相談しよう。 （　　）
11 大切にしていた皿が**ワ**れた。 （　　）
12 相手の反応を**スイソク**する。 （　　）

12 そ　13 けいび　14 すじ　15 かいらん　16 うつ　17 かくにん　18 あやま　19 かくちょう　20 じゅうだん

二 1＝こ　2＝イ　3＝い　4＝ケ　5＝く　6＝オ　7＝か　8＝コ　9＝え　10＝エ

三 1＝8　2＝12　3＝6　4＝8　5＝6　6＝8　7＝10　8＝12　9＝6　10＝13

四 1 厳しい　2 危ない　3 拝む　4 幼い　5 激しい

五 1＝イ　2＝ア　3＝エ　4＝ア　5＝ウ　6＝ウ　7＝イ　8＝ウ　9＝ア　10＝エ

六 1 乱　2 創　3 郵　4 異　5 欲　6 純　7 遺　8 臓　9 臨　10 樹

七 1 派　2 否　3 密　4 暖　5 干　6 展　7 誠　8 寸　9 序　10 朗

八 1＝ケ・イ　2＝エ・キ　3＝ウ・オ　4＝コ・ク　5＝カ・ア

九 1＝ウ　2＝ア　3＝イ　4＝イ　5＝ウ　6＝エ　7＝ウ　8＝ア　9＝イ　10＝エ

十 1 勤　2 努　3 任期　4 人気　5 包装　6 放送　7 四季　8 指揮　9 事故　10 自己

十一 1 子供　2 洗顔　3 骨身　4 枚挙　5 閉　6 討論　7 捨　8 模様　9 届　10 専門　11 割　12 推測　13 優　14 処理　15 補　16 通訳　17 困　18 呼吸　19 穴　20 俳句

与 （3画）

ヨ　あた(える)

部首：一（いち）

筆順：一 与 与

付与《フヨ》　関与《カンヨ》

1 あたえる。

① 有給休暇を**フヨ**する。（さずけあたえること。）

2 仲間になる。かかわりができる。

② 株主が経営に**カンヨ**する。（かかわること。）

凡 （3画）

ボン｜ハン

部首：几（つくえ）

筆順：ノ 几 凡

凡例《ハンレイ》　非凡《ヒボン》

1 すべて。みな。

③ 国語辞典の**ハンレイ**を見る。（物の初めにある使用法。）

2 ありふれた。なみ。

④ **ヒボン**な才能の持ち主だ。（ふつうよりとくに優れていること。）

及 （3画）

キュウ　およ(ぶ・び・ぼす)

部首：又（また）

筆順：ノ 乃 及

波及《ハキュウ》　言及《ゲンキュウ》

1 およぶ。追いつく。およぼす。

⑤ 地域経済への**ハキュウ**効果。（影響が徐々に広がること。）

⑥ 進退問題に**ゲンキュウ**する。（話がおよぶこと。）

介 （4画）

カイ

部首：人（ひとやね）

筆順：ノ 人 介 介

仲介《チュウカイ》　介護《カイゴ》

1 間にはいる。なかだちをする。

⑦ 株式売買を**チュウカイ**する。（二者の間を取り持つこと。）

2 たすける。つきそう。

⑧ **カイゴ**の仕事に就く。（病人などの世話や手当てをすること。）

匹 （4画）

ヒツ　ひき

部首：匸（かくしがまえ）

筆順：一 丆 兀 匹

匹敵《ヒッテキ》　匹夫《ヒップ》

1 二つがならぶ。対になる。

⑨ 超一流に**ヒッテキ**する腕前。（同程度であること。）

2 いやしい。身分が低い者。

⑩ **ヒップ**も志を奪うべからず。（人の志は尊重すべきであることのたとえ。）

丹 （4画）

タン

部首：丶（てん）

筆順：ノ 冂 円 丹

丹頂鶴《タンチョウづる》　丹念《タンネン》

1 あか。に。あかい色。

⑪ **タンチョウ**鶴の生息地。（頭のてっぺんがあかいツル。）

2 まごころ。

⑫ **タンネン**に仕上げる。（丁寧に行うさま。）

互 （4画）

ゴ　たが(い)

部首：二（に）

筆順：一 工 互 互

相互《ソウゴ》　互角《ゴカク》

1 たがい。たがいに。

⑬ **ソウゴ**理解を深める。（たがいに関係がある両方の側。）

⑭ 両者**ゴカク**の勝負だ。（優劣の差がないさま。）

奴 （5画）

ド

部首：女（おんなへん）

筆順：く 女 女 奴 奴

奴隷《ドレイ》　守銭奴《シュセンド》

1 しもべ。下男。

⑮ **ドレイ**解放に尽力した人物。（他人の所有物として扱われる人。）

2 人を卑しめる語。

⑯ **シュセンド**。（けちな人。）

漢字力強化

送りがなを含む書き取り

❶ 鳥に餌を**あたえる**。「　」

❷ 影響が地方に**およぶ**。「　」

❸ **たがい**が譲り合う。「　」

❹ ほこりを**はらう**。「　」

❺ 商品を買い**しめる**。「　」

❻ 相性を**うらなう**。「　」

❼ 母親に**あまえる**。「　」

❽ 監督を師と**あおぐ**。「　」

同音異義語

❾ 責任を**ツイキュウ**する。「　」

❿ 利益を**ツイキュウ**する。「　」

検印

⑫与　⑬凡　⑭及　⑮占　⑯甘

払（5画）

フツ｜はら(う)

部首：扌（てへん）

筆順：一 十 扌 払 払

払底《フッテイ》　払暁《フツギョウ》

1　はらう。なくなる。

⑰在庫がフッテイしている。
すっかりなくなること。

2　夜が明ける。

⑱フツギョウに出発する。
夜明け方。

占（5画）

セン｜し(める)｜うらな(う)

部首：卜（ぼく）

筆順：丨 卜 卜 占 占

占星術《センセイジュツ》　占拠《センキョ》

1　うらなう。うらない。

⑲センセイ術で予言する。
ほしうらない。

2　しめる。自分のものにする。

⑳建物を不法にセンキョする。
立てこもる。

玄（5画）

ゲン

部首：玄（げん）

筆順：丶 亠 ⺈ 玄 玄

玄米《ゲンマイ》　玄妙《ゲンミョウ》

1　くろ。くろい色。赤ぐろい色。

㉑毎朝ゲンマイを食べる。
もみを取っただけのこめ。

2　深い。奥深い道理。

㉒ゲンミョウをきわめる。
趣が深くすぐれているさま。

甘（5画）

カン｜あま(い・える・やかす)

部首：甘（かん）

筆順：一 十 廿 廿 甘

甘美《カンビ》　甘受《カンジュ》

1　あまい。おいしい。うまい。

㉓カンビな旋律に身を委ねる。
うっとりした気持ちにさせること。

2　あまんじる。満足する。

㉔厳しい運命をカンジュする。
あまんじてうけいれること。

矛（5画）

ム｜ほこ

部首：矛（ほこ）

筆順：フ マ 乛 予 矛

矛盾《ムジュン》　矛先《ほこさき》

1　長柄のさきに両刃の剣をつけた武器。

㉕言動にムジュンがある。
つじつまが合わないこと。

㉖話のホコサキを向ける。
論争での攻撃の目標。

仰（6画）

ギョウ　コウ｜あお(ぐ)｜おお(せ)

部首：亻（にんべん）

筆順：ノ 亻 亻 仆 仰 仰

仰天《ギョウテン》　信仰《シンコウ》

1　あおむけになる。見上げる。

㉗びっくりギョウテンする。
非常に驚くこと。

2　あがめる。うやまう。

㉘住民のシンコウを集める。
神や仏を尊び、従うこと。

吐（6画）

ト｜は(く)

部首：口（くちへん）

筆順：丨 口 口 口 叶 吐

吐息《といき》　吐露《トロ》

1　はく。口からはき出す。

㉙ほっとトイキを漏らす。
思わずはくいき。

2　のべる。うちあける。

㉚親友に心情をトロする。
本心をすべてうちあけること。

⓫真理をツイキュウする。
「　　」

対義語

⓬借用 ↕ 貸□

⓭偉人 ↕ □人

⓮落第 ↕ □第

⓯撤退 ↕ □領

⓰苦言 ↕ □言

漢字の豆知識

「玄人《くろうと》」の語源は？

「玄」の字を含む熟字訓に「玄人」がある。「玄人」とは、その道に熟達した人の意味で、「素人《しろうと》」の対義語。「素人」は平安時代には「白人《しろひと》」と書かれており、その対義語も元は「黒人《くろひと》」だった。それが、時代とともに「くろうと」に変化して、「黒」よりも奥深く容易ではない意味合いが強い「玄」の字が当てられるようになったそうだ。

漢字力強化 解答　❶与える　❷及ぶ　❸互い　❹払う　❺占める　❻占う　❼甘える　❽仰ぐ　❾追及　❿追求　⓫追究

① 日常業務にボウサツされる。仕事に追われること。
1 いそがしい。せわしい。

6画 忙 ボウ いそが(しい)
りっしんべん 忄
丶 丷 忄 忄 忙
多忙 忙殺ボウサツ 忙中ボウチュウ

② 業務タボウにつき急募する。非常にいそがしいこと。

③ 大気オセンを引き起こす。よごれること。
1 よごす。よごれる。きたない。

6画 汚 オ よご(す)・きたな(い)・けが(す) よご(れる)・けが(す)・けが(れる)・けが(らわしい)
さんずい 氵
氵 氵 氵 汚
汚染オセン 汚名オメイ

④ オメイを着せられる。悪い評判。
2 けがす。けがれる。

⑤ 校舎がロウキュウ化する。古くなって役立たないこと。
1 くちる。くさる。

6画 朽 キュウ く(ちる)
きへん 扌
一 十 才 木 朽 朽
老朽ロウキュウ 不朽フキュウ

⑥ フキュウの名作と呼ばれる。長く後世に残ること。

⑦ 大相撲の地方ジュンギョウ。興行してまわること。
1 めぐる。まわり歩く。
2 みまわる。

6画 巡 ジュン めぐ(る)
巛 かわ
《 《 巛 巡
巡業ジュンギョウ 巡回ジュンカイ

⑧ 警備員がジュンカイする。見てまわること。

⑨ 会社再建にジンリョクする。ちからをつくすこと。
1 つくす。出しきる。

6画 尽 ジン つ(くす)・つ(きる)・かす
尸 かばね
コ 尸 尸 尺 尽
尽力ジンリョク 無尽蔵ムジンゾウ

⑩ ムジンゾウだ。限りがないこと。
2 つきる。

⑪ 会のシュシは理解しました。あることを行おうとする目的。
1 むね。こころざし。考え。

6画 旨 シ むね
日 ひ
一 ヒ ヒ 半 旨 旨
要旨ヨウシ 趣旨シュシ

⑫ 論文のヨウシをつかむ。内容の主な点。

⑬ ゼツミョウのタイミング。きわめて巧みですぐれているさま。
1 うつくしい。すぐれている。

7画 妙 ミョウ
女 おんなへん
く 女 女 如 如 如 妙
絶妙ゼツミョウ 奇妙キミョウ

⑭ キミョウな色の取り合わせ。不思議な。おかしい。
2 不思議な。

⑮ 審判の判定にコウギする。反対意見を主張すること。
1 てむかう。はりあう。

7画 抗 コウ
てへん 扌
一 十 才 扩 扩 抗 抗
抗議コウギ 対抗タイコウ

⑯ 兄にタイコウ意識を燃やす。互いにはりあうこと。

漢字力強化

送りがなを含む書き取り

❶ 毎日いそがしい。
❷ 部屋がきたない。
❸ つり橋がくちる。
❹ 口に水をふくむ。

音読みと訓読み

❺ 宗旨変えをする。
❻ 安全第一を旨とする。
❼ 光沢のある生地。
❽ 沢歩きに出かける。
❾ 病床から手紙を書く。
❿ 床下まで浸水する。

検印

❿ゆかした ⓫抗 ⓬航 ⓭却 ⓮脚 ⓯汚 ⓰含

抜（7画）
バツ　ぬ(く・ける・かす・かる)
部首：扌（てへん）
筆順：抜
抜本《バッポン》　選抜《センバツ》

1 ぬく。ひきぬく。ぬける。

⑰**バッポン**的な改革が必要だ。
おおもとの原因をぬき除くこと。

2 えらびだす。

⑱**センバツ**メンバーで戦う。
すぐれたものをえらびだすこと。

沢（7画）
タク　さわ
部首：氵（さんずい）
筆順：沢
沼沢地《ショウタクチ》　沢山《タクサン》

1 さわ。草木の生えている湿地帯。

⑲**ショウタク**地に生息する虫。
ぬまやさわ。

2 うるおい。ものが豊かにあること。

⑳**タクサン**の人でにぎわう。
数量の多いこと。

攻（7画）
コウ　せ(める)
部首：攵（のぶん）
筆順：攻
攻撃《コウゲキ》　専攻《センコウ》

1 せめる。敵をうつ。

㉑個人**コウゲキ**はしない。
敵をせめること。

2 みがく。まなぶ。おさめる。

㉒大学で文学を**センコウ**する。
ある一つのことを研究すること。

床（7画）
ショウ　とこ　ゆか
部首：广（まだれ）
筆順：床
起床《キショウ》　温床《オンショウ》

1 ねどこ。ゆか。

㉓毎朝七時に**キショウ**する。
ねどこからおきだすこと。

2 なえどこ。

㉔犯罪の**オンショウ**となる。
ある結果が生じやすい環境。

迎（7画）
ゲイ　むか(える)
部首：⻌（しんにょう）
筆順：迎
歓迎《カンゲイ》　迎合《ゲイゴウ》

1 むかえる。待ち受ける。

㉕新入部員を**カンゲイ**する。
喜びむかえること。

2 相手の気にあうようにする。

㉖大衆に**ゲイゴウ**しやすい。
相手にあわせて考えを変えること。

却（7画）
キャク
部首：卩（わりふ）
筆順：却
却下《キャッカ》　脱却《ダッキャク》

1 しりぞく。しりぞける。

㉗申し出を**キャッカ**する。
しりぞけること。

2 (動詞のあとにつけて)…しおわる。

㉘不振から**ダッキャク**する。
抜け出すこと。

即（7画）
ソク
部首：卩（わりふ）
筆順：即
即位《ソクイ》　即座《ソクザ》

1 つく。地位や位置につく。

㉙女性の国王が**ソクイ**する。
くらいにつくこと。

2 すぐに。ただちに。

㉚商品は**ソクザ**に売り切れた。
すぐその場。

含（7画）
ガン　ふく(む・める)
部首：口（くち）
筆順：含
含蓄《ガンチク》　含有《ガンユウ》

1 あわせもつ。口の中にふくむ。

㉛**ガンチク**に富む話を聴いた。
内容豊かで深い意味があること。

㉜鉄分を**ガンユウ**する。
成分としてふくむこと。

漢字の豆知識

攻めると責めるの違いは？

「攻める」は、「押し寄せて相手を負かす。攻撃する。」という意味。一方、「責める」は、「過ちを非難する。とがめる。せきたてる。」という意味。次の「せめる」はどっち？

①城をせめる。
②無責任な対応をせめる。

答え ①攻 ②責

類似字

⓫親に反**コウ**する。［　］
⓬太平洋を**コウ**海する。［　］
⓭返**キャク**期限を守る。［　］
⓮ドラマの**キャク**本。［　］

対義語

⓯美点 ↕ □点
⓰除外 ↕ 包□

漢字力強化 解答　❶忙しい　❷汚い　❸朽ちる　❹含む　❺しゅうし　❻むね　❼こうたく　❽さわある　❾びょうしょう

戒 7画
カイ いまし(める)
戈 ほこ
一 二 テ 开 戒 戒 戒
自戒《ジカイ》 警戒《ケイカイ》

1 いましめる。つつしむ。
①**ジカイ**して手抜きしない。 みずからいましめること。
2 用心する。
②徹夜で**ケイカイ**する。 注意し用心すること。

更 7画
コウ さら ふ(ける・かす)
曰 ひらび
一 一 戸 亘 更 更 更
更新《コウシン》 夜更《よふ》け

1 かえる。かわる。あらためる。
③世界記録を**コウシン**する。 あたらしくかえること。
2 ふかまる。ふける。
④**ヨフ**けまで語り合った。 よるも非常に遅くなったとき。

秀 7画
シュウ ひい(でる)
禾 のぎ
一 二 千 禾 禾 秀 秀
優秀《ユウシュウ》 秀才《シュウサイ》

1 ひいでる。すぐれる。のびる。
⑤**ユウシュウ**な成績を収める。 非常にすぐれていること。
⑥**シュウサイ**の呼び声が高い。 学識などのすぐれた人。

依 8画
イ エ
亻 にんべん
ノ 亻 亻 仁 仕 佗 依 依
帰依《キエ》 依然《イゼン》

1 よる。たよる。よりかかる。
⑦仏道に**キエ**して修行する。 神や仏にすがること。
2 そのまま。もとのまま。
⑧**イゼン**として高水準にある。 もとのままであるさま。

征 8画
セイ
彳 ぎょうにんべん
ノ 彳 彳 彳 行 行 征 征
遠征《エンセイ》 征服《セイフク》

1 ゆく。旅に出る。
⑨海外へ**エンセイ**する。 調査や試合でとおくに行くこと。
2 不正を武力でただす。
⑩次々と隣国を**セイフク**する。 支配下に置くこと。

彼 8画
ヒ かれ かの
彳 ぎょうにんべん
ノ 彳 彳 彳 彳 彳 彼 彼
彼女《かのジョ》 彼岸《ヒガン》

1 かれ。あの人。第三者。
⑪**カノジョ**は有名な小説家だ。 あのおんなの人。
2 あれ。あの。かの。かなたの。
⑫暑さ寒さも**ヒガン**まで。 春分、秋分の日の前後各三日間。

押 8画
オウ お(す・さえる)
扌 てへん
一 十 扌 扣 扣 扣 押 押
押収《オウシュウ》 押印《オウイン》

1 おさえる。とりおさえる。
⑬関係資料を**オウシュウ**する。 捜査機関などが確保すること。
2 判をおす。署名する。
⑭署名して**オウイン**する。 判をおすこと。

拠 8画
キョ コ
扌 てへん
一 十 扌 扌 扌 扌 拠 拠
証拠《ショウコ》 拠点《キョテン》

1 よる。たよる。よりどころ。
⑮**ショウコ**の品を提出する。 事実を明らかにする材料。
⑯海外に活動**キョテン**を移す。 活動の足場となる場所。

漢字力強化

送りがなを含む書き取り

❶自分を**いましめる**。〔　〕
❷一芸に**ひいでる**。〔　〕
❸疑問を**いだく**。〔　〕
❹難問に頭を**かかえる**。〔　〕
❺友人を家に**とめる**。〔　〕
❻大会の成功を**いのる**。〔　〕

音読みと訓読み

❼予定を**変更**する。〔　〕
❽**更地**にして売る。〔　〕
❾**彼我**の実力差はない。〔　〕
❿**彼**は努力家だ。〔　〕

検印

⓫押 ⓬推 ⓭刺 ⓮差 ⓯指

5級
4級
3級
準2級
2級
付録

8画	拓
音訓	タク
部首	扌 てへん
筆順	一 十 扌 扌 扩 扩 拓 拓
熟語	開拓《カイタク》 魚拓《ギョタク》

1 ひらく。未開地をきりひらく。

⑰新しい分野を**カイタク**する。
きりひらくこと。

2 石碑の文字などを紙に写しとる。

⑱マダイの**ギョタク**をとる。
紙にさかなの形を写しとったもの。

8画	抵
音訓	テイ
部首	扌 てへん
筆順	一 十 扌 扌 扌 扌 抵 抵
熟語	抵抗《テイコウ》 抵触《テイショク》

1 こばむ。さからう。

⑲激しい**テイコウ**に遭う。
外からの力にさからうこと。

2 あたる。ふれる。

⑳法律に**テイショク**する行為。
ふれること。

8画	拍
音訓	ハク ヒョウ
部首	扌 てへん
筆順	一 十 扌 扌 扌 扌 拍 拍
熟語	拍車《ハクシャ》 拍子《ヒョウシ》

1 うつ。てでたたく。

㉑人気に**ハクシャ**をかける。
物事の進行を一段とはやめる。

2 リズムや音数の単位。

㉒体で**ヒョウシ**をとる。
テンポ。

8画	抱
音訓	ホウ だ(く) いだ(く) かか(える)
部首	扌 てへん
筆順	一 十 扌 扌 扚 扚 抱 抱
熟語	介抱《カイホウ》 抱負《ホウフ》

1 だく。両手でかかえる。

㉓酔っ払いを**カイホウ**する。
世話をすること。

2 心にいだく。思う。

㉔新年の**ホウフ**を述べる。
心にいだいている決意。

8画	況
音訓	キョウ
部首	氵 さんずい
筆順	丶 丶 氵 氵 氵 氵 況 況
熟語	近況《キンキョウ》 比況《ヒキョウ》

1 ありさま。ようす。

㉕**キンキョウ**を報告する。
ちかごろのようす。

2 たとえる。くらべる。

㉖**ヒキョウ**の助動詞。
他とくらべ、たとえていう言い方。

8画	泊
音訓	ハク と(まる・める)
部首	氵 さんずい
筆順	丶 丶 氵 氵 氵 氵 泊 泊
熟語	宿泊《シュクハク》 淡泊《タンパク》

1 とまる。とめる。

㉗温泉旅館に**シュクハク**する。
とまること。

2 さっぱりしているさま。

㉘癖のない**タンパク**な味の魚。
あっさりしているさま。

8画	祈
音訓	キ いの(る)
部首	ネ しめすへん
筆順	丶 ラ ネ ネ ネ ネ 祈 祈
熟語	祈願《キガン》 祈念《キネン》

1 いのる。神仏にねがう。

㉙合格**キガン**で有名な神社。
神仏にいのりねがうこと。

㉚恒久平和を**キネン**する。
心をこめていのること。

8画	刺
音訓	シ さ(す・さる)
部首	刂 りっとう
筆順	一 厂 冂 市 朿 朿 刺 刺
熟語	刺激《シゲキ》 風刺《フウシ》

1 さす。つきさす。

㉛都会には**シゲキ**が多い。
外部からはたらきかけること。

2 そしる。相手を非難する。

㉜世相を**フウシ**した絵画。
遠回しに他の欠点をつくこと。

異字同訓

⑪呼び鈴を**お**す。【　】

⑫彼を委員長に**お**す。【　】

⑬鼻を**さ**すような臭い。【　】

⑭日傘を**さ**して歩く。【　】

⑮西を**さ**して進む。【　】

漢字の豆知識

重箱読みと湯桶読み

「重箱《ジュウばこ》」のように、上が音読み、下が訓読みの熟語を重箱読み、「湯桶《ゆトウ》」のように、上が訓読み、下が音読みの熟語を湯桶読みという。団《ダン》子《ご》・新型《シンがた》は重箱読み、湯《ゆ》気《ゲ》・雨具《あまグ》は湯桶読み。このページの「彼女《かのジョ》」も湯桶読みだね。

漢字力強化 解答　❶戒める　❷秀でる　❸抱く　❹抱える　❺泊める　❻祈る　❼へんこう　❽さらち　❾ひが　❿かれ

到 8画　トウ　リ（りっとう）
一 Z 互 至 至 到 到
到底 トウテイ／周到 シュウトウ

① トウテイ理解できない。
いたる。いきつく。
どうやってみても。

② シュウトウな注意を払う。
ゆきとどく。ぬかりがない。
すみずみまでゆきとどくさま。

突 8画　トツ　つ（く）
穴 あなかんむり
、ハ宀宀穴空
突突
突破 トッパ／突然 トツゼン

③ 売り上げ目標をトッパした。
つく。つきあたる。
ある水準を超えること。

④ トツゼン大声を出した。
だしぬけに。にわかに。
急に。

屈 8画　クツ
尸 かばね
コア尸尸屃屈
屈指 クッシ／不屈 フクツ

⑤ 世界クッシの技術を持つ。
かがむ。ちぢむ。おれまがる。
ゆびおり数えるほどすぐれていること。

⑥ フクツの闘志を持って戦う。
くじける。負けてしたがう。
どんな困難にであっても意志を貫くこと。

迫 8画　ハク　せま（る）
辶 しんにょう
ノイ白白白迫迫
迫真 ハクシン／迫害 ハクガイ

⑦ ハクシンの演技を見せる。
せまる。さしせまる。
しんにせまっていること。

⑧ 少数民族をハクガイする。
おいつめる。苦しめる。
弱い者をおいつめて苦しめること。

奇 8画　キ
大 だい
一ナ大大杏奇
奇数 キスウ／奇異 キイ

⑨ キイな目で見られる。
めずらしい。ふつうでない。

⑩ 一・三・五はキスウだ。
二で割り切れない。
二で割り切れない数。

侵 9画　シン　おか（す）
イ にんべん
ノイ厂厚严侵侵
侵略 シンリャク／侵入 シンニュウ

⑪ 不審者がシンニュウする。
おかす。他人の領分にはいりこむ。
他の領分に不法に押し入ること。

⑫ 敵にシンリャクされる。
他国にはいって領土などを奪うこと。

恒 9画　コウ
忄 りっしんべん
、丶忄忄忄恒
恒例 コウレイ／恒久 コウキュウ

⑬ コウキュウ平和を願う。
つねに。いつまでも変わらない。
ある状態が長く変わらないこと。

⑭ 新春コウレイの催し。
いつも決まって行われること。

狭 9画　キョウ　せま（い）　せば（める・まる）
犭 けものへん
犭犭狭狭
狭量 キョウリョウ／手狭 てぜま

⑮ キョウリョウな性格で困る。
せまい。せばめる。
人を受け入れる心がせまいこと。

⑯ 部屋がテゼマになる。
せまい。せばめる。
使用するのにせまいさま。

漢字力強化

音読みと訓読み　**送りがなを含む書き取り**

① 返済の期日がせまる。
② 幅がせばまる。
③ 植木がかれる。
④ めずらしい風習。
⑤ 台風で海があれる。
⑥ 走ってにげる。
⑦ 権柄ずくな態度。
⑧ 家柄がいい。
⑨ 荒涼とした野原。
⑩ 世間の荒波。

検印

⑩あらなみ　⑪侵　⑫犯　⑬冒　⑭屈　⑮狭　⑯突

左タブ: 5級 / **4級** / 3級 / 準2級 / 2級 / 付録

枯 9画
コ／かれる・からす／木(きへん)
筆順: 一 十 オ 木 木 村 枯 枯
語例: 栄枯盛衰(エイコセイスイ)・枯死(コシ)
1 かれる。水がかわく。かれること。
2 衰える。
⑰ 森の木がコシする。かれること。

柄 9画
ヘイ／え・がら／木(きへん)
筆順: 一 十 オ 木 柄 柄 柄
語例: 長柄(ながえ)・横柄(オウヘイ)
1 え。器物の取っ手。
2 いきおい。権力。
⑱ エイコ盛衰は世の習いだ。盛んなときと衰えるときがあること。
⑲ ナガエのひしゃく。取っ手がながいこと。
⑳ オウヘイな態度で命令する。偉そうで無礼なさま。

珍 9画
チン／めずらしい／王(おうへん)
筆順: 一 T F 王 珍 珍 珍
語例: 珍味(チンミ)・珍奇(チンキ)
1 めずらしい。思いがけない。
2 かわっている。滑稽な。
㉑ 山海のチンミを食べ比べる。めずらしくおいしい食物。
㉒ チンキな話を聞いた。めずらしくてかわっていること。

荒 9画
コウ／あらい・あれる・あらす／艹(くさかんむり)
筆順: 一 十 十 艹 艹 芒 荒 荒 荒
語例: 荒野(コウヤ)・荒廃(コウハイ)
1 あらい。あれる。あらす。
2 すさむ。乱れる。
㉓ コウヤを開墾する。あれはてたのはら。
㉔ 戦争で人心がコウハイする。あれすさむこと。

為 9画
イ／なす・する・おこなう／灬(れんが)
筆順: 丶 ソ ゾ 为 为 為 為 為
語例: 人為(ジンイ)・作為(サクイ)
1 なす。する。おこなう。
2 まねする。いつわる。
㉕ ジンイ的なミスを防止する。ひとの力で何かをすること。
㉖ サクイの跡が見られる。わざとするつくりごと。

逃 9画
トウ／にげる・にがす・のがす・のがれる／辶(しんにょう)
筆順: ノ 刀 水 北 兆 兆 逃 逃 逃
語例: 逃亡(トウボウ)・逃避(トウヒ)
1 にげる。にがす。
2 のがす。のがれる。
㉗ つらい現実からトウヒする。さけてにげること。
㉘ 容疑者がトウボウする。にげて身を隠すこと。

威 9画
イ／おどす・おびやかす／女(おんな)
筆順: ノ 厂 厂 反 威 威 威 威 威
語例: 威圧(イアツ)・威厳(イゲン)
1 おどす。おびやかす。
2 いかめしい。おごそかな。
㉙ 相手をイアツするような目。強い力でおさえつけること。
㉚ 父親としてのイゲンを保つ。堂々としておごそかなこと。

是 9画
ゼ／ただしい／日(ひ)
筆順: 丨 冂 日 日 旦 早 早 是 是
語例: 是正(ゼセイ)・国是(コクゼ)
1 ただしい。ただしいと認める。
2 よいとして定めた方針。
㉛ 地域間の格差をゼセイする。悪い点をただしく改めること。
㉜ 平和共存をコクゼとする。くに全体がみとめた方針。

漢字の豆知識　栄枯盛衰

言葉の意味

栄枯盛衰

「栄枯」は、草木が茂ったり枯れたりすること、「盛衰」は、盛んなことと衰えることという意味。したがって、「栄枯盛衰」は、栄えることと衰えること、人や物事の繁栄と衰退をいう言葉だ。「平家物語」の冒頭で有名な「盛者必衰(じょうしゃひっすい)」と似た意味だよ。

異字同訓
⑪ 著作権をおかす。[　]
⑫ 罪をおかす。[　]
⑬ 危険をおかす。[　]

対義語
⑭ 抵抗 ↔ [　]服
⑮ 広大 ↔ [　]小

類義語
⑯ 奇抜 = [　]飛

冒 9画　ボウ　おか(す)　曰 ひらび　冒険《ボウケン》　冒頭《ボウトウ》

1 おかす。無理にする。
① 長編の**ボウケン**小説を読む。（危ないことをあえてすること。）

2 はじまり。
② **ボウトウ**で結論を述べる。（発端の部分。）

柔 9画　ジュウ　ニュウ　やわ(らか・らかい)　木 き　柔軟《ジュウナン》　柔和《ニュウワ》

1 やわらかい。しなやか。
③ **ジュウナン**体操をする。（やわらかくしなやかなさま。）

2 おだやか。やさしい。
④ **ニュウワ**な笑顔が魅力的だ。（やさしくおとなしいさま。）

皆 9画　カイ　みな　白 しろ　皆無《カイム》　皆目《カイモク》

1 みな。だれもかれも。
⑤ 専門知識は**カイム**に等しい。（一つもないさま。）
⑥ 内容が**カイモク**わからない。（全く。）

盆 9画　ボン　皿 さら　盆地《ボンチ》　旧盆《キュウボン》

1 ぼん。くぼんだ形のもの。
⑦ **ボンチ**は霧が発生しやすい。（四方を山で囲まれた平らな場所。）

2 「盂蘭盆(うらぼん)」の略。
⑧ **キュウボン**に親戚が集まる。（陰暦で行うおぼん。）

耐 9画　タイ　た(える)　而 しかして　耐乏《タイボウ》　耐久《タイキュウ》

1 たえる。たえしのぶ。
⑨ **タイボウ**生活が続く。（とぼしさをたえしのぶこと。）

2 もちこたえる。
⑩ 家の**タイキュウ**性を高める。（長くもちこたえること。）

倒 10画　トウ　たお(れる・す)　亻 にんべん　倒壊《トウカイ》　倒置法《トウチホウ》

1 たおれる。たおす。
⑪ 強風で家屋が**トウカイ**する。（たおれてつぶれること。）

2 さかさま。さかさまになる。
⑫ **トウチ**法を用いて表現する。（さかさまにおくこと。）

悩 10画　ノウ　なや(む・ます)　忄 りっしんべん　苦悩《クノウ》　悩殺的《ノウサツテキ》

1 なやむ。なやます。なやみ。
⑬ 顔に**クノウ**の色がにじむ。（あれこれなやむこと。）
⑭ **ノウサツ**的なポーズをとる。（おおいになやますこと。）

振 10画　シン　ふ(る・るう・れる)　扌 てへん　振動《シンドウ》　不振《フシン》

1 ふる。ふりうごかす。
⑮ 窓が激しく**シンドウ**する。（揺れうごくこと。）

2 ふるう。盛んになる。
⑯ 会社が経営**フシン**に陥る。（勢いがよくないこと。）

漢字力強化

送りがなを含む書き取り

❶ 危険を**おかす**。
❷ **やわらかい**パン。
❸ 風雪に**たえる**。
❹ 病気で**たおれる**。
❺ **なやみ**を打ち明ける。
❻ 熱い湯に**ひたる**。
❼ 迷惑を**こうむる**。
❽ 川底が**すける**。

音読みと訓読み

❾ 高校三年間**皆**勤した。
❿ **皆**の意見を聞く。

検印

⓫対称　⓬対象　⓭対照　⓮倒　⓯到

5級 / 4級 / 3級 / 準2級 / 2級 / 付録

浸（10画）シン／ひた(す・る)

⑰ 床下まで**シンスイ**する。
1 ひたす。ひたる。
みずびたしになること。

⑱ 波に**シンショク**された岩。
2 しみる。しみこむ。
水や風が地表を削り取ること。

氵（さんずい）
氵氵氵氵浸浸浸浸
シンスイ 浸水
シンショク 浸食

称（10画）ショウ

⑲ 友達を**アイショウ**で呼ぶ。
1 となえる。名づける。呼び名。
親しく呼ぶ名前。

禾（のぎへん）
二千千禾禾
称称称称称
アイショウ 愛称
ショウサン 称賛

⑳ **ショウサン**に値する研究。
ほめそやすこと。

被（10画）こうむ(る)／ヒ

㉑ **ヒフク**費を節約する。
1 おおいかぶさる。着る。
体をおおうもの。

㉒ 台風によって**ヒガイ**が出る。
2 こうむる。うける。…される。
がいをうけること。

衤（ころもへん）
衤衤衤被被被
ヒフク 被服
ヒガイ 被害

般（10画）ハン

㉓ 生活**ゼンパン**にかかわる。
1 物事の種類。たぐい。
物事のぜんたい。

㉔ **センパン**の件、承りました。
2 ある局面。回。
このあいだ。

舟（ふねへん）
ノ丁力力力角角
舟舟般般般
ゼンパン 全般
センパン 先般

敏（10画）ビン

㉕ **キビン**な動きを見せる。
1 はやい。すばやい。
すばやく行動すること。

㉖ 流行に**ビンカン**な若者。
2 さとい。かしこい。するどい。
かんかくがするどいこと。

攵（のぶん）
ノ上ケ与每每每每
敏敏敏敏敏
キビン 機敏
ビンカン 敏感

烈（10画）レツ

㉗ **センレツ**な印象を与える。
1 はげしい。勢いが強い。
あざやかではげしいさま。

㉘ **キョウレツ**な色彩を用いる。
つよくてはげしいさま。

灬（れんが）
一ア歹歹列列
列列烈烈烈
センレツ 鮮烈
キョウレツ 強烈

途（10画）ト

㉙ 発展の**トジョウ**にある国々。
1 みち。みちすじ。
進行しつつある状態。

㉚ 失敗して**トホウ**に暮れる。
2 手段。
手段がなくどうしようもない。

辶（しんにょう）
ノ人へ今今余余途途
トジョウ 途上
トホウ 途方

透（10画）すく・すかす・すける／トウ

㉛ **トウメイ**な袋に入れる。
1 すく。すかす。すきとおる。
すきとおって見えるさま。

㉜ 監督の意識が**シントウ**する。
2 とおる。とおす。つきぬける。
次第に広く行き渡ること。

辶（しんにょう）
二千禾禾
秀透透透
トウメイ 透明
シントウ 浸透

同音異義語
⑪ 左右**タイショウ**の絵。［　　］
⑫ 学生**タイショウ**の本。［　　］
⑬ **タイショウ**的な性格。［　　］

類似字
⑭ 会社が**トウ**産する。［　　］
⑮ 目的地に**トウ**着する。［　　］

漢字の豆知識

冒すと犯すと侵すの違いは？

「冒す」は、かまわず目的を達しようとするという意味。「危険を冒す」「罪を冒す」。

「犯す」は、法やおきてを破るという意味。「プライバシーを犯す」「罪を犯す」。

「侵す」は、他の領域に次第に入り込むという意味。「ライバシーを侵す」と使い分けよう。

唐（10画）

トウ／から　口くち
丶广庐庐庐唐唐唐
唐詩トウシ　唐突トウトツ

① 中国の王朝名。
授業でトウシを鑑賞する。とうの時代に作られたし。

② にわかに。だしぬけに。
トウトツな発言に戸惑う。だしぬけに。

恐（10画）

キョウ／おそれる・ろ／おそろしい　心こころ
一 Ｔ エ 巩 巩 恐 恐 恐
恐妻キョウサイ　恐縮キョウシュク

① おそれる。こわがる。
彼はキョウサイ家だ。つまをおそれる夫。

② おそれいる。かしこまる。
不勉強でキョウシュクです。申し訳なく思うこと。

恵（10画）

ケイ／エ／めぐむ　めぐみ　心こころ
一 ナ 百 百 車 恵 恵
恩恵オンケイ　知恵チエ

① めぐむ。情けをかける。
大自然のオンケイに浴する。

② かしこい。さとい。
おばあちゃんの生活のチエ。正しく処理していく能力。

致（10画）

チ／いた(す)　至いたる
一 Ｚ 五 至 至 致
招致ショウチ　合致ガッチ

① まねきよせる。来させる。まねきよせること。
冬季五輪をショウチする。

② きわめる。つくす。行き着く。
希望条件にガッチする仕事。ぴたりとあうこと。

鬼（10画）

キ／おに
丶 白 白 由 鬼 鬼 鬼 鬼
鬼気キキ　鬼才キサイ

① おに。かいぶつ。ばけもの。
キキ迫るものを感じた。恐ろしくてぶきみなさい。

② 人間わざとは思われない。
映画界のキサイと呼ばれる。人間ばなれしたさいのう。

惨（11画）

サン／ザン／みじめ　りっしんべん
丶 忄 怿 怿 惨 惨
惨敗ザンパイ　悲惨ヒサン

① みじめ。
決勝戦でザンパイした。さんざんに負けること。

② いたむ。いたましい。
ヒサンな事件が起こる。見ていられないほどいたましいこと。

陰（11画）

イン／かげ／かげる　こざとへん
陰 陰 陰 陰 陰
陰影インエイ　陰険インケン

① 日かげ。物に覆われているところ。
絵画にインエイをつける。

② 人目につかない。ひそかに。
インケンな態度をとる。裏でこっそり悪いことをするさま。

淡（11画）

タン／あわ(い)　さんずい
丶 シ 沙 沙 淡 淡
濃淡ノウタン　冷淡レイタン

① あわい。色や味などがうすい。
墨のノウタンで表現する。こいことと、うすいこと。

② 気持ちがさっぱりしている。
レイタンな仕打ちを受ける。ひややかであっさりしていること。

漢字力強化

送りがなを含む書き取り
① おそろしい目に遭う。
② みじめな思いをする。
③ あわい色が好きだ。
④ 食卓をいろどる料理。
⑤ 君が休むとさびしい。
⑥ 洗濯物がよくかわく。

音読みと訓読み
⑦ 荒唐無稽な提案。
⑧ 唐草模様の布。
⑨ 鬼門にあたる方角。
⑩ 鬼の目にも涙。

検印

⑪さんいん　⑫ひかげ　⑬きゃくほん　⑭あまあし　⑮添　⑯沿

添 11画
テン／そ(える・う)／さんずい
、ミ汀汀沃添添添
添加（テンカ）／添乗員（テンジョウイン）

1 そえる。つけくわえる。
⑰ 食品に防腐剤を**テンカ**する。
そえくわえること。

2 そう。つきそう。
⑱ **テンジョウ**員付きのツアー。
客につきそって世話をする旅行社の職員。

猛 11画
モウ／けものへん
ノ丨犭犭犷犷狞猛猛猛
猛威（モウイ）／猛烈（モウレツ）

1 たけだけしい。荒々しい。
はげしい勢い。
⑲ 台風が**モウイ**をふるう。

2 程度が甚だしいさま。
⑳ **モウレツ**な雨に見舞われる。
程度が甚だしいさま。

脚 11画
キャク／あし／月（にくづき）
丿刀月月月' 肚肚肢脚脚
行脚（アンギャ）／脚光（キャッコウ）

1 あし。すね。
㉑ 日本全国を**アンギャ**する。
徒歩で各地を旅すること。

2 下にあり支えとなるもの。
㉒ 一躍**キャッコウ**を浴びる。
世間から注目される。

脱 11画
ダツ／ぬ(ぐ・げる)／月（にくづき）
丿刀月月月' 肝肟肳脱脱
脱帽（ダツボウ）／離脱（リダツ）

1 ぬぐ。ぬげる。
㉓ 彼の努力に**ダツボウ**する。
相手に敬服すること。

2 ぬける。ぬけだす。
㉔ 参加団体から**リダツ**する。
ぬけでること。

釈 11画
シャク／のごめへん
ノ二千平采采釈釈
解釈（カイシャク）／釈明（シャクメイ）

1 とく。とける。ときあかす。
㉕ 法律の**カイシャク**が異なる。
意味を考え、ときあかすこと。

2 言い訳をする。
㉖ **シャクメイ**を求める。
自分の事情を申し開きすること。

彩 11画
サイ／いろど(る)／さんづくり
ノ爫爫刅采采彩彩彩
色彩（シキサイ）／多彩（タサイ）

1 いろどる。いろどり。ようす。
㉗ **シキサイ**豊かな絵本。
いろどり。

2 変化や種類がおおいこと。
㉘ **タサイ**な商品をそろえる。
変化や種類がおおいこと。

寂 11画
ジャク、セキ／さび、さび(しい・れる)／うかんむり
宀宀宀宇宇宇宇寂寂
静寂（セイジャク）／寂然（セキゼン）

1 さびしい。さびれる。しずか。
㉙ 夜の**セイジャク**を破る爆音。
ひっそりとしていること。

2 しずかでものさびしいさま。
㉚ **セキゼン**とした境内を歩く。
しずかでものさびしいさま。

乾 11画
カン／かわ(く・かす)、ほす／乙（おつ）
一十古古直直乾乾乾
乾杯（カンパイ）／乾物（カンブツ）

1 かわく。かわかす。ほす。
㉛ ジュースで**カンパイ**する。
さかずきを高く上げて飲みほすこと。

2
㉜ 干しシイタケは**カンブツ**だ。
かわかした食料品。

異字同訓

⑪ 山陰地方を旅する。〔　　〕
⑫ 暑いので日陰に入る。〔　　〕
⑬ ドラマの脚本を書く。〔　　〕
⑭ 雨脚が速い。〔　　〕
⑮ 寄りそって生きる。〔　　〕
⑯ 海岸にそって走る道。〔　　〕

漢字の豆知識

添うと沿うの違いは？

「そう」は、「近い距離を保って離れない。」という意味で、漢字で書く場合は、どのような状態で離れないかによって「添う」「沿う」を使い分けるよ。

「添う」は、「まとまったものから離れない」場合、
「沿う」は、「長いものから離れない」場合に使う。

川沿いの家

漢字力強化 解答　❶恐ろしい　❷惨め　❸淡い　❹彩る　❺寂しい　❻乾く　❼こうとう　❽からくさ　❾きもん　❿おに

① 執（11画）
シツ／シュウ／と(る)　土（つち）

一 十 土 𡈼 幸 幸 幸 執 執
執筆（シッピツ）　執着（シュウチャク）

1　手にとる。つかさどる。
① 原稿の**シッピツ**を依頼する。
ペンをとって文章などを書くこと。

2　こだわる。まもる。
② お金に**シュウチャク**する。
心がとらわれて断ち切れないこと。

③ 斜（11画）
シャ／ななめ　斗（とます）

ノ 人 ハ 今 余 余 余 斜 斜
傾斜（ケイシャ）　斜陽（シャヨウ）

1　ななめ。かたむき。
③ **ケイシャ**のきつい登山道。
ななめにかたむくこと。

2　没落しつつあること。
④ **シャヨウ**となった石炭産業。

⑤ 偉（12画）
イ／えら(い)　イ（にんべん）

ノ イ 仁 仟 件 偉 偉 偉 偉
偉業（イギョウ）　偉大（イダイ）

1　えらい。すぐれている。
⑤ 連覇の**イギョウ**を達成する。
すぐれた仕事。

2　非常に立派なさま。
⑥ **イダイ**な足跡を残した画家。

⑦ 傍（12画）
ボウ／かたわ(ら)　イ（にんべん）

ノ イ 仁 仔 伫 侉 俼 傍 傍
傍観（ボウカン）　傍流（ボウリュウ）

1　かたわら。そば。
⑦ 冷静に事態を**ボウカン**する。
関係のない立場で見ること。

2　わかれた。派生した。
⑧ **ボウリュウ**に追いやられる。
中心から外れた系統。

⑨ 弾（12画）
ダン／ひ(く)／はず(む)／たま　弓（ゆみへん）

コ 弓 弓 弓' 弛 弾 弾 弾 弾
弾丸（ダンガン）　弾力的（ダンリョクテキ）

1　鉄砲のたま。
⑨ **ダンガン**を銃にこめる。
鉄砲などで打ち出すたま。

2　はずむ。はじく。
⑩ **ダンリョク**的に対応する。
状況に応じて自在に対応するさま。

⑪ 御（12画）
ギョ／ゴ／おん　彳（ぎょうにんべん）

ノ ク 彳 彳 卸 徉 御 御 御
御殿（ゴテン）　制御（セイギョ）

1　敬意や丁寧さを表す語。
⑪ **ゴテン**のように豪華な店。
構えの立派な邸宅。

2　あやつる。
⑫ 感情を**セイギョ**する。
思いどおりになるよう調整すること。

⑬ 握（12画）
アク／にぎ(る)　扌（てへん）

一 十 扌 扌' 扌" 押 押 握 握
握手（アクシュ）　掌握（ショウアク）

1　にぎる。つかむ。
⑬ 初対面の**アクシュ**を交わす。
互いに手をにぎりあうこと。

2　自分のものにする。
⑭ 政権の**ショウアク**を図る。
自分の思いどおりにすること。

⑮ 援（12画）
エン　扌（てへん）

一 十 扌 扌' 扌" 护 护 援 援
援助（エンジョ）　応援（オウエン）

1　たすける。すくう。
⑮ 開店資金を**エンジョ**する。
力をかすこと。

2　はげます。すくう。
⑯ 家族そろって**オウエン**する。
はげますこと。

漢字力強化

送りがなを含む書き取り

❶ 机の**かたわら**に立つ。
❷ ボールが**はずむ**。
❸ 権力を**にぎる**。
❹ 釣り糸が**からまる**。
❺ 警察に**うったえる**。
❻ 国境を**こえる**。

音読みと訓読み

❼ 弾圧を受ける。
❽ ピストルの弾を抜く。
❾ 攻撃は最大の防御。
❿ ○○○事業部御中。

検印

❿おんちゅう　⓫殖　⓬増　⓭遅　⓮後　⓯土　⓰大

5級 / **4級** / 3級 / 準2級 / 2級 / 付録

渡（12画）
わたる。わたす。
（ト／わた(る・す)／さんずい）
氵沪沪沪沪沪沪渡渡
渡航（トコウ）　過渡的（カトテキ）

⑰トコウ手続きを代行する。
船や飛行機で外国へ行くこと。
1 わたる。わたす。
2 とおる。過ぎる。

殖（12画）
ふえる。ふやす。
（ショク／ふ(える・やす)／かばねへん）
一ア歹歹列殖殖殖殖
増殖（ゾウショク）　養殖（ヨウショク）

⑱戦後のカト的な状況にある。
新しい状態に移り変わること。
⑲雑菌のゾウショクを抑える。
ふえること。
1 ふえる。ふやす。
⑳真珠のヨウショクが盛んだ。
魚介類を人工的に飼育すること。

絡（12画）
からむ。まる。める。
（ラク／から(む・まる・める)／いとへん）
幺幺幺糸糸糸絡絡絡絡絡
連絡（レンラク）　脈絡（ミャクラク）

㉑電話で欠席をレンラクする。
情報を知らせること。
1 つながる。つなぐ。
㉒前後のミャクラクがない話。
一貫したすじみち。
2 すじ。すじみち。

訴（12画）
うったえる。
（ソ／うった(える)／ごんべん）
言言訂訢訢訴訴
告訴（コクソ）　直訴（ジキソ）

㉓詐欺罪でコクソする。
被害者が犯人の処罰を求めること。
1 うったえる。申し立てる。
㉔窮状を社長にジキソした。
一定の手続きを経ず最高位者にうったえること。

遅（12画）
おそい。のろい。
（チ／おく(れる・らす)／おそ(い)／しんにょう）
コ尸尸尸尸犀犀遅遅
遅筆（チヒツ）　遅刻（チコク）

㉕チヒツで有名な小説家。
文章を書くのがおそいこと。
1 おそい。のろい。
㉖寝坊してチコクする。
決められた時間におくれること。
2 おくれる。おくらす。

越（12画）
こす。こえる。
（エツ／こ(す・える)／そうにょう）
一十土キ走走走起越越越
越冬（エットウ）　優越感（ユウエツカン）

㉗南極でエットウする。
ふゆをこすこと。
1 こす。こえる。
㉘ユウエツ感を抱く。
他人よりすぐれているという感情。
2 すぐれる。抜きんでている。

堅（12画）
かたい。
（ケン／かた(い)／つち）
臣臣臤臤堅堅堅
堅固（ケンゴ）　堅実（ケンジツ）

㉙ケンゴなつくりの城。
かたく頑強なさま。
1 かたい。しっかりしている。
㉚ケンジツな守備を誇る選手。
手がたく確かで危なげのないこと。

奥（12画）
おく。
（オウ／おく）
ノ亻自向向向肉肉奥奥
山奥（やまおく）　奥義（オウギ）

㉛アルプスのヤマオク。
やまのおく深い所。
1 おく深い所。
㉜オウギを伝授される。
学術などの最も重要で難解な事柄。
2 おく深く、知り難いこと。

異字同訓
⑪財産がふえる。[　]
⑫人口がふえる。[　]
⑬学校におくれる。[　]
⑭皆からおくれを取る。[　]

部首
⑮執
⑯奥

漢字の豆知識　言葉の意味
斜陽

「斜陽」とは、日没前の太陽の意味。それが転じて、かつて勢いがあったものが、時勢の変化についてゆけず衰えることの意味で使われる。太宰治（だざいおさむ）の小説『斜陽』は、戦後の没落貴族の家庭を、滅亡と再生をテーマに描いた作品だ。

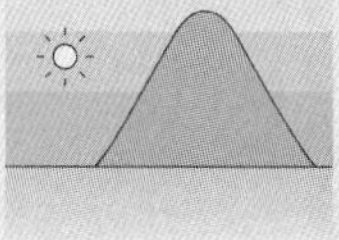

尋 12画

ジン／たず(ねる)
寸 すん

① 怪しい男をジンモンする。
といただすこと。
1 たずねる。といただす。

② ふつう。つね。

一 ⁊ ⁊ ∃ ∃ ⁊ 尹 尹 昂 尋 尋

尋問（ジンモン）
尋常（ジンジョウ）

尋

惑 12画

ワク／まど(う)
心 こころ

③ コンワクでない熱狂ぶり。
ふつうのこと。

② ジンジョウでない熱狂ぶり。

1 まどう。まどわす。

③ コンワクの表情を浮かべる。
こまりとまどうこと。

④ 仲間にメイワクをかける。
人のしたことで不快さを感じること。

一 ⁊ 亓 亓 戓 或 或 或 惑 惑 惑

困惑（コンワク）
迷惑（メイワク）

惑

普 12画

フ
日 ひ

⑤ 下水道がフキュウする。
広く行き渡ること。

1 広く行き渡る。あまねく。

⑥ フツウは自転車で登校する。

2 なみ。ふつう。いつも。

丷 丷 ソ ツ 尹 並 书 普 普 普 普

普及（フキュウ）
普通（フツウ）

普

替 12画

タイ／か(える・わる)
日 ひらび

⑦ 会議でダイタイ案を出す。
他のものでかえること。

1 かえる。かわる。

⑧ 昼夜コウタイ制で勤務する。
入れかわること。

二 ニ チ 夫 夫 丢 扶 扶 替 替 替 替

代替（ダイタイ）
交替（コウタイ）

替

雄 12画

ユウ／お・おす
隹 ふるとり

⑨ オバナと雌花がある植物。
おしべがあってめしべがないはな。

1 動植物のおす。

⑩ ユウダイな景色が広がる。
規模がおおきく堂々としたさま。

2 おおしい。いさましい。

一 ナ 左 広 広 広 オ 紆 雄 雄 雄 雄

雄花（おばな）
雄大（ユウダイ）

雄

傾 13画

ケイ／かたむ(く・ける)
イ にんべん

⑪ 出題ケイコウを分析する。
性質・状態のかたむき。

1 かたむく。かたむける。

⑫ 全力をケイチュウする。
一つのことに心を集中すること。

2 心を寄せる。

イ イ 化 仠 佢 佢 伯 傾 傾 傾 傾 傾

傾向（ケイコウ）
傾注（ケイチュウ）

傾

嘆 13画

タン／なげ(く・かわ)しい
口 くちへん

⑬ ヒタンの涙に暮れる。
かなしみなげくこと。

1 なげく。かなしむ。

⑭ カンタンに値する演奏。
心に深くかんじてほめたたえること。

2 たたえる。ほめる。

ロ ロ¹ ロ¹¹ ロ¹¹¹ 叶 嘆 嘆 嘆 嘆 嘆

悲嘆（ヒタン）
感嘆（カンタン）

嘆

微 13画

ビ
彳 ぎょうにんべん

⑮ 口元にビショウを浮かべる。
ほほえみ。

1 かすか。わずか。

⑯ 人生のキビに触れる物語。
表面にあらわれないこまかな事情。

2 小さい。こまかい。

彳 彳 彳¹ 徍 徎 徎 徎 微 微 微

微笑（ビショウ）
機微（キビ）

微

音読みと訓読み

送りがなを含む書き取り

❶ 甘い言葉でまどわす。

❷ 身の不幸をなげく。

❸ くわしい地図を渡す。

❹ 知識をたくわえる。

❺ 彼は国民的英雄だ。

❻ 雄犬を飼っている。

❼ 夏季休暇をとる。

❽ 暇を持て余す。

❾ 奇跡が起こる。

❿ ここは工場の跡地だ。

検印

❿あとち ⓫尋 ⓬訪 ⓭継 ⓮次 ⓯接 ⓰触 ⓱障

5級 4級 3級 準2級 2級 付録

暇 13画
- カ / ひま
- 日 ひへん
- 余暇《ヨカ》 寸暇《スンカ》

1 ひま。やすみ。

⑰ **ヨカ**の過ごし方を見直す。 あまったひまな時間。

⑱ **スンカ**を惜しんで勉強する。 少しのひま。

継 13画
- ケイ / つ(ぐ)
- 糸 いとへん
- 継承《ケイショウ》 継続《ケイゾク》

1 つぐ。つなぐ。

⑲ 伝統を**ケイショウ**する。 うけつぐこと。

⑳ **ケイゾク**して審議する。 引きつづいて行われること。

触 13画
- ショク / ふ(れる) さわ(る)
- 角 つのへん
- 感触《カンショク》 接触《セッショク》

1 ふれる。さわる。

㉑ 柔らかい布の**カンショク**。 さわったかんじ。

㉒ 外部との**セッショク**を断つ。 交渉を持つこと。

誇 13画
- コ / ほこ(る)
- 言 ごんべん
- 誇大《コダイ》 誇示《コジ》

1 自慢する。おおげさに言う。

㉓ **コダイ**な広告を禁止する。 おおげさなさま。

㉔ ことさらに権力を**コジ**する。 得意げに見せること。

詳 13画
- ショウ / くわ(しい)
- 言 ごんべん
- 詳細《ショウサイ》 未詳《ミショウ》

1 くわしい。つまびらかにする。

㉕ **ショウサイ**に検査する。 くわしくこまかなこと。

㉖ 作者**ミショウ**の物語。 まだはっきりしないこと。

跡 13画
- セキ / あと
- 𧾷 あしへん
- 追跡《ツイセキ》 遺跡《イセキ》

1 あしあと。物が通ったあと。
2 あとかた。物事が行われたあと。

㉗ 逃走車を**ツイセキ**する。 あとをおいかけること。

㉘ **イセキ**の発掘調査をする。 建物や事件のあと。

飾 13画
- ショク / かざ(る)
- 食 しょくへん
- 装飾《ソウショク》 粉飾《フンショク》

1 かざる。きれいにする。
2 とりつくろう。よそおう。

㉙ 壁を造花で**ソウショク**する。 かざること。

㉚ **フンショク**決算を防止する。 うわべを立派に見せかけること。

蓄 13画
- チク / たくわ(える)
- 艹 くさかんむり
- 蓄積《チクセキ》 備蓄《ビチク》

1 たくわえる。たくわえ。

㉛ 疲労が身体に**チクセキ**する。 たくさんたまること。

㉜ 石油を**ビチク**しておく。 そなえてたくわえておくこと。

異字同訓

⓫ 駅への道を**たず**ねる。［　　］
⓬ 父の会社を**たず**ねる。［　　］
⓭ 家業を**つ**ぐ。［　　］
⓮ 自動車事故が相**つ**ぐ。［　　］
⓯ 木に竹を**つ**ぐ。［　　］
⓰ 手で傷口を**さわ**る。［　　］
⓱ 気に**さわ**る言い方。［　　］

漢字の豆知識

交代と交替の違いは？

どちらも「いれかわる」の意味だが、「代」は、「選手交代」など、役目を別の人がかわって行う場合に用い、普通はそれが一回限りである。一方「替」は、「交替勤務」のように、同じ仕事をかわりばんこに何度も行う場合に用いられるよ。

漢字力強化 解答 ❶惑わす ❷嘆く ❸詳しい ❹蓄える ❺えいゆう ❻おすいぬ ❼きゅうか ❽ひま ❾きせき

違（13画）

イ
ちが（う・える）
しんにょう

筆順：一 ナ 五 キ 書 書 違 違

相違（ソウイ）
違反（イハン）

① ちがう。異なる。
記事に事実と**ソウイ**がある。
同じでないこと。

② そむく。したがわない。
駐車**イハン**を取り締まる。
法規などにしたがわないこと。

勧（13画）

カン
すすめる）
ちから

筆順：ノ ヒ 乍 午 午 隹 雚 勧 勧

勧告（カンコク）
勧善懲悪（カンゼンチョウアク）

③ すすめる。はげます。
住民に避難**カンコク**が出る。
説きすすめること。

④ **カンゼン**懲悪の時代劇。
最終的によいものが栄え、悪いものが滅びる。

載（13画）

サイ
の（せる・る）
くるま

筆順：一 十 土 キ 圭 車 載 載 載

積載（セキサイ）
連載（レンサイ）

⑤ 船に荷を**セキサイ**する。
物をのせる。車や船につむ。
つみのせること。

⑥ 小説を雑誌に**レンサイ**する。
印刷物にのせる。書きしるす。
続き物としてのせること。

誉（13画）

ヨ
ほま（れ）
言（げん）

筆順：興 誉 誉

名誉（メイヨ）
栄誉（エイヨ）

⑦ **メイヨ**ある賞をいただいた。
ほまれ。ほめる。
すぐれていると認められること。

⑧ 勝利の**エイヨ**をたたえる。
ほまれ。
さかえあるほまれ。

雅（13画）

ガ
ふるとり（佳）

筆順：一 T 开 开 邪 邪 邪 雅 雅

優雅（ユウガ）
雅楽（ガガク）

⑨ みやび。奥ゆかしい。
身のこなしの**ユウガ**な女性。
上品で美しいこと。

⑩ 正しい。正統な。
ガガクが演奏される。
おんがくの一種目。

鼓（13画）

コ
つづみ

筆順：一 十 士 吉 吉 責 鼓 鼓

太鼓（タイコ）
鼓動（コドウ）

⑪ つづみ。打楽器の一種。
タイコをたたいて音を出す。
打楽器の一つ。

⑫ うつ。はげます。
期待に胸の**コドウ**が高まる。
心臓が脈打つこと。

徴（14画）

チョウ
ぎょうにんべん（彳）

筆順：彳 彳 往 徨 徨 徴 徴

象徴（ショウチョウ）
徴収（チョウシュウ）

⑬ しるし。あらわれ。
ハトは平和の**ショウチョウ**。
シンボル。

⑭ あつめる。取り立てる。
会費を**チョウシュウ**する。
取り立てること。

慢（14画）

マン
りっしんべん（忄）

筆順：忄 忄 怛 慢 慢 慢

高慢（コウマン）
慢性化（マンセイカ）

⑮ なまける。あなどる。
コウマンな態度が嫌われる。
うぬぼれて人をあなどること。

⑯ ゆるやか。おそい。
病状は**マンセイ**化している。
長引いてなかなか治らない状態。

漢字力強化

送りがなを含む書き取り

❶ 入部を**すすめる**。

❷ 車に荷物を**のせる**。

❸ 水もし**たたる**いい男。

❹ 子供が校庭を**かける**。

音読みと訓読み

❺ 虫を極端に嫌う。

❻ 綱の片端を持つ。

❼ 端数は切り捨てる。

❽ 道端で財布を拾う。

❾ 鉄道網を充実させる。

❿ 網戸を閉める。

検印

❾ てつどうもう　❿ あみど　⓫ 摘　⓬ 滴　⓭ 敵　⓮ 適　⓯ 雅　⓰ 需

5級 4級 3級 準2級 2級 付録

隠（14画）
イン／かく（す・れる）
部首：阝 こざとへん
隠居《インキョ》 隠語《インゴ》

1 かくれる。おおわれる。

⑰ **インキョ**生活を送る。
仕事から離れて気ままに暮らすこと。

2 かくす。おおいかくす。

⑱ **インゴ**を使って伝達する。
特定の集団内だけで通用する特別な言葉。

摘（14画）
テキ／つ（む）
部首：扌 てへん
摘出《テキシュツ》 摘発《テキハツ》

1 つむ。えらびとる。

⑲ 銃弾を**テキシュツ**する手術。
つまんで取りだすこと。

2 あばく。ゆびさす。

⑳ 巨額の脱税を**テキハツ**する。
不正をあばいて公表すること。

滴（14画）
テキ／しずく／したた（る）
部首：氵 さんずい
水滴《スイテキ》 滴下《テキカ》

1 しずく。

㉑ 葉の上に**スイテキ**がつく。
みずのしずく。

2 したたる。しずくが落ちる。

㉒ 試薬を少しずつ**テキカ**する。
しずく状にして落とすこと。

端（14画）
タン／はし／は／はた
部首：立 たつへん
端的《タンテキ》 先端《センタン》

1 ただしい。きちんとしている。

㉓ 要点を**タンテキ**にまとめる。
てっとりばやく要点をつくさま。

2 はし。すえ。はた。へり。

㉔ 時代の**センタン**を行く技術。
一番さき。

維（14画）
イ
部首：糸 いとへん
維持《イジ》 繊維《センイ》

1 つなぐ。ささえる。

㉕ 心身の健康の**イジ**に努める。
たもち続けること。

2 すじ。糸。

㉖ 食物**センイ**を多く含む食品。
細い糸状の物質。

網（14画）
モウ／あみ
部首：糸 いとへん
漁網《ギョモウ》 一網打尽《イチモウダジン》

1 あみ。あみ目状のもの。

㉗ 破れた**ギョモウ**を修理する。
魚介類の捕獲に用いるあみ。

2 あみする。あみで捕らえる。

㉘ 敵を**イチモウ**打尽にする。
いちどに全部捕らえること。

駆（14画）
ク／か（ける・る）
部首：馬 うまへん
駆動《クドウ》 駆使《クシ》

1 かける。ウマなどを走らせる。

㉙ 山道を四輪**クドウ**車が進む。
力を与えてうごかすこと。

2 かりたてる。追いはらう。

㉚ 最新の音響技術を**クシ**する。
つかいこなすこと。

需（14画）
ジュ
部首：雨 あめかんむり
必需《ヒツジュ》 内需《ナイジュ》

1 もとめる。必要とする。

㉛ 田舎では車は**ヒツジュ**品だ。
かならずいること。

㉜ **ナイジュ**の拡大を目ざす。
国の中で商品を買い入れようとする気持ち。

類似字

⑪ 欠点を指**テキ**する。〔　　〕
⑫ 病院で点**テキ**をする。〔　　〕
⑬ 僕らは天下無**テキ**だ。〔　　〕
⑭ **テキ**当な広さの家。〔　　〕

対義語

⑮ 低俗 ↕ 高□
⑯ 供給 ↕ □要

漢字の豆知識

微と徴　類似字

「微妙」の「微」と、「象徴」の「徴」は、形がよく似ているので、どっちがどっちか迷ってしまうときはないかな。二つの違いである「山」の下の部分に着目して、「ルビー」「王チョウ」と覚えてみてはいかが？

徴 チョウ
微 ビ

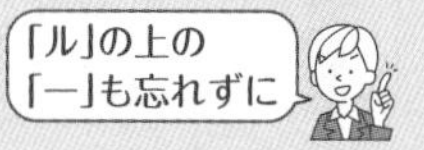

漢字力強化 解答 ❶勧める ❷載せる ❸滴る ❹駆ける ❺きょくたん ❻かたはし ❼はすう ❽みちばた

暦（14画）
レキ／こよみ／日 ひ
一厂厂厂厂麻麻麻暦暦
西暦（セイレキ）・旧暦（キュウレキ）
暦

① セイレキで記入する。
1 こよみ。月日。

② キュウレキでは新年だ。
明治五年まで用いられていたこよみ。

腐（14画）
フ／くさる・くされる・くさらす／肉 にく
一广广广府府府府府腐腐
腐敗（フハイ）・腐心（フシン）
腐

1 くさる。くちる。
2 こころをいためる。

③ 食品のフハイを防止する。
くさること。

④ 息子の教育にフシンする。
ひどくこころを使うこと。

豪（14画）
ゴウ／豕 ぶた
一古亡声亭亭亭豪豪豪
豪快（ゴウカイ）・文豪（ブンゴウ）
豪

1 たけだけしい。なみはずれる。
2 力や才知のすぐれた人。

⑤ ゴウカイな笑い声がする。
規模が大きく力強いさま。

⑥ 漱石は明治のブンゴウだ。
大作家。

儀（15画）
ギ／イ にんべん
イイイ伊伊伊伴伴儀儀儀
儀式（ギシキ）・地球儀（チキュウギ）
儀

1 作法。礼法。

⑦ 厳かにギシキを執り行う。
一定の作法にのっとった行事。

⑧ チキュウギ。
ちきゅうの模型。
2 かたどったもの。

噴（15画）
フン／ふく／口 くちへん
ロロロ叶叶叫叫噴噴噴
噴出（フンシュツ）・噴射（フンシャ）
噴

1 ふく。吐く。

⑨ 不満がフンシュツする。
勢いよくふきでること。

⑩ 殺虫剤をフンシャする。
ふきださせること。

稿（15画）
コウ／禾 のぎへん
二千禾禾秆秆稿稿稿稿
原稿（ゲンコウ）・投稿（トウコウ）
稿

1 したがき。詩や文章の原案。

⑪ ゲンコウの締め切りを守る。
印刷のもとになる文章など。

⑫ 雑誌に小説にトウコウする。
書いたものを寄せること。

縁（15画）
エン／ふち／糸 いとへん
幺糸糸糸紀紀緑縁縁縁
縁側（エンがわ）・無縁（ムエン）
縁

1 ふち。へり。物のまわり。

⑬ エンガワで昼寝をする。
座敷の外部に設ける板敷の部分。

⑭ 庶民にはムエンの出来事。
関係のないこと。
2 ちなむ。関係がある。

踏（15画）
トウ／ふむ・ふまえる／足 あしへん
ロロ早昂昂昂跮跮踏踏
踏襲（トウシュウ）・舞踏会（ブトウカイ）
踏

1 ふむ。ふまえる。あるく。

⑮ 伝統をトウシュウする。
そのまま受け継ぐこと。

⑯ ブトウ会に招かれる。
ダンスパーティー。

漢字力強化

送りがなを含む書き取り

❶ 果物がくさる。
❷ 経験をふまえる。
❸ するどい指摘をする。
❹ 飼い犬とたわむれる。

音読みと訓読み

❺ 陰暦の月の名称。
❻ 暦の上ではもう秋だ。
❼ これも何かの因縁だ。
❽ 額縁に入れて飾る。
❾ 陰影に富んだ文章。
❿ 月影さやかな夜。

検印

⑩つきかげ ⑪らんぶ ⑫まいおうぎ ⑬きょうしゅ ⑭おもむき ⑮儀 ⑯議

鋭 15画	
読み	エイ／するど(い)
部首	金 かねへん
用例	鋭利《エイリ》 鋭敏《エイビン》

1 先がとがっている。よく切れる。
2 すばやい。かしこい。

⑰ **エイリ**な刃物で切断する。 刃がするどくてよく切れるさま。

⑱ **エイビン**な頭脳の持ち主。 才知がするどく判断がすばやいさま。

影 15画	
読み	エイ／かげ
部首	彡 さんづくり
用例	影響《エイキョウ》 投影《トウエイ》

1 光が遮られてできる黒いかげ。
2 像。物のすがた。かたち。

⑲ 大雪の**エイキョウ**で遅れる。 力が他のものにまで及ぶこと。

⑳ 作家の心情を**トウエイ**する。 他に反映させて映し出すこと。

敷 15画	
読み	フ／し(く)
部首	攵 のぶん
用例	敷設《フセツ》 屋敷《やしき》

1 しく。広げる。

㉑ 公共下水道を**フセツ**する。 備え付けること。

㉒ 立派な**ヤシキ**を構える。 大きないえ。

範 15画	
読み	ハン
部首	⺮ たけかんむり
用例	規範《キハン》 範囲《ハンイ》

1 手本。きまり。
2 さかい。くぎり。わく。

㉓ 社会生活の**キハン**を示す。 手本。

㉔ 期末試験の出題**ハンイ**。 限られた領域。

舞 15画	
読み	ブ／ま(う)／まい
部首	舛 まいあし
用例	舞台《ブタイ》 鼓舞《コブ》

1 まう。おどる。まい。
2 ふるいたたせる。はげます。

㉕ **ブタイ**の上で合唱する。 ステージ。

㉖ チームの士気を**コブ**する。 ふるいたたせること。

趣 15画	
読み	シュ／おもむき
部首	走 そうにょう
用例	趣味《シュミ》 趣向《シュコウ》

1 おもむき。あじわい。
2 心の向かうところ。ねらい。

㉗ **シュミ**のよい家具がそろう。 物のおもむきや美しさを感じとる能力。

㉘ 前回とは**シュコウ**を変える。 物事をおもしろくする工夫。

戯 15画	
読み	ギ／たわむ(れる)
部首	戈 ほこ
用例	遊戯《ユウギ》 戯曲《ギキョク》

1 たわむれる。あそぶ。
2 しばい。演技。

㉙ 幼稚園児がお**ユウギ**をする。 音楽に合わせた踊り。

㉚ 新作の**ギキョク**を上演する。 演劇の脚本。

慮 15画	
読み	リョ
部首	心 こころ
用例	配慮《ハイリョ》 遠慮《エンリョ》

1 おもんぱかる。思いめぐらす。

㉛ 高齢者に**ハイリョ**した住宅。 心をくばること。

㉜ **エンリョ**なく質問する。 控えめにすること。

⑪ チョウが**乱舞**する。［　］

⑫ **舞扇**を手に持つ。［　］

⑬ 絵が**興趣**を添える。［　］

⑭ 自然の**趣**を生かす。［　］

類似字

⑮ 暮らしに難**ギ**する。［　］

⑯ **ギ**題を提出する。［　］

漢字の豆知識

影と陰

「月影」からわかるように、「影」は元来、日・月・灯火などの光の意で、光によってできたものの形を表す。一方、「陰」は、物に遮られて光や風の当たらないところの意で、必ずしも光とは対ではない。だから、「陰口」などと使うんだね。

漢字力強化 解答 ❶腐る ❷踏まえる ❸鋭い ❹戯れる ❺いんれき ❻こよみ ❼いんねん ❽がくぶち ❾いんえい

撃

15画

ゲキ
う(つ)

手《て》

撃退《ゲキタイ》 目撃《モクゲキ》

1 たたく。せめる。

①ついに敵を**ゲキタイ**した。
敵をうってしりぞけること。

2 ふれる。あたる。

②交通事故を**モクゲキ**する。
実際に見ること。

歓

15画

カン

欠《あくび》

歓喜《カンキ》 歓声《カンセイ》

1 よろこぶ。たのしむ。

③優勝に**カンキ**する。
非常によろこぶこと。

④客席から**カンセイ**が上がる。
よろこびのあまり叫ぶこえ。

監

15画

カン

皿《さら》

監視《カンシ》 収監《シュウカン》

1 みはる。とりしまる。

⑤親が**カンシ**の目を光らせる。
注意してみはること。

2 ろうや。

⑥被告人が**シュウカン**された。
刑事施設に入れること。

盤

15画

バン

皿《さら》

基盤《キバン》 序盤《ジョバン》

1 平らな台。

⑦生活の**キバン**を整える。
土台。

2 勝負の一局面。

⑧**ジョバン**から優位に立つ。
始めのうち。

輩

15画

ハイ

車《くるま》

後輩《コウハイ》 輩出《ハイシュツ》

1 ともがら。なかま。

⑨**コウハイ**に指導を行う。
年齢や経験が自分より下の人。

2 ならぶ。つらなる。

⑩著名人を**ハイシュツ**する。
才能ある人が次々と世にでること。

黙

15画

モク
だま(る)

黒《くろ》

暗黙《アンモク》 沈黙《チンモク》

1 だまる。口をつむぐ。

⑪**アンモク**の了解が存在する。
何も言わないこと。

⑫長い**チンモク**を破る。
だまりこむこと。

壊

16画

カイ
こわ(す・れる)

土《つちへん》

破壊《ハカイ》 決壊《ケッカイ》

1 こわす。こわれる。

⑬環境**ハカイ**の原因を探る。
こわすこと。

⑭豪雨で堤防が**ケッカイ**する。
やぶれて崩れること。

憶

16画

オク

忄《りっしんべん》

記憶《キオク》 憶測《オクソク》

1 おぼえる。おもいだす。

⑮**キオク**に新しい出来事。
忘れずに心に留めておくこと。

2 おしはかる。

⑯**オクソク**でものを言うな。
自分で勝手におしはかること。

漢字力強化

送りがなを含む書き取り

❶泣く子も**だまる**。〔　　〕

❷テレビが**こわれる**。〔　　〕

❸**こい**お茶を飲む。〔　　〕

❹**たのもしい**味方。〔　　〕

❺印象の**うすい**人。〔　　〕

❻人ごみを**さける**。〔　　〕

音読みと訓読み

❼近**隣**諸国と協力する。〔　　〕

❽**隣**の花は赤い。〔　　〕

❾障**壁**を取り除く。〔　　〕

❿白**壁**の町並み。〔　　〕

検印

❿しらかべ ⓫撃 ⓬討 ⓭獲 ⓮得 ⓯緯 ⓰薄

濃（16画）
ノウ
こ(い)
氵 さんずい
濃厚《ノウコウ》 濃密《ノウミツ》

1 色や味などがこい。

⑰**ノウコウ**な味の料理。
きわめてこいさま。

⑱**ノウミツ**な色彩表現で描く。
味わいのこいこと。

獲（16画）
カク
え(る)
犭 けものへん
獲得《カクトク》 捕獲《ホカク》

1 手に入れる。つかまえる。

⑲高額の賞品を**カクトク**する。
手に入れること。

⑳人里でクマが**ホカク**された。
いけどること。

隣（16画）
リン
とな(る)
となり
阝 こざとへん
隣接《リンセツ》 隣人《リンジン》

1 となり。となりあう。

㉑学校に**リンセツ**する食堂。
となりあっていること。

㉒**リンジン**と親しくつき合う。
となりに住むひと。

緯（16画）
イ
糸 いとへん
経緯《ケイイ》 緯線《イセン》

1 よこいと。よこ。東西の方向。

㉓審査の**ケイイ**を説明する。
いきさつ。

㉔地球儀で**イセン**を確認する。
赤道に平行に引く仮想のせん。

頼（16画）
ライ
たの(む・もしい)
たよ(る)
頁 おおがい
依頼《イライ》 信頼《シンライ》

1 たよる。たのむ。

㉕原稿の執筆を**イライ**する。
人にたのむこと。

㉖仲間と**シンライ**関係を築く。
しんじてたよること。

薄（16画）
ハク
うす(い・める・まる・らぐ・れる)
艹 くさかんむり
希薄《キハク》 薄暮《ハクボ》

1 うすい。うすめる。うすらぐ。

㉗都会の**キハク**な人間関係。
うすいさま。

2 せまる。ちかづく。

㉘**ハクボ**の街を走る。
日がくれようとするころ。

避（16画）
ヒ
さ(ける)
辶 しんにょう
避難《ヒナン》 回避《カイヒ》

1 さける。よける。のがれる。

㉙全校で**ヒナン**訓練を行う。
災害をさけて立ち退くこと。

㉚危険を未然に**カイヒ**する。
さけるようにすること。

壁（16画）
ヘキ
かべ
土 つち
鉄壁《テッペキ》 絶壁《ゼッペキ》

1 かべ。かこい。とりで。

㉛**テッペキ**の守りを誇る。
守りが非常にかたいこと。

2 かべのように切り立った所。

㉜断崖**ゼッペキ**に足がすくむ。
切り立った崖。

異字同訓

⓫ピストルで**う**つ。〔　〕
⓬父の敵を**う**つ。〔　〕
⓭山でイノシシを**え**る。〔　〕
⓮見事に勝利を**え**る。〔　〕

対義語

⓯経度 ↕ □度
⓰高給 ↕ □給

漢字の豆知識

黙の部首は？

「黙」の部首を「灬（れんが）」とするのは間違いで、正解は「黒（くろ）」。部首「黒」には、「くろい。ものの動きがない。」という意味があり、「黙」は、犬が押し黙って人についていくさまを表す字。たしかに、「火の性質・作用」という意味の「灬」では、「黙」と意味が合わないね。

黙

漢字力強化 解答　❶黙る　❷壊れる　❸濃い　❹頼もしい　❺薄い　❻避ける　❼きんりん　❽となり　❾しょうへき

16画 繁（ハン）

糸（いと）

しげる。ふえる。

ノ ヒ た 毎 毎 毎 毎 毎 敏 敏 敏 敏 繁 繁

繁殖（ハンショク）
繁盛（ハンジョウ）

① 雑草が**ハンショク**する。
生まれてふえていくこと。

② 新しい店が**ハンジョウ**する。
にぎわいさかえること。

1 しげる。ふえる。
2 さかんになる。

17画 燥（ソウ）

火（ひへん）

かわく。かわかす。

丷 丷 火 火 炉 炉 炉 燥 燥 燥 燥

乾燥（カンソウ）
高燥（コウソウ）

③ 冬場は肌が**カンソウ**する。
水分や湿気がなくなること。

④ **コウソウ**な土地に住む。
土地がかたく湿気が少ないこと。

1 かわく。かわかす。

17画 環（カン）

王（おうへん）

めぐらす。めぐる。かこむ。

一 T チ 王 王 王 玕 玕 玕 環 環 環 環

環状（カンジョウ）
環境（カンキョウ）

⑤ **カンジョウ**道路を整備する。
輪のような形。

⑥ 恵まれた**カンキョウ**で育つ。
取り囲んでいるまわりの世界。

1 輪。輪の形。
2 めぐらす。めぐる。かこむ。

17画 鮮（セン）あざ（やか）

魚（うおへん）

あざやか。はっきりしている。

ノ ク 各 各 备 角 魚 魚 魚 鮮 鮮 鮮 鮮

鮮明（センメイ）
新鮮（シンセン）

⑦ 態度を**センメイ**にする。
はっきりしていること。

⑧ **シンセン**な魚介類を届ける。
あたらしくて、いきがいいこと。

1 あざやか。はっきりしている。
2 あたらしい。いきがいい。

17画 療（リョウ）

疒（やまいだれ）

いやす。病気をなおす。

亠 广 广 广 广 疒 疒 疔 疔 疗 疗 疗 療

医療（イリョウ）
治療（チリョウ）

⑨ けがの**チリョウ**が長引く。
病気やけがをなおすこと。

⑩ **イリョウ**技術が発展する。
技術や薬で病気をなおすこと。

1 いやす。病気をなおす。

18画 瞬（シュン）またた（く）

目（めへん）

またたく。ごく短いじかん。

目 目 目 目 目 旷 眇 眇 瞬 瞬 瞬 瞬 瞬

瞬間（シュンカン）
瞬時（シュンジ）

⑪ 決定的**シュンカン**を見逃す。
ごく短い時間。

⑫ 善意を**シュンジ**に判断する。
わずかのあいだ。

1 またたく。ごく短いじかん。

18画 贈（ゾウ）おく（る）

貝（かいへん）

おくる。

丨 冂 月 月 目 貝 貝 貯 貯 贈 贈 贈 贈

贈与（ゾウヨ）
寄贈（キゾウ）

⑬ 財産を息子に**ゾウヨ**する。
金品をおくること。

⑭ 母校へ蔵書を**キゾウ**する。
学校などに物をおくること。

1 金品や官位などをおくりあたえる。

18画 鎖（サ）くさり

金（かねへん）

くさり。つなぐ。

ノ ヒ ヒ 牟 余 金 金 釒 釒 鈩 鎖 鎖 鎖

連鎖（レンサ）
鎖国（サコク）

⑮ 負の**レンサ**を断ち切りたい。
つながっていること。

⑯ **サコク**政策をとった理由。
がいこくとの交通・貿易を制限すること。

1 くさり。つなぐ。
2 とざす。とじる。

送りがなを含む書き取り

❶ **あざ**やかな色づかい。

❷ 夜空に星が**またた**く。

❸ 記念品を**おく**る。

❹ 睡魔と**たたか**う。

❺ 足音が**ひび**く。

❻ 寒波に**おそ**われる。

❼ 彼の言葉に**おどろ**く。

❽ 前例に**かんが**みる。

音読みと訓読み

❾ 秘密を**暴露**する。

❿ **夜露**にぬれる。

検印

⓫離 ⓬放 ⓭躍 ⓮踊 ⓯繁 ⓰鎖

5級 4級 3級 準2級 2級 付録

闘 18画
トウ たたか(う)
門 もんがまえ
健闘《ケントウ》 悪戦苦闘《アクセンクトウ》

1 たたかう。たたかわせる。

⑰選手の**ケントウ**を祈る。
立派にたたかうこと。

⑱難問に悪戦**クトウ**する。
くるしみながら努力すること。

離 18画
リ はな(れる・す)
隹 ふるとり
別離《ベツリ》 離散《リサン》

1 はなれる。はなす。

⑲友との**ベツリ**を惜しむ。
わかれ。

⑳**リサン**した家族が再会する。
はなればなれになること。

響 20画
キョウ ひび(く)
音 おと
音響《オンキョウ》 反響《ハンキョウ》

1 ひびく。おとや声が広がり伝わる。

㉑**オンキョウ**設備がよい。
おとのひびき。

2 他に変化をもたらす。

㉒海外で**ハンキョウ**を呼ぶ。
物事に対して示されるはんのう。

躍 21画
ヤク おど(る)
𧾷 あしへん
飛躍《ヒヤク》 活躍《カツヤク》

1 おどる。とびはねる。

㉓話が**ヒヤク**してわからない。
とび越して進むこと。

㉔全国大会で**カツヤク**する。
めざましいはたらきをすること。

露 21画
ロ ロウ つゆ
雨 あめかんむり
結露《ケツロ》 露出《ロシュツ》

1 つゆ。つゆのようにはかないもの。

㉕窓ガラスに**ケツロ**する。
物の表面につゆが生じる現象。

2 あらわす。あらわになる。

㉖岩が**ロシュツ**した山道。
むきだしになること。

襲 22画
シュウ おそ(う)
衣 ころも
逆襲《ギャクシュウ》 世襲《セシュウ》

1 おそう。おそいかかる。

㉗**ギャクシュウ**に転じる。
負けているほうが攻勢に出ること。

2 つぐ。ひきつぐ。

㉘政治家の**セシュウ**問題。
子孫が受けついでいくこと。

驚 22画
キョウ おどろ(く・かす)
馬 うま
驚異的《キョウイテキ》 驚嘆《キョウタン》

1 おどろく。おどろかす。

㉙**キョウイ**的な記録が出た。
おどろくほどすばらしいこと。

㉚最新技術に**キョウタン**する。
おどろき感心すること。

鑑 23画
カン かんが(みる)
金 かねへん
図鑑《ズカン》 鑑賞《カンショウ》

1 かがみ。手本。模範。

㉛植物**ズカン**で名前を調べる。
事物を絵や写真で解説した書物。

2 見分ける。照らし合わせて見る。

㉜趣味は音楽**カンショウ**だ。
よく味わい理解すること。

異字同訓

⑪握った手を**はなす**。［　］
⑫魚を海に**はなす**。［　］
⑬小**おどり**して喜ぶ。［　］
⑭リズムに乗って**おどる**。［　］

対義語

⑮衰微 ↕ □栄
⑯開放 ↕ 閉□

漢字の豆知識

漢字の六書《りくしょ》③
会意《かいい》文字
会意文字は、すでにある漢字を組み合わせて、新しい意味を示す文字。たとえば、「明」は「日」＋「月」で、「あかるい」の意味。このページでは、「鮮」が「魚」＋「羊」の会意文字だ。新鮮さを尊ぶ魚や羊をあげて、「あざやか」の意を表しているよ。

漢字力強化 解答 ❶鮮やか ❷瞬く ❸贈る ❹闘う ❺響く ❻襲われる ❼驚く ❽鑑みる ❾ばくろ ❿よつゆ

丈

3画
ジョウ
たけ
一
いち
一ナ丈
背《せ》丈《たけ》
丈

長さの単位。たけ。高さ。

①兄とセタケを比べる。
身長。

刈

4画
か(る)
刂
りっとう
ノメ刈刈
稲《いね》刈《か》り
刈

かる。かりとる。

②イネカりを手伝う。
実ったいねをかりとること。

凶

4画
キョウ
凵
うけばこ
ノメ凶凶
凶作《キョウサク》
凶

わざわい。不吉。

③キョウサクで米不足になる。
野菜や穀物のできが悪いこと。

込

5画
こ(む・める)
辶
しんにょう
ノ入入込込
見《み》込《こ》み
込

こむ。こめる。

④今年の新人はミコみがある。
将来の可能性。

丘

5画
キュウ
おか
一
いち
ノイ午斤丘
砂丘《サキュウ》
丘

おか。小高い土地。

⑤鳥取サキュウを旅する。
すなが積もってできたおか。

召

5画
ショウ
め(す)
口
くち
フ刀刀召召
召集《ショウシュウ》
召

めす。

⑥国会をショウシュウする。
天皇が議員にあつまるよう命じること。

巨

5画
キョ
工
え
一厂厅戸巨
巨大《キョダイ》
巨

おおきい。おおい。えらい。

⑦キョダイな船が寄港する。
非常におおきいさま。

叫

6画
キョウ
さけ(ぶ)
口
くちへん
丨口口口叫叫
絶叫《ゼッキョウ》
叫

さけぶ。大声をあげる。

⑧ゼッキョウが聞こえた。
ありったけの声を出してさけぶこと。

扱

6画
あつか(う)
扌
てへん
一扌扌扐扱扱
扱《あつか》う
扱

あつかう。

⑨大人としてアツカう。
みなす。

（　）う
（　）う

汗

6画
カン
あせ
氵
さんずい
氵氵汀汗
汗顔《カンガン》
汗

あせ。あせをかく。

⑩カンガンの至りです。
かおからあせが出るほど恥ずかしいさま。

芋

6画
いも
艹
くさかんむり
一十艹艹芋芋
里芋《さといも》
芋

さといも。いも類の総称。

⑪サトイモの煮物を作る。
ぬめりのある小さいいも。

芝

6画
しば
艹
くさかんむり
一十艹艹芝芝
芝生《しばふ》
芝

しば。しばくさ。

⑫隣のシバフは青い。
他人のものは何でもよく見えることのたとえ。

漢字力強化

送りがなを含む書き取り

❶大きな声でさけぶ。〔　　〕
❷彼より実力がおとる。〔　　〕
❸お宅にうかがう。〔　　〕
❹湖の底にしずむ。〔　　〕
❺腕時計がくるう。〔　　〕

音読みと訓読み

❻舟運の便がよい。〔　　〕
❼小舟で漕《こ》ぎ出す。〔　　〕
❽船頭が舟歌を歌う。〔　　〕
❾容疑者を尾行する。〔　　〕
❿尾根伝いに進む。〔　　〕

検印

⓫丈　⓬大　⓭巨　⓮臣　⓯旬　⓰句

5級 4級 3級 準2級 2級 付録

漢字	画数	読み	部首	用例	意味
劣	6画	レツ おと(る)	力 ちから	劣悪《レツアク》	おとる。よわい。いやしい。
旬	6画	ジュン シュン	日 ひ	下旬《ゲジュン》	十日。一か月のなかの十日間。
朱	6画	シュ	木 き	朱肉《シュニク》	あか。黄色みをおびたあか。
舟	6画	シュウ ふね ふな	舟 ふね	呉越同舟《ゴエツドウシュウ》	ふね。ふねの形をしたおけ。
伺	7画	シ うかが(う)	亻 にんべん	伺候《シコウ》	うかがう。たずねる。
吹	7画	スイ ふ(く)	口 くちへん	吹奏《スイソウ》	ふく。

⑬**レツアク**な環境に置かれる。
ひどくおとっているさま。

⑭今月**ゲジュン**に新刊が出る。
二十日ごろから月末までの間。

⑮印鑑に**シュニク**を付ける。
はんこを押すとき使うもの。

⑯呉越**ドウシュウ**状態だった。
敵同士がおなじ場所に居合わせること。

⑰宮中に**シコウ**する。
貴人のそば近くに仕えること。

⑱**スイソウ**楽部に入る。
管楽器をふき鳴らすこと。

漢字	画数	読み	部首	用例	意味
坊	7画	ボウ ボッ	土 つちへん	坊主《ボウズ》	僧侶のすまい。僧。
沈	7画	チン しず(む・める)	氵 さんずい	沈痛《チンツウ》	しずむ。しずめる。
狂	7画	キョウ くる(う・おしい)	犭 けものへん	熱狂的《ネッキョウテキ》	気がちがう。夢中になる。
尾	7画	ビ お	尸 かばね	首尾一貫《シュビイッカン》	しっぽ。うしろ。
姓	8画	セイ ショウ	女 おんなへん	姓名《セイメイ》	氏族。家のなまえ。血族。

⑲暑いので**ボウズ**頭にする。
髪を短く刈った頭。

⑳**チンツウ**な面持ちで語る。
深い悲しみや心配事で気持ちがしずむさま。

㉑**ネッキョウ**的な応援団。
夢中になること。

㉒**シュビ**一貫した態度をとる。
初めから終わりまで矛盾がないこと。

㉓**セイメイ**判断をする。
みょうじとなまえ。

類似字

⓫体だけは**ジョウ**夫だ。〔　〕
⓬広**ダイ**な敷地を持つ。〔　〕
⓭**キョ**額の損失が出る。〔　〕
⓮外務大**ジン**になる。〔　〕
⓯**ジュン**刊の雑誌。〔　〕
⓰文**ク**なしの出来ばえ。〔　〕

漢字の豆知識

召集と招集の違いは？

どちらも「人を呼び集める。」という意味だが、「召」には、地位の高い者が低い者を口で呼び寄せるという意味があり、「招」には、手をあげて人を呼び寄せるという意味がある。現在では、「国会」の場合に限って「召集」と書き、一般には「招集」と書くから覚えておこう。

漢字力強化 解答　❶叫ぶ　❷劣る　❸伺う　❹沈む　❺狂う　❻しゅううん　❼こぶね　❽ふなうた　❾びこう　❿おね

怖 8画
フ
こわ(い)
忄 りっしんべん
怖怖
恐怖《キョウフ》
こわい。おそれる。
①高い場所に**キョウフ**を抱く。
おそろしく感じること。

沼 8画
ショウ
ぬま
氵 さんずい
沼沼
沼地《ぬまチ》
ぬま。奥深い自然の池。
②**ヌマチ**に足をとられる。
泥深くじめじめする所。

杯 8画
ハイ
さかずき
木 きへん
杯杯
祝杯《シュクハイ》
さかずき。酒をつぐ器。
③勝利の**シュクハイ**をあげる。
いわって飲む酒。

茂 8画
モ
しげ(る)
艹 くさかんむり
茂茂
繁茂《ハンモ》
しげる。草木が盛んにのびる。
④夏草が**ハンモ**している。
たくさん生えていること。

肩 8画
ケン
かた
肉 にく
肩肩
肩身《かたみ》
かた。
⑤**カタミ**が狭い思いをする。
ひけめを感じること。

俗 9画
ゾク
亻 にんべん
俗俗
風俗《フウゾク》
ならわし。習慣。
⑥江戸時代の**フウゾク**。
生活のならわし。

咲 9画
さ(く)
口 くちへん
咲咲
咲《さ》く
さく。花が開く。
⑦今年も桜が**サ**く。
つぼみが開くこと。
（　）く　（　）く

狩 9画
シュ
か(る・り)
犭 けものへん
狩狩
狩猟《シュリョウ》
かり。
⑧**シュリョウ**が解禁された。
野生の鳥獣をとらえること。

郎 9画
ロウ
阝 おおざと
郎郎
新郎《シンロウ》
おとこ。若い男性。
⑨**シンロウ**新婦が入場する。
結婚式をあげたばかりの男性。

怒 9画
ド
いか(る)
おこ(る)
心 こころ
怒怒
激怒《ゲキド》
おこる。いかる。
⑩裏切られて**ゲキド**する。
はげしくおこること。

盾 9画
ジュン
たて
目 め
盾盾
盾突《たてつ》く
矢・やりなどの攻撃を防ぐ武具。
⑪母親に**タテツ**く。
反抗する。

娘 10画
むすめ
女 おんなへん
娘娘
村娘《むらむすめ》
むすめ。
⑫素朴な**ムラムスメ**がいる。
むらに住む少女。

漢字力強化

送りがなを含む書き取り

❶おばけが**こわい**。
❷**いかり**が爆発した。
❸ネコがネズミを**とる**。
❹現行犯で**つかまえる**。
❺よい考えが**うかぶ**。
❻**ねむい**目をこする。

音読みと訓読み

❼**強肩**の外野手。
❽息子を**肩車**する。
❾**感涙**にむせぶ。
❿悔しくて**涙目**になる。

検印

5級 **4級** 3級 準2級 2級 付録

---

⑬ 立山レンポウを仰ぎ見る。
つらなって続く山のみね。
【峰】10画 ホウ／みね 山 やまへん
山 ⺜ 屵 峰 峰 峰
連峰(レンポウ)

⑭ 野球部でホシュをする。
キャッチャー。とる。とらえる。つかまえる。
【捕】10画 ホ とらえる・とらわれる・とる／つか(まる・まえる) 扌 てへん
一 ナ オ 扩 扩 捕 捕
捕手(ホシュ)

⑮ カイヒン公園を散歩する。
はま。水ぎわ。波うちぎわ。はまべ。
【浜】10画 ヒン／はま 氵 さんずい
氵 汁 汀 浜 浜
海浜(カイヒン)

⑯ 潜水艦がフジョウする。
うく。うかぶ。うかべる。うかびあがること。
【浮】10画 フ うく・うかれる・うかぶ・うかべる 氵 さんずい
氵 沪 浮 浮 浮
浮上(フジョウ)

⑰ 思わずラクルイする。
なみだ。なみだを流す。泣くこと。
【涙】10画 ルイ／なみだ 氵 さんずい
氵 沪 沪 涙 涙
落涙(ラクルイ)

⑱ 試合前にエンジンを組む。
戦うときの備え。多くの人がえんの形に並ぶこと。
【陣】10画 ジン 阝 こざとへん
了 阝 阡 阼 陣 陣
円陣(エンジン)

---

⑲ ハクトウの皮をむく。
もも。果肉がしろいもも。
【桃】10画 トウ／もも 木 きへん
一 十 オ 朾 机 桃 桃
白桃(ハクトウ)

⑳ 合成ジュシを使用する。
動物性のあぶら。木から出た粘液が固まったもの。
【脂】10画 シ／あぶら 月 にくづき
丿 冂 月 月 肝 脂 脂
樹脂(ジュシ)

㉑ ドウタイ着陸を試みる。
どう。からだの中央の部分。からだの中心部。
【胴】10画 ドウ 月 にくづき
丿 冂 月 月 肌 胴 胴
胴体(ドウタイ)

㉒ トウミンから目覚める。
ねむる。ねむい。ねむり。ねむった状態でふゆを越すこと。
【眠】10画 ミン ねむ(る・い) 目 めへん
目 肥 胆 眠 眠
冬眠(トウミン)

㉓ 彼はホウガン投げの選手だ。
火薬で弾を撃ち出す兵器。金属製の球。
【砲】10画 ホウ 石 いしへん
一 ナ イ 石 砂 砲 砲
砲丸(ホウガン)

類似字
⑪ 低シ肪牛乳を飲む。〔　〕
⑫ 宗シ変えをする。〔　〕
⑬ 細かくシ示をする。〔　〕

部首
⑭ 肩 〔　〕
⑮ 盾 〔　〕

漢字の豆知識 眠ると寝るの違いは?

「眠る」と「寝る」の違いは、対義語と合わせて覚えよう。「眠る」は、目を閉じて意識的な活動がない状態で、対義語は「覚める」。一方、「寝る」は、体を横たえる状態で、対義語は「起きる」。だから、「寝ながら本を読む」ことはできても、「眠ったまま本を読む」ことはできないよ。

眠る
寝る

紋 10画
モン
糸 いとへん
波紋《ハモン》

もよう。すじ。

①彼の発言が**ハモン**を呼ぶ。
関係者に動揺を与える。

軒 10画
ケン
のき
車 くるまへん
一軒《イッケン》

のき。ひさし。家を数える語。

②近くに**イッケン**も家がない。
ひとつの家。

剣 10画
ケン
つるぎ
刂 りっとう
真剣《シンケン》

つるぎ。先のとがったもの。

③**シンケン**に課題に取り組む。
本気であること。

剤 10画
ザイ
刂 りっとう
洗剤《センザイ》

薬を調合する。調合した薬。

④食器用の**センザイ**。
あらうための薬。

扇 10画
セン
おうぎ
戸 とだれ
扇子《センス》

おうぎ。うちわ。あおぐ。

⑤**センス**を持って舞う。
携帯用のおうぎ。

疲 10画
ヒ
つか(れる)
疒 やまいだれ
疲労《ヒロウ》

つかれる。おとろえる。

⑥体に**ヒロウ**がたまる。
つかれ。

兼 10画
ケン
か(ねる)
八 はち
兼用《ケンヨウ》

かねる。かねて。

⑦男女**ケンヨウ**のジャージ。
他者と一緒に使うこと。

恥 10画
チ
は(じる)
は(じらう)
は(ずかしい)
はじ
心 こころ
厚顔無恥《コウガンムチ》

はじる。はじ。

⑧厚顔**ムチ**だと批判する。
ずうずうしくてはじ知らずなさま。

恋 10画
レン
こ(う)
こい(しい)
こい
心 こころ
失恋《シツレン》

異性(時には同性)を思いしたう。

⑨**シツレン**して落ち込む。
好きな人への思いがかなわないこと。

婚 11画
コン
女 おんなへん
結婚《ケッコン》

夫婦になる。縁組みをする。

⑩姉が**ケッコン**式を挙げる。
正式に夫婦となること。

掘 11画
クツ
ほ(る)
扌 てへん
発掘《ハックツ》

ほる。ほり出す。

⑪遺跡の**ハックツ**をする。
ほり出すこと。

描 11画
ビョウ
えが(く)
か(く)
扌 てへん
描写《ビョウシャ》

形や様子を絵や文章でかきあらわす。

⑫主人公の心理**ビョウシャ**。
うつしえがくこと。

漢字力強化

送りがなを含む書き取り

❶歩きすぎて**つかれる**。
❷失敗して**はずかしい**。
❸将来の夢を**えがく**。
❹**にぶい**音がする。

音読みと訓読み

❺訪問**軒数**を表にする。
❻**軒先**で雨宿りする。
❼**恋愛**の相談をする。
❽**初恋**の思い出。
❾経営**手腕**がある。
❿プロ級の**腕前**だ。

検印

❾しゅわん ❿うでまえ ⓫剤 ⓬済 ⓭堤 ⓮提 ⓯兼 ⓰鈍

粒 11画
リュウ　つぶ
米 こめへん
丶 丷 ⺌ 半 米 米 粁 粁 粁 粒 粒
粒子《リュウシ》
粒
つぶ。つぶ状の。

⑬細かい砂の**リュウシ**。
きわめて小さいつぶ。

紹 11画
ショウ
糸 いとへん
𠃋 幺 幺 糸 糸 糸 紀 紹 紹 紹 紹
紹介《ショウカイ》
紹
とりもつ。ひきあわせる。

⑭自己**ショウカイ**をする。
解説して知らせること。

販 11画
ハン
貝 かいへん
丨 冂 月 目 目 貝 貝 貝 販 販 販
販売《ハンバイ》
販
あきなう。うる。

⑮名産品を**ハンバイ**する。
商品をうりさばくこと。

菓 11画
カ
艹 くさかんむり
一 十 艹 艹 艹 艹 苩 苩 菓 菓 菓
菓子《カシ》
菓
かし。間食用の食品。

⑯お**カシ**作りが趣味だ。
食事以外に食べる甘いもの。

盗 11画
トウ
ぬす(む)
皿 さら
丶 冫 冫 冫 次 次 次 盗 盗 盗 盗
盗難《トウナン》
盗
ぬすむ。ぬすみ。ぬすびと。

⑰自転車の**トウナン**に遭う。
ぬすまれること。

堤 12画
テイ
つつみ
土 つちへん
一 十 土 坦 坦 坦 坦 坦 坦 堤 堤 堤
堤防《テイボウ》
堤
つつみ。土手。

⑱**テイボウ**沿いを散歩する。
川や海沿いに築く構造物。

塔 12画
トウ
土 つちへん
一 十 土 土 土 土 土 坎 坎 塔 塔 塔
鉄塔《テットウ》
塔
高くそびえる建造物。

⑲山の中に**テットウ**を建てる。
高圧送電線の柱。

幅 12画
フク
はば
巾 はばへん
丨 冂 巾 巾 巾 巾 帄 帄 幅 幅 幅 幅
全幅《ゼンプク》
幅
はば。物の横の長さ。

⑳**ゼンプク**の信頼を寄せる。
あらん限り。

帽 12画
ボウ
巾 はばへん
丨 冂 巾 巾 巾 巾 帽 帽 帽 帽 帽 帽
帽子《ボウシ》
帽
かぶりもの。ぼうし。

㉑**ボウシ**を目深にかぶる。
頭にかぶるもの。

腕 12画
ワン
うで
月 にくづき
丿 刀 月 月 月 月 肪 肪 肪 肪 腕 腕
腕力《ワンリョク》
腕
うで。うでまえ。

㉒**ワンリョク**には自信がある。
うでのちから。

距 12画
キョ
⻊ あしへん
丨 口 口 早 早 早 足 足 距 距 距 距
距離《キョリ》
距
へだてる。へだたり。

㉓駅までの**キョリ**を測る。
へだたり。

鈍 12画
ドン
にぶ(い・る)
金 かねへん
丿 人 人 今 牟 牟 金 金 金 鈩 鈩 鈍
鈍感《ドンカン》
鈍
にぶい。とがっていない。にぶる。

㉔気温の変化に**ドンカン**だ。
反応のしかたがにぶいさま。

類似字

⑪薬**ザイ**師を目ざす。〔　〕

⑫難民を救**サイ**する。〔　〕

⑬防波**テイ**を築く。〔　〕

⑭書類を**テイ**出する。〔　〕

対義語

⑮専任　↕　□任

⑯鋭角　↕　□角

漢字の豆知識

厚顔無恥　**言葉の意味**

「厚顔無恥」とは、あつかましくて恥知らずなさま。「厚顔＝面の皮が厚い」、「無恥＝恥を知らない」で、似た意味を組み合わせた四字熟語。知識がないという意味の「無知」を用いるのは誤りだよ。

漢字力強化 解答　❶疲れる　❷恥ずかしい　❸描く　❹鈍い　❺けんすう　❻のきさき　❼れんあい　❽はつこい

12画 **項**
コウ
頁 おおがい
事項《ジコウ》
小分けした一つ一つのことがら。

①注意**ジコウ**を確認する。
一つ一つのことがら。

12画 **煮**
シャ / に(る・える・やす)
灬 れんが
煮魚《にざかな》
にる。にえる。

②夕食に**ニザカナ**が出る。
さかなをにたもの。

12画 **圏**
ケン
囗 くにがまえ
圏内《ケンナイ》
かぎられた区域。範囲。

③今年は優勝**ケンナイ**にいる。
範囲のうち。

12画 **幾**
キ / いく
幺 よう
幾多《いくタ》
いく。いくつ。いくら。

④**イクタ**の困難を乗り越える。
たくさん。

12画 **畳**
ジョウ / たた(む) / たたみ
田 た
重畳《チョウジョウ》
たたむ。かさねる。たたみ。

⑤**チョウジョウ**する山並み。
いくつもかさなっていること。

12画 **紫**
シ / むらさき
糸 いと
紫外線《シガイセン》
むらさき。

⑥**シガイ**線から肌を守る。
太陽光線の一種。

13画 **僧**
ソウ
亻 にんべん
高僧《コウソウ》
仏門に入って修行する人。

⑦**コウソウ**の説経を聴く。
知徳にすぐれた法師。

13画 **慎**
シン / つつし(む)
忄 りっしんべん
慎重《シンチョウ》
つつしむ。注意深くする。

⑧**シンチョウ**に事を運ぶ。
注意深くふるまうさま。

13画 **搬**
ハン
扌 てへん
搬入《ハンニュウ》
持ち運ぶ。移す。

⑨家具を**ハンニュウ**する。
運びいれること。

13画 **溶**
ヨウ / と(ける・かす・く)
氵 さんずい
溶解《ヨウカイ》
とける。とかす。

⑩食塩が水に**ヨウカイ**する。
物質が他の液体にとけること。

13画 **煙**
エン / けむり / けむ(る・い)
火 ひへん
煙突《エントツ》
けむり。けむる。

⑪**エントツ**のある家。
けむりを排出する筒形の装置。

13画 **腰**
ヨウ / こし
月 にくづき
腰痛《ヨウツウ》
こし。

⑫**ヨウツウ**に悩まされる。
こしに感じるいたみ。

漢字力強化

送りがなを含む書き取り

❶業を**にやす**。「　」
❷布団を**たたむ**。「　」
❸言動を**つつしむ**。「　」
❹排水管が**つまる**。「　」
❺泥が**はねる**。「　」
❻**ねる**間を惜しむ。「　」

音読みと訓読み

❼**幾**何学模様。「　」
❽年は**幾**つですか。「　」
❾御**殿**のような家。「　」
❿仙台藩のお**殿**様。「　」

検印

⓫溶 ⓬解 ⓭跳 ⓮飛 ⓯遣 ⓰使

詰（13画）
キツ　つ(める・まる・む)
言　ごんべん
詰問《キツモン》
つめる。といつめる。
⑬欠席の理由を**キツモン**する。
厳しく責めてといただすこと。

跳（13画）
チョウ　は(ねる)　と(ぶ)
⻊　あしへん
跳躍《チョウヤク》
はねる。とぶ。おどる。
⑭**チョウヤク**競技の選手。
高とびや幅とび。

較（13画）
カク
車　くるまへん
比較《ヒカク》
くらべる。いちじるしい。
⑮二つの案を**ヒカク**する。
くらべ合わせること。

鉛（13画）
エン　なまり
金　かねへん
鉛筆《エンピツ》
なまり。
⑯**エンピツ**で下書きする。
木の軸の中に芯が入った文房具。

殿（13画）
デン　テン　との　どの
殳　るまた
宮殿《キュウデン》
大きな建物。
⑰ベルサイユ**キュウデン**。
王や君主が住む所。

寝（13画）
シン　ね(る・かす)
宀　うかんむり
就寝《シュウシン》
ねる。横になる。
⑱十時に**シュウシン**する。
ねどこに入ること。

雷（13画）
ライ　かみなり
雨　あめかんむり
落雷《ラクライ》
かみなり。
⑲街路樹に**ラクライ**する。
かみなりがおちること。

遣（13画）
ケン　つか(う・わす)
辶　しんにょう
派遣《ハケン》
つかわす。さしむける。
⑳海外に記者を**ハケン**する。
命じて行かせること。

歳（13画）
サイ　セイ
止　とめる
歳月《サイゲツ》
とし。つきひ。年齢。
㉑**サイゲツ**人を待たず。
時間を大切にせよとの戒め。

漫（14画）
マン
氵　さんずい
散漫《サンマン》
みだりに。とりとめがない。
㉒注意力が**サンマン**で困る。
気がちってしまうこと。

稲（14画）
トウ　いね　いな
禾　のぎへん
水稲《スイトウ》
いね。
㉓**スイトウ**農業が盛んな地域。
たんぼで育てるいね。

踊（14画）
ヨウ　おど(る・り)
⻊　あしへん
舞踊《ブヨウ》
おどる。おどり。
㉔日本**ブヨウ**の稽古を積む。
身振りによって感情を表現する芸術。

漢字の豆知識

跳ぶと飛ぶの違いは?

「跳ぶ」は、足を使って高く上がるという意味で、「溝を跳ぶ」などと用いる。一方「飛ぶ」は、空中を動くという意味で、「アメリカへ飛ぶ」などと用いるよ。

異字同訓

⓫砂糖がとける。「　」
⓬誤解がとける。「　」
⓭縄とびが得意だ。「　」
⓮鳥が空をとぶ。「　」
⓯安否を気づかう。「　」
⓰体力をつかう仕事。「　」

漢字力強化 解答　❶煮やす　❷畳む　❸慎む　❹詰まる　❺跳ねる　❻寝る　❼きかがく　❽いく　❾ごてん　❿とのさま

14画 **罰** バツ バチ　罒 あみがしら　罰金《バッキン》
ばつ。しおき。こらしめ。
① 駐車違反で**バッキン**を払う。 ばつとして出させるおかね。

14画 **箇** カ　⺮ たけかんむり　箇所《カショ》
物事を一つ一つさす語。
② 壊れた**カショ**を直して使う。 ところ。

14画 **髪** ハツ かみ　髟 かみがしら　散髪《サンパツ》
かみの毛。
③ 一か月ごとに**サンパツ**する。 伸びたかみの毛を刈ること。

14画 **雌** シ め めす　隹 ふるとり　雌雄《シユウ》
動植物のめす。
④ **シユウ**を決する時が来た。 どちらが強いかを決める。

15画 **澄** チョウ す(む・ます)　氵 さんずい　清澄《セイチョウ》
すむ。すます。にごりがない。
⑤ **セイチョウ**な空気を吸う。 すんでいてきよらかなさま。

15画 **賦** フ　貝 かいへん　月賦《ゲップ》
分割してとる。
⑥ 代金を**ゲップ**で支払う。 つき割りで支払うこと。

15画 **震** シン ふる(う・える)　⻗ あめかんむり　震源《シンゲン》
ふるう。ふるえる。揺れ動く。
⑦ うわさ話の**シンゲン**を探す。 物事が起こったもと。

15画 **膚** フ　肉 にく　皮膚《ヒフ》
肌。体をおおうかわ。
⑧ 洗剤で**ヒフ**が荒れる。 肌。

15画 **舗** ホ　舌 した　舗装《ホソウ》
しく。しきつめる。ならべる。
⑨ 道路の**ホソウ**工事を行う。 アスファルトなどで固めること。

15画 **輝** キ かがや(く)　車 くるま　光輝《コウキ》
かがやく。かがやき。
⑩ **コウキ**ある伝統を守る。 ひかりかがやくこと。

16画 **濁** ダク にご(る・す)　氵 さんずい　汚濁《オダク》
にごる。にごす。
⑪ 水質**オダク**が問題になる。 よごれにごること。

16画 **謡** ヨウ うたい うた(う)　言 ごんべん　民謡《ミンヨウ》
うたう。うた。
⑫ 祖母から**ミンヨウ**を習う。 その土地の人々が作り、うたううた。

漢字力強化

送りがなを含む書き取り

❶ 耳を**すます**。〔　〕
❷ 寒さで身が**ふるえる**。〔　〕
❸ 夜空に星が**かがやく**。〔　〕
❹ お茶を**にごす**。〔　〕
❺ 仲間と**さわぐ**。〔　〕
❻ ご機嫌**うるわしい**。〔　〕

音読みと訓読み

❼ ライオンは**猛獣**だ。〔　〕
❽ **獣道**に迷い込んだ。〔　〕
❾ 疑惑が雲散**霧**消した。〔　〕
❿ **霧雨**が降り続く。〔　〕

検印

5級
4級
3級
準2級
2級
付録

隷（16画）
レイ
部首：隶（れいづくり）
隷属《レイゾク》
したがう。つきしたがう。

⑬大国に**レイゾク**する小国。
言いなりになること。

薪（16画）
シン　たきぎ
部首：艹（くさかんむり）
薪水《シンスイ》
たきぎ。燃料にする木。

⑭**シンスイ**の労をとる。
人に仕えて骨身を惜しまず働くこと。

曇（16画）
ドン　くも(る)
部首：日（ひ）
曇天《ドンテン》
くもる。くもり。

⑮**ドンテン**で外が薄暗い。
くもったてんき。

獣（16画）
ジュウ　けもの
部首：犬（いぬ）
獣医《ジュウイ》
けもの。けだもの。

⑯将来は**ジュウイ**になりたい。
動物の病気を診る人。

齢（17画）
レイ
部首：歯（はへん）
樹齢《ジュレイ》
よわい。とし。

⑰**ジュレイ**百年の大木。
木が生まれてから今日までの期間。

翼（17画）
ヨク　つばさ
部首：羽（はね）
比翼《ヒヨク》
鳥や飛行機などのはね。

⑱あの夫婦は**ヒヨク**の鳥だ。
夫婦仲がよいこと。

騒（18画）
ソウ　さわ(ぐ)
部首：馬（うまへん）
騒音《ソウオン》
さわぐ。さわがす。

⑲**ソウオン**に悩まされる。
うるさく感じるおと。

爆（19画）
バク
部首：火（ひへん）
爆破《バクハ》
はぜる。はじける。

⑳高層ビルが**バクハ**される。
ばくはつによって物を壊すこと。

繰（19画）
く(る)
部首：糸（いとへん）
繰《く》る
くる。たぐる。順に送る。

㉑親指で本のページを**ク**る。
順にめくる。
□る
□る

霧（19画）
ム　きり
部首：雨（あめかんむり）
濃霧《ノウム》
きり。きりのようなもの。

㉒**ノウム**で前が見えない。
深いきり。

麗（19画）
レイ　うるわ(しい)
部首：鹿（しか）
美辞麗句《ビジレイク》
うるわしい。美しい。

㉓美辞**レイク**を並べた挨拶。
美しくきれいに飾りたてたことば。

欄（20画）
ラン
部首：木（きへん）
空欄《クウラン》
かこい。わく。しきり。

㉔**クウラン**に語句を補う。
中に何も書かれていない枠。

漢字の豆知識

比翼の鳥　言葉の意味

「比翼の鳥」とは、雌雄がともに翼と目を一つずつ持ち、二羽並んではじめて飛ぶことができるという、中国の空想上の鳥で、夫婦仲がよいことをたとえていう言葉。白居易《はくきょい》の「長恨歌《ちょうごんか》」で、玄宗皇帝と楊貴《ようき》妃《ひ》が愛を誓い合った言葉の中に、「天に在りては願わくは比翼の鳥となり」と出てくるよ。

対義語
⑪清流 ↔ □流

類義語
⑫項目 ＝ □条
⑬燃料 ＝ □炭

部首
⑭罰 □
⑮隷 □

一 次の――線の漢字の読みをひらがなで記せ。 (30) 1×30

1 地球儀でハワイの位置を確認する。（　）
2 行進曲を吹奏する。（　）
3 反抗的な態度をとる。（　）
4 腕力には自信がある。（　）
5 注意力が散漫で困る。（　）
6 カエルが冬眠から目覚めた。（　）
7 彼からの連絡がとだえる。（　）
8 内容を項目ごとに検討する。（　）
9 突然の訪問に驚く。（　）
10 烈火のごとく怒る。（　）
11 趣味のよい家具をそろえる。（　）
12 冷夏のため米が凶作だ。（　）
13 光沢が見事な石。（　）
14 社屋が老朽化する。（　）

二 次の――線のカタカナにあてはまる漢字をそれぞれのア～オから一つ選び、記号で答えよ。 (30) 2×15

1 冷静に事態を**ボウ**観する。（　）
2 **ボウ**険だがやってみよう。（　）
3 脂**ボウ**分の多い食品。（　）
（ア 肪　イ 傍　ウ 望　エ 亡　オ 冒）

4 **ケン**実な方法をとる。（　）
5 有能な人材を派**ケン**する。（　）
6 何事にも真**ケン**に取り組む。（　）
（ア 圏　イ 堅　ウ 軒　エ 遣　オ 剣）

7 毎朝六時に起**ショウ**する。（　）
8 **ショウ**細に調査する。（　）
9 友人を愛**ショウ**で呼ぶ。（　）
（ア 詳　イ 床　ウ 召　エ 障　オ 称）

10 刑事が犯人を**ジン**問する。（　）
11 社長が**ジン**頭指揮をとる。（　）
12 資源は無**ジン**蔵ではない。（　）
（ア 仁　イ 人　ウ 尋　エ 陣　オ 尽）

13 車の流れが**ト**まる。（　）
14 貨物船が港に**ト**まる。（　）
15 彼女の赤い服に目が**ト**まる。（　）
（ア 富　イ 閉　ウ 止　エ 留　オ 泊）

次の熟語は上のア～オのどれにあたるか、一つ選び、記号で答えよ。

1 鋭利（　）
2 避暑（　）
3 未熟（　）
4 押印（　）
5 首尾（　）
6 濃淡（　）
7 筆跡（　）
8 抜群（　）
9 救援（　）
10 握力（　）

五 次の漢字の部首をア～エから一つ選び、記号で答えよ。 (10) 1×10

1 御（ア 彳　イ 卩　ウ 止　エ 缶）（　）
2 裏（ア 亠　イ 田　ウ 衣　エ 里）（　）
3 隷（ア 士　イ 小　ウ 隶　エ 示）（　）
4 歳（ア 止　イ 厂　ウ 小　エ 戈）（　）
5 舗（ア 舎　イ 舌　ウ 口　エ 用）（　）
6 幕（ア 艹　イ 巾　ウ 大　エ 日）（　）
7 寝（ア 宀　イ 冫　ウ 冖　エ 又）（　）
8 料（ア 米　イ 木　ウ 斗　エ 十）（　）
9 慮（ア 虍　イ 七　ウ 田　エ 心）（　）
10 殿（ア 尸　イ 共　ウ 几　エ 殳）（　）

一	／30
二	／30
三	／10
四	／20
五	／10
六	／20
七	／10
八	／20
九	／10
十	／40
合計	／200

検印

5級
4級
3級
準2級
2級
付録

15 金の含有量を調べる。（　　）
16 間違いを指摘する。（　　）
17 丹精して植木を育てる。（　　）
18 あくまでも憶測に過ぎない。（　　）
19 なかなかの妙案だ。（　　）
20 病人を手厚く介抱する。（　　）
21 火山が火を噴く。（　　）
22 暑いので日陰に入る。（　　）
23 兄と背丈を比べる。（　　）
24 道端に花が咲いている。（　　）
25 長年の努力が報われた。（　　）
26 彼女は慎み深い性格だ。（　　）
27 とても子供の仕業ではない。（　　）
28 堤の桜がほころび始める。（　　）
29 休む暇なく質問される。（　　）
30 友人を駅まで迎えに行く。（　　）

三 1～5の三つの□に共通する漢字を入れて熟語を作れ。漢字はア～コから一つ選び、記号で答えよ。 (10) 2×5

1 影□・反□・音□（　　）
2 □張・□示・□大（　　）
3 □力・□切・□真（　　）
4 強□・□快・□文（　　）
5 □起・額□・□因（　　）

ア 豪　イ 迫　ウ 珍　エ 敏　オ 響
カ 騒　キ 縁　ク 抵　ケ 誇　コ 被

四 熟語の構成のしかたには次のようなものがある。 (20) 2×10

ア 同じような意味の漢字を重ねたもの（岩石）
イ 反対または対応の意味を表す字を重ねたもの（高低）
ウ 上の字が下の字を修飾しているもの（洋画）
エ 下の字が上の字の目的語・補語になっているもの（着席）
オ 上の字が下の字の意味を打ち消しているもの（非常）

六 後の□内のひらがなを漢字に直して（　）に入れ、対義語・類義語を作れ。□内のひらがなは一度だけ使うこと。 (20) 2×10

対義語

1 永遠―（　　）間
2 守備―攻（　　）
3 高雅―低（　　）
4 優良―（　　）悪
5 脱退―加（　　）

類義語

6 善戦―健（　　）
7 冷静―（　　）着
8 功績―手（　　）
9 可否―（　　）非
10 栄光―名（　　）

がら・ぜ・ぞく・れつ・げき
とう・めい・しゅん・よ・ちん

七 次の――線のカタカナを漢字一字と送りがな（ひらがな）に直せ。 (10) 2×5

〈例〉 問題に**コタエル**。 答える

1 父は仕事が**イソガシイ**。（　　）
2 失恋の**ニガイ**思い出。（　　）
3 地下室に食品を**タクワエル**。（　　）
4 助言に耳を**カタムケル**。（　　）
5 完成までに三年の年月を**ツイヤシ**た。（　　）

八 文中の四字熟語の――線のカタカナを漢字に直せ。 (20) 2×10

1 うわさは**デン光石火**の速さで広まった。（　　）
2 新製品が**空前ゼツ後**の大ヒットとなる。（　　）
3 蔵書を**ニソク三文**で売り飛ばす。（　　）
4 **起死カイ生**の逆転打を打つ。（　　）
5 **牛飲バ食**は健康を害する。（　　）
6 いつも多数派の意見に**フ和雷同**する。（　　）

十 次の――線のカタカナを漢字に直せ。 (40) 2×20

1 新しい言葉が世間に**シントウ**する。（　　）
2 事件の**ケイイ**を調べる。（　　）
3 高校新記録を**ジュリツ**する。（　　）
4 息子の**ジマン**ばかりする。（　　）
5 美術品の**カンテイ**を依頼する。（　　）
6 彼は国民的**エイユウ**となった。（　　）
7 彼は**ドクゼツ**家として有名だ。（　　）
8 風で水面に**ハモン**が生じる。（　　）
9 映画を見て**カンルイ**にむせぶ。（　　）
10 成功の見込みは**カイム**に等しい。（　　）
11 山は空気が**ス**んでいる。（　　）

4級模擬テスト 解答

一 1ちきゅうぎ 2すいそう 3はんこうてき 4わんりょく 5さんまん 6とうみん 7れんらく 8こうもく 9とつぜん 10れっか 11しゅみ 12きょうさく 13こうたく 14ろうきゅうか 15がんゆうりょう 16してき 17たんせい 18おくそく 19みょうあん 20かいほう 21ふ 22ひかげ 23せたけ 24みちばた 25むく 26つつし 27しわざ 28つつみ 29ひま 30むか

二 1＝イ 2＝オ 3＝ア 4＝イ 5＝エ 6＝オ 7＝イ 8＝ア 9＝オ 10＝ウ 11＝エ 12＝オ 13＝ウ 14＝オ 15＝エ

三 1＝オ 2＝ケ 3＝イ 4＝ア 5＝キ

四 1＝ア 2＝エ 3＝オ 4＝エ 5＝イ 6＝イ 7＝ウ 8＝エ 9＝ア 10＝ウ

五 1＝ア 2＝ウ 3＝ウ 4＝ア 5＝イ 6＝イ 7＝ア 8＝ウ 9＝エ 10＝エ

六 1瞬 2撃 3俗 4劣 5盟 6闘 7沈 8柄 9是 10誉

七 1忙しい 2苦い 3蓄える 4傾ける 5費やし

八 1電 2絶 3束 4回 5馬 6付 7燥 8途 9紫 10覧

7 無味乾**ソウ**で退屈な講演だ。（　　）

8 前**ト**洋々たる音楽家。（　　）

9 日本有数の山**シ**水明の地だ。（　　）

10 博**ラン**強記で知られる学者。（　　）

九 次の各文にまちがって使われている同じ読みの漢字が一字ある。上に誤字を、下に正しい漢字を記せ。 (10) 2×5

1 急死した著名な女流作家の偉稿を一冊の本にまとめて出版した。（　　→　　）

2 原因不明の伝染病が流行し、刷急な対応が望まれている。（　　→　　）

3 鉄道の路線を延長するため線路の布設工事を行うことが決まった。（　　→　　）

4 山中に放置された自動車の当録番号から所有者が割り出された。（　　→　　）

5 不景気のため会社が到産したが、故郷に帰り再起を図る決意をした。（　　→　　）

12 野菜を軟らかく**ニ**る。（　　）

13 腕をスズメバチに**サ**された。（　　）

14 事実に**モト**づいて書かれた小説。（　　）

15 記憶が**アザ**やかによみがえる。（　　）

16 この熱も今夜が**トウゲ**だろう。（　　）

17 同じ作業を**ク**り返し行う。（　　）

18 山里に**カク**れ住む。（　　）

19 朝から**キリサメ**が降っている。（　　）

20 来年の運勢を**ウラナ**う。（　　）

―おわり―

九
1 偉→遺　2 刷→早　3 布→敷　4 当→登
5 到→倒

十
1 浸透　2 経緯　3 樹立　4 自慢　5 鑑定
6 英雄　7 毒舌　8 波紋　9 感涙　10 皆無
11 澄　12 煮　13 刺　14 基　15 鮮　16 峠　17 繰
18 隠　19 霧雨　20 占

了	2画	リョウ	亅 はねぼう	フ 了	完了《カンリョウ》 了承《リョウショウ》

1 おわる。おえる。

①補修工事がカンリョウする。
すべておわること。

2 わかる。はっきりとさとる。

②会議でリョウショウを得る。
理解して納得すること。

冗	4画	ジョウ	冖 わかんむり	丶 冖 冗	冗談《ジョウダン》 冗長《ジョウチョウ》

1 むだ。あまる。不必要な。

③いつもジョウダンを言う。
ふざけて言う言葉や話。

2 わずらわしい。

④ジョウチョウな説明が続く。
的を射ずにながたらしいさま。

幻	4画	ゲン まぼろし	幺 よう	く 幺 幺 幻	幻想《ゲンソウ》 変幻自在《ヘンゲンジザイ》

1 まぼろし。

⑤結婚に甘いゲンソウを抱く。
現実にないことを思い描くこと。

2 まどわす。たぶらかす。

⑥ヘンゲン自在な怪盗。
思いのままにかわるさま。

巧	5画	コウ たく(み)	工 たくみへん	一 T 工 工 巧	巧妙《コウミョウ》 精巧《セイコウ》

1 じょうずである。わざ。

⑦コウミョウに仕組まれた罠《わな》。
非常にたくみなさま。

⑧セイコウなガラス細工。
こまかくてたくみにできているさま。

斥	5画	セキ	斤 きん	ノ 厂 斤 斤 斥	排斥《ハイセキ》 斥候《セッコウ》

1 しりぞける。おしのける。

⑨外国製品をハイセキする。
しりぞけること。

2 うかがう。ようすをさぐる。

⑩偵察のためセッコウを放つ。
敵の内容や周辺の状勢をさぐること。

伐	6画	バツ	亻 にんべん	ノ 亻 仁 代 伐 伐	伐採《バッサイ》 殺伐《サツバツ》

1 きる。木をきり倒す。

⑪不要な木をバッサイする。
樹木をきりだすこと。

2 討つ。ころす。敵を討つ。

⑫サツバツとした雰囲気。
あたたかみが感じられないさま。

伏	6画	フク ふ(せる・す)	亻 にんべん	ノ 亻 仁 什 伏 伏	起伏《キフク》 潜伏《センプク》

1 ふせる。ふす。

⑬感情のキフクが激しい。
さまざまな変化があること。

2 かくれる。ひそむ。

⑭犯人は地下にセンプク中だ。
ひそかにかくれていること。

如	6画	ジョ ニョ	女 おんなへん	く 女 女 如 如 如	如実《ニョジツ》 欠如《ケツジョ》

1 …のごとし。…のようだ。

⑮悲惨さをニョジツに描く。
そのとおりであること。

2 状態を表す語に添える助字。

⑯常識がケツジョしている。
かけていること。

漢字力強化

送りがなを含む書き取り

❶たくみに船を操る。〔　〕

❷机に顔をふせる。〔　〕

❸謀反をくわだてる。〔　〕

❹危険をともなう実験。〔　〕

❺出費をおさえる。〔　〕

音読みと訓読み

❻都会生活に幻滅する。〔　〕

❼亡き人の幻を追う。〔　〕

❽何事も最初が肝心だ。〔　〕

❾肝試しをする。〔　〕

検印

⑩巧 ⑪功 ⑫幻 ⑬幼 ⑭伴 ⑮半 ⑯判

企 (6画)
キ／くわだ（てる）／人 ひとやね
ノ　人　个　个　企
企画 企業

⑰ 文化祭のキカクを練る。
1 くわだてる。事を始める。物事を行うためのもくろみ。

⑱ 中小キギョウに勤める。
営利目的で経済活動を行う組織体。

匠 (6画)
ショウ／匚 はこがまえ
一　丆　ア　戸　匠
巨匠 意匠

⑲ 映画界のキョショウ。
1 職人。技能・学芸のすぐれた人。特にすぐれている人。

⑳ イショウを凝らした逸品。
2 工夫を凝らす。考案する。趣向や工夫。

伴 (7画)
ハン／バン／ともな（う）／とも。／イ にんべん
ノ　イ　イ　伫　伴　伴
伴奏 相伴

㉑ バンソウに合わせて歌う。
1 ともなう。とも。主要声部を引き立てるための付随的な音楽。

㉒ おショウバンにあずかった。
2 あいてをする。他につき合ってその利益を受けること。

択 (7画)
タク／扌 てへん
一　十　扌　扌　択
選択 二者択一

㉓ 職業のセンタクに悩む。
1 えらぶ。えらびとる。よる。多くの中からえらびとること。

㉔ 二者タクイツを迫られた。
ふたつからひとつをえらぶこと。

抑 (7画)
ヨク／おさ（える）／扌 てへん
一　十　扌　扌　押　抑
抑圧 抑制

㉕ 言論の自由をヨクセイする。
1 おさえる。おさえつける。無理におさえとどめること。

㉖ 物価の上昇をヨクアツする。
無理におさえつけること。

没 (7画)
ボツ／氵 さんずい
氵　氵　氵　沪　没
沈没 没収

㉗ 台風で船がチンボツする。
1 深くしずむ。隠れて見えなくなる。水中にしずむこと。

㉘ 雑誌をボッシュウされた。
2 なくなる。なくす。とりあげる。無理にとりあげること。

肝 (7画)
カン／きも／月 にくづき
丿　月　月　月　肝
肝炎 肝要

㉙ カンエンの治療をする。
1 きも。五臓のひとつ。かんぞうの疾患。

㉚ 何よりも忍耐がカンヨウだ。
2 こころ。大切なところ。非常に大事なこと。

類似字

⑩ コウ言令色を嫌う。
⑪ 失敗は成コウの母。
⑫ 熱でゲン覚が見える。
⑬ ヨウ少のころの記憶。
⑭ 家族を同ハンする。
⑮ 利益を折パンにする。
⑯ 評バンのいいパン屋。

漢字の豆知識　言葉の意味

【意匠】
「意匠」の意味は、①絵画・詩文・催し物などで、工夫をめぐらすこと。趣向。②美術品や工業製品などで、形・色・模様・配置などに加える装飾用の工夫。デザイン。したがって、「衣装の意匠」とは、衣装のデザインという意味だ。

漢字力強化 解答　❶巧み　❷伏せる　❸企てる　❹伴う　❺抑える　❻げんめつ　❼まぼろし　❽かんじん　❾きもだめ

克（7画）

コク ／ 儿 ひとあし

克服《コクフク》　克明《コクメイ》

1 うちかつ。力を尽くしてかつ。

①苦手科目を**コクフク**する。
困難にうちかつこと。

2 よく。じゅうぶんに。

②体験を**コクメイ**に記す。
細部まであきらかにすること。

励（7画）

レイ　はげ(む・ます) ／ 力 ちから

激励《ゲキレイ》　励行《レイコウ》

1 はげむ。はげます。

③選手を**ゲキレイ**する。
はげまし奮い立たせること。

④早朝散歩を**レイコウ**する。
努力しておこなうこと。

寿（7画）

ジュ　ことぶき ／ 寸 すん

米寿《ベイジュ》　長寿《チョウジュ》

1 ことぶき。めでたいことを祝う。

⑤祖母の**ベイジュ**を祝う。
八十八歳。

2 ながいきをする。とし。

⑥二十年続く**チョウジュ**番組。
特にながく続くこと。

忌（7画）

キ　い(む・まわしい) ／ 心 こころ

忌避《キヒ》　忌中《キチュウ》

1 いむ。いまわしい。きらう。

⑦面倒事を**キヒ**する。
きらってさけること。

2 喪に服すること。命日。

⑧**キチュウ**につき休業します。
近親者の喪に服している期間。

辛（7画）

シン　から(い) ／ 辛 からい

香辛料《コウシンリョウ》　辛抱《シンボウ》

1 からい。

⑨**コウシン**料をきかせる。
から味やかおりをつける調味料。

2 つらい。苦しい。

⑩退院まで少しの**シンボウ**だ。
つらいことを我慢すること。

佳（8画）

カ ／ イ にんべん

佳人薄命《カジンハクメイ》　佳境《カキョウ》

1 姿形が整って美しい。

⑪**カジン**薄命と言われている。
美しいひとには不幸な者が多いということ。

2 程度がすぐれてよい。

⑫物語が**カキョウ**に入る。
おもしろいところ。

怪（8画）

カイ　あや(しい・しむ) ／ 忄 りっしんべん

複雑怪奇《フクザツカイキ》　怪力《カイリキ》

1 あやしい。不思議な。

⑬複雑**カイキ**な事件が起こる。
非常に複雑であやしく不思議なさま。

2 並はずれている。

⑭彼は**カイリキ**の持ち主だ。
ものすごく強いちから。

拘（8画）

コウ ／ 扌 てへん

拘束《コウソク》　拘泥《コウデイ》

1 とらえる。とどめておく。

⑮敵の身柄を**コウソク**する。
自由を制限すること。

2 かかわる。こだわる。

⑯試合の勝敗に**コウデイ**する。
こだわること。

漢字力強化

送りがなを含む書き取り

❶友人を**はげます**。〔　〕
❷**いまわしい**思い出。〔　〕
❸雲行きが**あやしい**。〔　〕
❹行く手を**はばむ**。〔　〕
❺責任を**まぬかれる**。〔　〕
❻供物を**たてまつる**。〔　〕
❼朝日が**のぼる**。〔　〕
❽注意を**うながす**。〔　〕

音読みと訓読み

❾一点差で**辛**勝する。〔　〕
❿**辛口**の評論家。〔　〕

検印

3級（右段）

⑰⑱ 抽　8画　チュウ　ひく。ひきぬく。　て(へん)
一 十 才 扣 扣 抽 抽
抽出 チュウシュツ　抽選 チュウセン
⑰ 1　無作為にチュウシュツする。ぬきだすこと。
⑱ 2　チュウセンで賞品が当たる。くじびき。

⑲⑳ 阻　8画　ソ　はば(む)　こざとへん
了 阝 阝 阳 阻 阻
険阻 ケンソ　阻止 ソシ
へだてる。はばむ。
⑲ 1　ケンソな山道を越える。けわしい。けわしいところ。地勢がけわしいさま。
⑳ 2　個人情報の流出をソシする。さまたげとがめること。

㉑㉒ 邪　8画　ジャ　よこしま。正しくない。　おおざと
一 T I 牙 牙 邪 邪
邪悪 ジャアク　邪魔 ジャマ
さまたげること。人に害を及ぼすもの。
㉑ 1　ジャアクな考えは捨てろ。心がねじけているさま。
㉒ 2　弟に勉強のジャマをされる。

㉓㉔ 免　8画　メン　まぬか(れる)　ひとあし
ノ ク 免 召 免 免
免許 メンキョ　免税 メンゼイ
ゆるす。まぬかれる。のがれる。
㉓ 1　運転メンキョを取得する。行政官庁のゆるし。
㉔ 2　メンゼイ店で買い物をする。ぜいきんをめんじょすること。

3級（下段）

㉕㉖ 卓　8画　タク　つくえ。テーブル。　じゅう
一 ト ｩ 占 占 卓
食卓 ショクタク　卓越 タクエツ
すぐれる。ぬきんでる。
㉕ 1　家族でショクタクを囲む。しょくじ用のテーブル。
㉖ 2　タクエツした技量の持ち主。他より際立ってすぐれていること。

㉗㉘ 奉　8画　ホウ・ブ　たてまつ(る)　だい
一 二 三 声 夫 表 奉
奉納 ホウノウ　奉仕 ホウシ
たてまつる。さしあげる。つかえる。つとめる。
㉗ 1　ホウノウ相撲大会を開く。神仏にささげおさめること。
㉘ 2　社会ホウシ活動をする。損得を考えず国家や他人につくすこと。

㉙㉚ 昇　8画　ショウ　のぼ(る)　ひ
｜ 口 日 日 昇 昇
昇進 ショウシン　上昇 ジョウショウ
のぼる。うえにあがる。
㉙ 1　気温がジョウショウする。あがってゆくこと。
㉚ 2　課長にショウシンする。地位があがること。官位や序列があがる。

㉛㉜ 促　9画　ソク　うなが(す)　にんべん
ノ イ 仁 仁 俏 促 促
促成 ソクセイ　促音 ソクオン
うながす。せきたてる。
㉛ 1　キュウリのソクセイ栽培。人工を加えて早く生育させること。
㉜ 2　拗音とソクオン。つまるおと。間をつめる。せまる。

対義語
⑪ 具体 ↔ 象
⑫ 助長 ↔ 害
⑬ 正論 ↔ 論
⑭ 愚説 ↔ 説
⑮ 降格 ↔ 格
⑯ 抑制 ↔ 進

類義語
⑰ 吉日 ＝ 日

漢字の豆知識　言葉の意味

佳人薄命

美人は薄幸あるいは短命であるという意味。その昔、美しい女性は得てして病弱であったり、男たちの争いに巻き込まれ不幸な運命をたどることが多かったりしたため、このように言われるようになったそうだ。「憎まれっ子世にはばかる」や「無病息災」とは対照的な言葉だね。

漢字力強化 解答　❶励ます　❷忌まわしい　❸怪しい　❹阻む　❺免れる　❻奉る　❼昇る　❽促す　❾しんしょう

孤（9画）
音読み: コ　部首: 子（こへん）
孤児《コジ》　孤立《コリツ》
1 みなしご。親をなくした子。
2 ひとり。ひとつ。

①戦争で**コジ**になった。（両親をなくした子。）
②国際社会で**コリツ**する。（ひとりぼっちでいること。）

悔（9画）
音読み: カイ　訓読み: く(いる・やむ)、くや(しい)　部首: 忄（りっしんべん）
後悔《コウカイ》　悔恨《カイコン》
1 くいる。くやむ。

③今さら**コウカイ**しても遅い。（あとになってくやむこと。）
④**カイコン**の念に苦しむ。（過ちをくやみ残念に思うこと。）

恨（9画）
音読み: コン　訓読み: うら(む・めしい)　部首: 忄（りっしんべん）
痛恨《ツウコン》　遺恨《イコン》
1 うらむ。うらめしい。

⑤**ツウコン**のミスが出る。（非常に残念なこと。）
⑥長年の**イコン**をはらす。（忘れられない深いうらみ。）

施（9画）
音読み: シ、セ　訓読み: ほどこ(す)　部首: 方（ほうへん）
実施《ジッシ》　布施《フセ》
1 おこなう。もうける。
2 ほどこす。めぐみ与える。

⑦模擬試験を**ジッシ**する。（じっさいにおこなうこと。）
⑧修行僧にお**フセ**を渡す。（ほどこし与えること。）

胆（9画）
音読み: タン　部首: 月（にくづき）
胆石《タンセキ》　大胆《ダイタン》
1 きも。内臓の一つ。
2 きもったま。度胸。こころ。

⑨**タンセキ**の痛みで苦しむ。（たんじゅうの成分が結晶したもの。）
⑩**ダイタン**な行動に出る。（度胸があるさま。）

訂（9画）
音読み: テイ　部首: 言（ごんべん）
訂正《テイセイ》　改訂《カイテイ》
1 文字や文章の誤りをなおす。

⑪内容の誤りを**テイセイ**する。（誤りをなおすこと。）
⑫文学全集を**カイテイ**する。（あらためなおすこと。）

軌（9画）
音読み: キ　部首: 車（くるまへん）
軌道《キドウ》　常軌《ジョウキ》
1 わだち。車の通ったあと。
2 すじみち。てほん。

⑬店の経営が**キドウ**に乗る。（物事が順調に進む。）
⑭**ジョウキ**を逸した振る舞い。（ふつうのやり方。）

削（9画）
音読み: サク　訓読み: けず(る)　部首: 刂（りっとう）
添削《テンサク》　削除《サクジョ》
1 けずる。けずりとる。

⑮生徒の作文を**テンサク**する。（他人の詩文などを改め直すこと。）
⑯後半部分を**サクジョ**する。（一部をけずること。）

漢字力強化

送りがなを含む書き取り

❶前非を**くいる**。［　　］
❷犯人を**うらむ**。［　　］
❸人に情けを**ほどこす**。［　　］
❹鉛筆を**けずる**。［　　］
❺言葉遣いが**いやしい**。［　　］
❻永遠の友情を**ちぎる**。［　　］
❼注意を**おこたる**。［　　］
❽試験勉強を**なまける**。［　　］

音読みと訓読み

❾人生の**悲哀**を味わう。［　　］
❿生き物を**哀れむ**。［　　］

検印

⓬掛　⓭倹　⓮険　⓯検　⓰験

郊（9画）
コウ
部首：阝《おおざと》
郊外《コウガイ》　近郊《キンコウ》

1 町はずれ。いなか。
⑰**コウガイ**の大型商業施設。
都会に隣接した田園地帯。
⑱東京**キンコウ**に家を買う。
都市周辺の地域。

卑（9画）
ヒ
いや（しい・しむ・しめる）
部首：十《じゅう》
卑劣《ヒレツ》　卑下《ヒゲ》

1 ひくい。いやしい。
⑲**ヒレツ**な行為を許さない。
品性や行動がいやしくおとっていること。
2 いやしめる。さげすむ。
⑳自分をあまり**ヒゲ**するな。
おとった者として扱うこと。

哀（9画）
アイ
あわ（れ・れむ）
部首：口《くち》
哀願《アイガン》　喜怒哀楽《キドアイラク》

1 あわれ。あわれむ。
㉑援助を**アイガン**する。
同情をさそうように頼むこと。
2 かなしい。かなしむ。
㉒喜怒**アイラク**を表に出す。
さまざまな人間の感情。

契（9画）
ケイ
ちぎ（る）
部首：大《だい》
契機《ケイキ》　契約《ケイヤク》

1 きざむ。しるしをつける。
㉓進学を**ケイキ**に日記を書く。
きっかけ。
2 ちぎる。やくそくする。
㉔**ケイヤク**期間を延長する。
法的な効果があるやくそく。

幽（9画）
ユウ
部首：幺《よう》
深山幽谷《シンザンユウコク》　幽閉《ユウヘイ》

1 かすか。奥深い。薄暗い。
㉕深山**ユウコク**を描いた絵。
ひっそりとした奥深い山やたに。
2 かくれる。ひそむ。とじこめる。
㉖何年も**ユウヘイ**される。
とじこめて外に出さないこと。

怠（9画）
タイ
おこた（る）
なま（ける）
部首：心《こころ》
怠慢《タイマン》　怠業《タイギョウ》

1 おこたる。なまける。
㉗何事にも**タイマン**な人。
なまけること。
㉘**タイギョウ**への対策を施す。
意図的に仕事をなまけること。

架（9画）
カ
か（ける・かる）
部首：木《き》
架空《カクウ》　担架《タンカ》

1 かける。かけわたす。
㉙主人公は**カクウ**の人物だ。
事実ではなく想像で作り出すこと。
2 たな。物をのせる台。
㉚倒れた人を**タンカ**で運ぶ。
病人や負傷者を乗せて運ぶ道具。

倹（10画）
ケン
部首：亻《にんべん》
倹約《ケンヤク》　節倹《セッケン》

1 つつましい。質素。
㉛光熱費を**ケンヤク**する。
無駄遣いしないこと。
㉜**セッケン**して貯金する。
出費を少なくすること。

異字同訓
⑪川に橋を**かける**。［　］
⑫椅子に腰を**かける**。［　］

類似字
⑬勤**ケン**貯蓄に努める。［　］
⑭**ケン**悪な雰囲気。［　］
⑮毒物を**ケン**出する。［　］
⑯自らの体**ケン**を語る。［　］

漢字の豆知識
心臓の形からきている部首
「悔・恨」の部首「忄（りっしんべん）」、「怠」の部首「心（こころ）」、このほか「⺗（したごころ）」も、心臓の形からできた部首だ。これらの部首は、感情や意志など、心のはたらきを表す漢字につくよ。

漢字力強化 解答　❶悔いる　❷恨む　❸施す　❹削る　❺卑しい　❻契る　❼怠る　❽怠ける　❾ひあい　❿あわ　⓫架

漢字	画数	読み	部首	用例
埋	10画	マイ / う(める・まる・もれる)	土 つちへん	埋没《マイボツ》 埋蔵《マイゾウ》

1 うめる。うもれる。

①世間に**マイボツ**した偉才。（世の人に知られないこと。）

②財宝が**マイゾウ**されている。（うめて隠すこと。）

漢字	画数	読み	部首	用例
悟	10画	ゴ / さと(る)	忄 りっしんべん	覚悟《カクゴ》 悔悟《カイゴ》

1 さとる。さとり。

③多少の失敗は**カクゴ**の上だ。（心構えをすること。）

④**カイゴ**の情を深める。（過ちを認めて反省すること。）

漢字	画数	読み	部首	用例
浪	10画	ロウ	氵 さんずい	波浪《ハロウ》 放浪《ホウロウ》

1 なみ。おおなみ。

⑤**ハロウ**注意報が解除される。（なみ。）

2 さすらう。さまよう。

⑥**ホウロウ**の旅に出る。（あてもなくさまよい歩くこと。）

漢字	画数	読み	部首	用例
殊	10画	シュ / こと	歹 かばねへん	殊勝《シュショウ》 特殊《トクシュ》

1 ことに。とりわけ。

⑦**シュショウ**な態度をとる。（心がけや行動がけなげで感心なさま。）

⑧**トクシュ**な製法を用いる。（普通とは異なること。）

漢字	画数	読み	部首	用例
粋	10画	スイ / いき	米 こめへん	純粋《ジュンスイ》 粋人《スイジン》

1 まじりけがない。すぐれた。

⑨**ジュンスイ**な心の持ち主。（きよらかなさま。）

2 いき。あかぬけている。

⑩彼はなかなかの**スイジン**だ。（風流な趣味を持つひと。）

漢字	画数	読み	部首	用例
紛	10画	フン / まぎ(れる・らす・らわす・らわしい)	糸 いとへん	紛争《フンソウ》 紛失《フンシツ》

1 みだれる。もつれる。

⑪**フンソウ**解決に尽力する。（もめごと。）

2 まぎれる。まぎらわしい。

⑫切符を**フンシツ**した。（まぎれてなくなること。）

漢字	画数	読み	部首	用例
託	10画	タク	言 ごんべん	委託《イタク》 仮託《カタク》

1 たのむ。たよる。

⑬外部に調査を**イタク**する。（他の人にやってもらうこと。）

2 かこつける。ことよせる。

⑭女性に**カタク**して書く。（他のものにかこつけること。）

漢字	画数	読み	部首	用例
華	10画	カ｜ケ / はな	艹 くさかんむり	華道《カドウ》 華美《カビ》

1 はな。草木の花。

⑮**カドウ**を習いたい。（いけばな。）

2 はなやか。うつくしい。さかえる。

⑯**カビ**な服装を好まない。（はなやかすぎて不相応なこと。）

漢字力強化

送りがなを含む書き取り

❶穴を**うめる**。「　」

❷限界を**さとる**。「　」

❸**まぎらわしい**名前。「　」

❹刃物を持って**おどす**。「　」

❺記憶力が**おとろえる**。「　」

❻人前で**はずかしめる**。「　」

音読みと訓読み

❼三人寄れば文**殊**の知恵。「　」

❽今年は**殊**の外寒い。「　」

❾香**華**を手向ける。「　」

❿**華**やかに着飾る。「　」

検印

⑩はな ⑪既知 ⑫機知 ⑬浪 ⑭偶 ⑮粋

疾（10画）
音読み：シツ
部首：疒（やまいだれ）
熟語：疾病《シッペイ》　疾走《シッソウ》
1 やまい。わずらい。
2 はやい。はげしい。

⑰がんは三大**シッペイ**の一つ。
やまい。

⑱校門まで全力**シッソウ**する。
はやくはしること。

匿（10画）
音読み：トク
部首：匸（かくしがまえ）
熟語：匿名《トクメイ》　隠匿《イントク》
1 かくす。かくれる。かくまう。

⑲新聞に**トクメイ**で投稿する。
自分のなまえをかくすこと。

⑳犯人**イントク**の罪で捕まる。
人目に触れないようかくしておくこと。

哲（10画）
音読み：テツ
部首：口（くち）
熟語：哲学《テツガク》　先哲《センテツ》
1 あきらか。道理にあかるい。
2 さとい。かしこい。

㉑大学で**テツガク**を専攻する。
世界や人生の根本原理を究明するがくもん。

㉒**センテツ**の教えを学ぶ。
昔のすぐれた思想家。

既（10画）
音読み：キ
訓読み：すで(に)
部首：旡（なし）
熟語：既製《キセイ》　皆既《カイキ》
1 すでに。もはや。
2 つくす。つきる。

㉓**キセイ**の洋服を買う。
完成品として作られてあるもの。

㉔**カイキ**日食を観測する。
日食や月食で太陽や月の全面が隠れる時間。

脅（10画）
音読み：キョウ
訓読み：おびや(かす)　おど(す・かす)
部首：肉（にく）
熟語：脅威《キョウイ》　脅迫《キョウハク》
1 おびやかす。おどす。

㉕核兵器の**キョウイ**が高まる。
強い力でおそれさせること。

㉖**キョウハク**電話がかかる。
相手をおどしつけること。

衰（10画）
音読み：スイ
訓読み：おとろ(える)
部首：衣（ころも）
熟語：衰退《スイタイ》　衰弱《スイジャク》
1 おとろえる。勢いがなくなる。

㉗国内の産業が**スイタイ**する。
おとろえて勢いがなくなること。

㉘病気で**スイジャク**する。
おとろえてよわくなること。

辱（10画）
音読み：ジョク
訓読み：はずかし(める)
部首：辰（しんのたつ）
熟語：屈辱《クツジョク》　雪辱《セツジョク》
1 はずかしめる。はじる。

㉙じっと**クツジョク**に耐える。
はずかしめられて面目を失うこと。

㉚前回の**セツジョク**を果たす。
前に負けた相手に勝つこと。

偶（11画）
音読み：グウ
部首：亻（にんべん）
熟語：偶然《グウゼン》　配偶者《ハイグウシャ》
1 たまたま。思いがけなく。
2 対になる。二で割り切れる数。

㉛駅で友人に**グウゼン**会った。
思いがけなく。

㉜**ハイグウ**者が相続する財産。
夫婦の一方から見た他方。

同音異義語

⑪彼とは**キチ**の間柄だ。［　］

⑫**キチ**に富んだ意見。［　］

対義語

⑬節約 ↕ □費

⑭奇数 ↕ □数

類義語

⑮野暮 ＝ 無□

漢字の豆知識

既製と既成の違いは？

「既にできているもの」について「きせい」という言葉を使うが、「既製・既成」の漢字の使い分けができているかな。「製」は、品物をこしらえるという意味で、「既製品・既製服」などと使う。一方「成」は、物事を成し遂げるという意味で、「既成事実・既成概念」などと使う。書き間違えないように覚えておこう。

漢字力強化 解答　❶埋める　❷悟る　❸紛らわしい　❹脅す　❺衰える　❻辱める　❼もんじゅ　❽こと　❾こうげ

3級　第32回　ランクA

惜（11画）

セキ／お(しい・しむ)　おしい／おしむ　いとおしむ　おしい／りっしんべん

① 接戦の末セキハイした。
わずかな差で負けること。

筆順：丶丷忄忄忄忄忄惜惜惜惜

愛惜（アイセキ）／惜敗（セキハイ）

惜

掲（11画）

ケイ／かか(げる)／てへん

② 父のアイセキする万年筆。
とても大切にすること。

③ 試験の日程をケイジする。
かかげしめすこと。

④ 雑誌に小説をケイサイする。
新聞などにのせること。

筆順：一扌扌扌护护捍捍揭揭掲

掲示（ケイジ）／掲載（ケイサイ）

掲

措（11画）

ソ／てへん

⑤ 万全な財政ソチを講ずる。
うまくとりはからうこと。

⑥ 優雅なキョソに見とれる。
立ち居ふるまい。

筆順：一十十扌扌拝拝拝措措措

挙措（キョソ）／措置（ソチ）

措

掃（11画）

ソウ／は(く)／てへん

⑦ ビルをセイソウする仕事。
きれいにそうじすること。

⑧ 周囲の不安をイッソウする。
すっかりとりのぞくこと。

筆順：一十十扌扫扫扫掃掃掃掃

清掃（セイソウ）／一掃（イッソウ）

掃

排（11画）

ハイ／てへん

１ おしのける。しりぞける。しりぞける。

⑨ 邪魔者をハイジョする。
取りのぞくこと。

⑩ ハイタ的な雰囲気がある。
仲間以外をしりぞけること。

筆順：一扌扌扌扫排排排排排

排除（ハイジョ）／排他的（ハイタテキ）

排

猟（11画）

リョウ／けものへん

１ 鳥獣をかる。かり。

２ あさる。さがしもとめる。

⑪ リョウシが鹿を狙う。
かりゅうど。

⑫ リョウキ的な犯罪が起きた。
異様なものをあさりもとめるさま。

筆順：丿丬犭犭犷猟猟猟猟猟猟

猟師（リョウシ）／猟奇的（リョウキテキ）

猟

陳（11画）

チン／こざとへん

１ ならべる。つらねる。

２ のべる。告げる。

⑬ 商品を棚にチンレツする。
人に見せるためにならべること。

⑭ 国にチンジョウする方針だ。
ありさまを説明して善処を要請すること。

筆順：フ阝阝阝阽阽陳陳陳陳陳

陳列（チンレツ）／陳情（チンジョウ）

陳

陶（11画）

トウ／こざとへん

１ やきもの。せともの。

２ たのしむ。うっとりする。

⑮ トウキを集めるのが好きだ。
やきもの。せともの。

⑯ 名演奏にトウスイする。
うっとりすること。

筆順：フ阝阝阝阦陶陶陶陶陶

陶器（トウキ）／陶酔（トウスイ）

陶

漢字力強化

送りがなを含む書き取り

❶ 彼の死をおしむ。〔　〕

❷ 旗をかかげる。〔　〕

❸ 落ち葉をはく。〔　〕

❹ バスによう。〔　〕

音読みと訓読み

❺ 繊細な彫金細工。〔　〕

❻ 木彫りの熊の置物。〔　〕

類似字

❼ 哀セキの念に堪えない。〔　〕

❽ ソ辞を練る。〔　〕

❾ セキ日の面影がない。〔　〕

検印

⓭輩出　⓮虜　⓯口

5級
4級
3級
準2級
2級
付録

11画

隆

リュウ

部首：阝（こざとへん）

筆順：⁊ 了 阝 阝' 阝ク 阝夂 陊 陊 降 降 隆

隆起《リュウキ》　隆盛《リュウセイ》

隆

1 もりあがってたかい。

⑰地面の**リュウキ**を確認する。
たかくもりあがること。

2 さかんにする。さかえる。

⑱茶道が**リュウセイ**を極めた。
おおいにさかえること。

11画

粗

ソ
あら(い)

部首：米（こめへん）

筆順：丶 丷 䒑 半 米 米 粁 粕 粗 粗 粗

粗末《ソマツ》　粗品《ソしな》

粗

1 あらい。おおざっぱな。

⑲食べ物を**ソマツ**にするな。
大切に扱わないこと。

2 物を差し出すときに謙遜を表す語。

⑳出席者に**ソシナ**を進呈する。
人に贈る物をへりくだっていう語。

11画

酔

スイ
よ(う)

部首：酉（とりへん）

筆順：一 厂 冂 西 西 酉 酉 酌 酔 酔 酔

酔態《スイタイ》　心酔《シンスイ》

酔

1 酒や乗り物によう。

㉑とんだ**スイタイ**をさらす。
酒によった姿や様子。

2 こころを奪われる。熱中する。

㉒太宰《だざい》治《おさむ》に**シンスイ**する。
夢中になること。

11画

彫

チョウ
ほ(る)

部首：彡（さんづくり）

筆順：丿 冂 月 冃 用 周 周 周 周 彫 彫

彫刻《チョウコク》　彫像《チョウゾウ》

彫

1 ほる。きざむ。

㉓大理石に**チョウコク**する。
ほって立体的な形を作ること。

㉔氷の**チョウゾウ**を見る。
ほりきざんで作ったぞう。

11画

郭

カク

部首：阝（おおざと）

筆順：丶 亠 亠 亡 吉 亨 享 享 享 郭 郭

輪郭《リンカク》　城郭《ジョウカク》

郭

1 かこい。囲まれた場所。

㉕**リンカク**がぼやけた写真。
周囲を形づくっている線。

㉖戦国時代の**ジョウカク**の跡。
しろの周囲に設けたかこい。

11画

虚

キョ｜コ

部首：虍（とらがしら）

筆順：丨 ⺊ 卜 广 卢 虍 虎 虎 虚 虚 虚

虚空《コクウ》　虚弱《キョジャク》

虚

1 中身がない。邪心がない。うそ。

㉗**コクウ**を見つめる。
何もないくうかん。

2 よわい。よわる。

㉘**キョジャク**体質を改善する。
体がひよわで病気がちなこと。

11画

勘

カン

部首：力（ちから）

筆順：一 十 卄 廿 甘 甘 其 其 甚 勘 勘

勘定《カンジョウ》　勘当《カンドウ》

勘

1 かんがえる。調べる。

㉙人数を**カンジョウ**する。
数量を数えること。

2 罪をただす。

㉚息子を**カンドウ**する。
親が子との縁を切ること。

11画

啓

ケイ

部首：口（くち）

筆順：一 ㇇ 彐 戸 戸 戸 所 攺 啓 啓 啓

啓発《ケイハツ》　拝啓《ハイケイ》

啓

1 ひらく。教え導く。

㉛彼の講演に**ケイハツ**された。
より高い知識を与え導くこと。

2 もうす。「言う」の謙譲語。

㉜「**ハイケイ**」で書き始める。
手紙の初めに書く挨拶の語。

異字同訓

❿彼の仕事は**あら**い。〔　　〕

⓫金遣いが**あら**い。〔　　〕

同音異義語

⓬ガスを**ハイシュツ**する。〔　　〕

⓭人材を**ハイシュツ**する。〔　　〕

部首

⓮虚 □

⓯啓 □

漢字の豆知識

愛惜と哀惜の違いは?

「愛惜」の意味は、①大切にし、手放すことを惜しむこと。②過ぎ去ったことなどを名残惜しく思うこと。一方「哀惜」の意味は、人の死を悲しみ惜しむこと。「愛惜」は物などについて用い、「哀惜」は人の死について用いるよ。

漢字力強化 解答　❶惜しむ　❷掲げる　❸掃く　❹酔う　❺ちょうきん　❻きぼ　❼惜　❽措　❾昔　❿粗　⓫荒　⓬排出

崩（11画）
ホウ　くず(れる・す)
部首：山（やま）
崩壊《ホウカイ》　崩落《ホウラク》

1 くずれる。くずす。
①武家社会が**ホウカイ**する。（こわれてしまうこと。）
②トンネルの**ホウラク**事故。（くずれおちること。）

貫（11画）
カン　つらぬ(く)
部首：貝（かい）
貫通《カンツウ》　突貫《トッカン》

1 つらぬく。やりとおす。
③トンネルが**カンツウ**する。（つらぬいてとおること。）
④**トッカン**工事で橋を架ける。（短期間で一気に仕上げること。）

赦（11画）
シャ
部首：赤（あか）
容赦《ヨウシャ》　赦免《シャメン》

1 罪や過ちをゆるす。
⑤子供にも情け**ヨウシャ**ない。（手加減すること。）
⑥政治犯が**シャメン**される。（罪や過ちをゆるすこと。）

喚（12画）
カン
部首：口（くちへん）
喚起《カンキ》　喚呼《カンコ》

1 よぶ。よびよせる。
⑦聞き手に注意を**カンキ**する。（よびおこすこと。）
2 さけぶ。わめく。
⑧人々の**カンコ**する声。（大声でさけぶこと。）

喫（12画）
キツ
部首：口（くちへん）
喫茶店《キッサテン》　喫緊《キッキン》

1 食べる。のむ。すう。
⑨**キッサ**店で待ち合わせる。（飲み物や軽食を出す店。）
2 こうむる。身に受ける。
⑩高齢化は**キッキン**の課題だ。（差し迫って大事なこと。）

換（12画）
カン　か(える・わる)
部首：扌（てへん）
転換《テンカン》　換気《カンキ》

1 かえる。かわる。
⑪巧みに話題を**テンカン**する。（別のものにかえること。）
⑫窓を開けて**カンキ**をする。（くうきを入れかえること。）

揚（12画）
ヨウ　あ(げる・がる)
部首：扌（てへん）
掲揚《ケイヨウ》　抑揚《ヨクヨウ》

1 あげる。空中にたかくあげる。
⑬校旗を**ケイヨウ**する。（たかくかかげること。）
2 精神や気分がたかまる。
⑭**ヨクヨウ**をつけた話し方。（調子を上げ下げすること。）

硬（12画）
コウ　かた(い)
部首：石（いしへん）
硬直《コウチョク》　強硬《キョウコウ》

1 かたい。かたいもの。
⑮身体が**コウチョク**する。（かたくなって動かなくなること。）
2 つよい。手ごわい。
⑯**キョウコウ**路線を貫く。（つよく主張して屈しないこと。）

漢字力強化

送りがなを含む書き取り

❶ 天気が**くずれる**。〔　　〕
❷ 意志を**つらぬく**。〔　　〕
❸ 電車を乗り**かえる**。〔　　〕
❹ 天ぷらを**あげる**。〔　　〕
❺ 表情が**かたい**。〔　　〕
❻ パンが**こげる**。〔　　〕
❼ 進歩を**とげる**。〔　　〕
❽ 参加者を**つのる**。〔　　〕

音読みと訓読み

❾ **焦土**と化す。〔　　〕
❿ **焦り**は禁物だ。〔　　〕

検印

⑪一貫　⑫一環　⑬交換　⑭交歓　⑮超　⑯越

敢 12画 カン
1 あえて。思い切ってする。
父（のぶん）
一丁丆丆百百百百敢敢
果敢（カカン）勇敢（ユウカン）

⑰格上の相手にカカンに挑む。
思い切ってするさま。

⑱敵とユウカンに戦う。
恐れず積極的にすること。

焦 12画 ショウ・こげる・こがす・あせる・あせ（る）
1 こげる。こがす。
⺣（れんが）
ノイイ化什件焦焦焦焦
焦点（ショウテン）焦燥（ショウソウ）
2 あせる。いらいらする。

⑲話のショウテンを絞り込む。
関心や注意が集まるところ。

⑳ショウソウに駆られる。
いらだちあせること。

遇 12画 グウ
1 あう。思いがけないであう。
⻌（しんにょう）
⼝日日日禺禺禺遇遇
奇遇（キグウ）待遇（タイグウ）
2 もてなす。あつかう。

㉑ここで会うとはキグウだね。
思いがけないであうこと。

㉒タイグウを改善する。
勤める人のとりあつかい。

遂 12画 スイ・とげ（る）
1 なしとげる。やりとげる。
⻌（しんにょう）
⺍ソ丷丷关豕豕遂遂
遂行（スイコウ）完遂（カンスイ）

㉓無事に任務をスイコウする。
仕事をやりとげること。

㉔難事業をカンスイする。
最後までやりとおすこと。

超 12画 チョウ・こ（える）・こ（す）
1 こえる。限度をこす。
走（そうにょう）
一十十キキキ走走超超超超
超越（チョウエツ）超然（チョウゼン）
2 かけはなれている。ぬきんでている。

㉕時代をチョウエツした作品。
ある枠をはるかにこえること。

㉖チョウゼンとした態度。
俗世間からはなれている。

募 12画 ボ・つの（る）
1 つのる。広く求める。
力（ちから）
一十十甘甘甘苜莫莫募募
募集（ボシュウ）応募（オウボ）

㉗意見をボシュウする。
広く呼びかけてあつめること。

㉘懸賞にオウボする。
申し込むこと。

掌 12画 ショウ
1 てのひら。たなごころ。
手（て）
⺍⺍⺍⺍⺍⺍⺍掌掌掌掌掌
掌中（ショウチュウ）車掌（シャショウ）
2 つかさどる。うけもつ。

㉙力をショウチュウに収める。
自分の物にする。

㉚新幹線のシャショウになる。
公共交通機関の乗務員。

蛮 12画 バン
1 荒々しい。乱暴な。
虫（むし）
一十ナ方亦亦亦弯弯蛮蛮
野蛮（ヤバン）蛮勇（バンユウ）

㉛非倫理的でヤバンな行為。
無教養で荒っぽいさま。

㉜改革にバンユウを振るう。
向こう見ずでいさましい意気。

同音異義語
⑪イッカンした態度。
⑫課外活動のイッカン。
⑬電球をコウカンする。
⑭コウカン会を開く。

異字同訓
⑮限度をこえる。
⑯国境をこえる。

漢字の豆知識
超えると越えるの違いは？
「超える」は、一定の範囲や基準を上回るという意味で、「百万円を超える金額。」などと用いる。一方「越える」は、場所や時間を過ぎて向こうへ行くという意味で、「峠を越える。」などと用いるよ。
越える　超える

雇（12画）

コ／やと(う)　部首：隹（ふるとり）
雇用《コヨウ》　解雇《カイコ》

1 やとう。賃金を払って人を使う。

①さまざまなコヨウ形態。（人をやとうこと。）

②従業員をカイコする。（くびにすること。）

債（13画）

サイ　部首：亻（にんべん）
負債《フサイ》　債権《サイケン》

1 借りがあること。

③多額のフサイを抱える。（借金。）

2 貸した金銭などを取りたてること。

④不良サイケンの処理を行う。（借金の返済を請求できるけんり。）

催（13画）

サイ／もよお(す)　部首：亻（にんべん）
開催《カイサイ》　催促《サイソク》

1 もよおす。会合や行事などを行う。

⑤文化祭をカイサイする。（ひらき行うこと。）

2 うながす。せきたてる。

⑥手紙の返事をサイソクする。（せかすこと。）

塊（13画）

カイ／かたまり　部首：土（つちへん）
団塊《ダンカイ》　金塊《キンカイ》

1 土のかたまり。かたまり。

⑦ダンカイの世代と呼ばれる。（かたまり。）

⑧キンカイが発見される。（きんのかたまり。）

嫁（13画）

カ／よめ／とつ(ぐ)　部首：女（おんなへん）
花嫁《はなよめ》　転嫁《テンカ》

1 とつぐ。よめにいく。よめ。

⑨美しいハナヨメ。（結婚したばかりの女性。）

2 罪や責任をなすりつける。

⑩部下に責任をテンカする。（なすりつけること。）

慨（13画）

ガイ　部首：忄（りっしんべん）
感慨《カンガイ》　慨嘆《ガイタン》

1 なげく。いきどおる。

⑪念願かなってカンガイ深い。（しみじみと思うこと。）

⑫現代の風潮をガイタンする。（なげきいきどおること。）

携（13画）

ケイ／たずさ(える・わる)　部首：扌（てへん）
携帯《ケイタイ》　連携《レンケイ》

1 身につける。手にさげて持つ。

⑬雨具をケイタイする。（持ち歩くこと。）

2 手をつなぐ。関係する。

⑭両党がレンケイを密にする。（互いに協力して物事をすること。）

搾（13画）

サク／しぼ(る)　部首：扌（てへん）
搾取《サクシュ》　圧搾《アッサク》

1 しぼる。しめつける。

⑮利益をサクシュする。（しぼりとること。）

⑯種子をアッサクする。（強くおしつけてしぼること。）

漢字力強化　送りがなを含む書き取り

❶外国人講師をやとう。〔　〕

❷送別会をもよおす。〔　〕

❸娘がとつぐ。〔　〕

❹営業にたずさわる。〔　〕

❺牛の乳をしぼる。〔　〕

❻なめらかな動き。〔　〕

❼流れがとどこおる。〔　〕

❽芸が身をほろぼす。〔　〕

❾二人の仲をへだてる。〔　〕

❿練習が単調であきる。〔　〕

検印

⓫ひょうかい　⓬かたまり　⓭債　⓮責　⓯積　⓰績

5級 4級 **3級** 準2級 2級 付録

摂 13画
セツ／まて（てへん）
一 十 扌 扩 扩 护 护 押 摂 摂
摂取（セッシュ）／摂政（セッショウ）

⑰ 栄養を**セッシュ**する。
とり入れること。
1 とる。とり入れる。
⑱ 天皇を補佐する**セッショウ**。
君主の代わりにせいじを執り行うこと。
2 かねる。代わって行う。
とり代えること。

滑 13画
カツ・コツ／すべ（る）・なめ（らか）（さんずい）
氵 氵 汀 汩 沪 沪 滑 滑
滑走（カッソウ）／円滑（エンカツ）

⑲ 斜面を**カッソウ**する。
すべって進むこと。
1 すべる。
⑳ 会議を**エンカツ**に進める。
すらすらと運ぶこと。
2 なめらか。
すらすらすすむさま。

滞 13画
タイ／とどこお（る）（さんずい）
氵 氵 汁 汫 滞 滞 滞 滞
停滞（テイタイ）／滞在（タイザイ）

㉑ 業務が**テイタイ**する。
順調にすすまないこと。はかどらない。
1 とどこおる。はかどらない。
㉒ 海外に一週間**タイザイ**する。
ある期間とどまること。
2 ある場所にとどまる。

滅 13画
メツ／ほろ（びる・ぼ）・ほろ（ぶ・ぼす）（さんずい）
氵 氵 汀 沪 沪 滅 滅 滅
消滅（ショウメツ）／点滅（テンメツ）

㉓ 権利が**ショウメツ**する。
きえてなくなること。
1 ほろびる。ほろぼす。
㉔ 豆電球が**テンメツ**する。
ついたりきえたりすること。
2 きえる。火や明かりがきえる。
きえてなくなる。

隔 13画
カク／へだ（てる・た）・へだ（たる）（こざとへん）
阝 阝 阡 阴 阴 阴 隔 隔 隔
間隔（カンカク）／隔月（カクゲツ）

㉕ 五分**カンカク**で運転する。
じかんのへだたり。
1 へだてる。へだてる。
㉖ **カクゲツ**発行の雑誌。
ひとつきおき。
2 一つおいて次の。

稚 13画
チ／おさない・わかい（のぎへん）
禾 禾 和 利 利 稈 稚 稚 稚
幼稚（ヨウチ）／稚魚（チギョ）

㉗ **ヨウチ**な考えにあきれる。
未熟なさま。
1 おさない。わかい。
㉘ **チギョ**を川に放流する。
卵からかえって間もないさかな。
2 未熟なさま。

該 13画
ガイ（ごんべん）
言 言 計 計 訪 該 該 該
該博（ガイハク）／該当（ガイトウ）

㉙ **ガイハク**な知識の持ち主。
学識などが非常に広いさま。
1 全体に広く行き渡ってそなわる。
㉚ 全項目に**ガイトウ**する。
あてはまること。
2 あたる。あてはまる。

飽 13画
ホウ／あ（きる・かす）（しょくへん）
食 食 食 飠 飣 飰 飽 飽
飽食（ホウショク）／飽和（ホウワ）

㉛ **ホウショク**の時代に生きる。
暮らしに不自由のないことのたとえ。
1 腹いっぱいたべる。満たされる。
㉜ 人口が**ホウワ**状態にある。
限界まで満ちていること。

音読みと訓読み
⓫ 巨大な氷塊が現れる。〔　〕
⓬ 牛肉の塊を買う。〔　〕

類似字
⓭ サイ務を整理する。〔　〕
⓮ 重セキを担う。〔　〕
⓯ 面セキが広い。〔　〕
⓰ 成セキが上がる。〔　〕

漢字の豆知識
搾ると絞るの違いは？

「搾る」は、押したり縮めたりして水分を取るという意味。一方「絞る」は、両端を持ってねじって水分を取るという意味。では、次の「しぼる」はどっち？

① 雑巾をしぼる。
② レモンをしぼる。
③ 知恵をしぼる。
④ 年貢をしぼり取る。

答え ①絞 ②搾 ③絞 ④搾

漢字力強化 解答 ❶雇う ❷催す ❸嫁ぐ ❹携わる ❺搾る ❻滑らか ❼滞る ❽滅ぼす ❾隔てる ❿飽きる

廉（13画）
レン ／ 广（まだれ）
清廉潔白《セイレンケッパク》　廉売《レンバイ》

1 いさぎよい。きよい。
①**セイレン**潔白な政治家。　心がきよらかで後ろ暗いところのないこと。
2 やすい。値段がやすい。
②夏物を**レンバイ**する。　やすうり。

愚（13画）
グ　おろ(か) ／ 心（こころ）
愚劣《グレツ》　愚見《グケン》

1 おろか。つまらない。
③**グレツ**な行為は慎むべきだ。　おろかでおとっていること。
2 自分のことをへりくだっていう語。
④**グケン**を申し述べます。　自分のいけんをへりくだっていう語。

棄（13画）
キ ／ 木（き）
放棄《ホウキ》　破棄《ハキ》

1 すてる。ほうりだす。
⑤遺産の相続を**ホウキ**する。　権利をすてること。
⑥契約を突然**ハキ**された。　一方的に取り消すこと。

憎（14画）
ゾウ　にく(む・い・らしい・しみ) ／ 忄（りっしんべん）
憎悪《ゾウオ》　愛憎《アイゾウ》

1 にくむ。にくしみ。
⑦あらゆる戦争を**ゾウオ**する。　にくみ嫌うこと。
⑧**アイゾウ**相半ばする感情。　あいすることと、にくむこと。

漂（14画）
ヒョウ　ただよ(う) ／ 氵（さんずい）
漂泊《ヒョウハク》　漂白《ヒョウハク》

1 ただよう。さまよう。
⑨諸国を**ヒョウハク**する歌人。　さすらうこと。
2 さらす。水や薬品でしろくする。
⑩ふきんを**ヒョウハク**する。　しろくすること。

概（14画）
ガイ ／ 木（きへん）
概念《ガイネン》　気概《キガイ》

1 おおむね。だいたい。
⑪時間の**ガイネン**が生まれる。　ある事物を一般化した意味内容。
2 ようす。心もち。
⑫次世代を担う**キガイ**を持て。　強い意志。

誘（14画）
ユウ　さそ(う) ／ 言（ごんべん）
誘惑《ユウワク》　誘因《ユウイン》

1 さそう。おびきだす。
⑬**ユウワク**に勝てない。　さそって心をまどわすこと。
2 引きおこす。
⑭株価下落の**ユウイン**となる。　引きおこすげんいん。

遭（14画）
ソウ　あ(う) ／ 辶（しんにょう）
遭遇《ソウグウ》　遭難《ソウナン》

1 あう。であう。めぐりあう。
⑮事件現場に**ソウグウ**する。　思いがけずであうこと。
⑯雪山で**ソウナン**する。　命を落とすような災いにあうこと。

漢字力強化

送りがなを含む書き取り
❶**おろか**な争い。〔　〕
❷言い方が**にくらしい**。〔　〕
❸波間を**ただよう**。〔　〕
❹食事に**さそう**。〔　〕
❺涙で目が**うるむ**。〔　〕
❻心に悪意が**ひそむ**。〔　〕
❼**ゆるやか**な坂道。〔　〕
❽使用許可を**こう**。〔　〕

音読みと訓読み
❾精**魂**こめて作る。〔　〕
❿死者の**魂**を慰める。〔　〕

検印

⓫遭　⓬合　⓭会　⓮撮　⓯採　⓰捕　⓱執

5級
4級
3級
準2級
2級
付録

魂 14画
コン
たましい
鬼 おに
鎮魂《チンコン》　魂胆《コンタン》
1 たましい。人の肉体に宿る精気。
⑰**チンコン**の祈りをささげる。
死者のたましいをなぐさめしずめること。
2 こころ。思い。精神。
⑱何か**コンタン**がありそうだ。
よくない意図。

嘱 15画
ショク
口 くちへん
委嘱《イショク》　嘱望《ショクボウ》
1 たのむ。いいつける。
⑲研究**イショク**を受ける。
たのんでまかせること。
2 つける。よせる。
⑳前途を**ショクボウ**される。
のぞみをかけること。

撮 15画
サツ
と(る)
扌 てへん
撮影《サツエイ》　特撮《トクサツ》
1 映画や写真をとる。
㉑旅先で記念**サツエイ**をする。
映画や写真をとること。
㉒迫力のある**トクサツ**映画。
普通と異なる機器や手法で映画をとること。

潤 15画
ジュン
うるお(う・す)
うる(む)
氵 さんずい
湿潤《シツジュン》　潤沢《ジュンタク》
1 うるおう。うるおす。
㉓温暖で**シツジュン**な気候。
しめり気のあるさま。
2 めぐみ。利益。
㉔資金が**ジュンタク**にある。
たくさんあるさま。

潜 15画
セン
ひそ(む)
もぐ(る)
氵 さんずい
潜水《センスイ》　潜在《センザイ》
1 もぐる。みずの中にもぐる。
㉕**センスイ**して魚を捕まえる。
みずの中にもぐること。
2 ひそむ。かくれる。
㉖**センザイ**能力を引き出す。
内にひそんでいること。

緩 15画
カン
ゆる(い・やか・む・める)
糸 いとへん
緩慢《カンマン》　緩和《カンワ》
1 ゆるい。ゆるやか。のろい。
㉗**カンマン**な動きが目につく。
動きがゆったりしてのろいこと。
2 ゆるむ。ゆるめる。
㉘店内の混雑を**カンワ**する。
程度をやわらげること。

請 15画
セイ　シン
こ(う)
う(ける)
言 ごんべん
要請《ヨウセイ》　下請《したう》け
1 こう。ねがう。
㉙選挙へ出馬を**ヨウセイ**する。
ねがいもとめること。
2 うける。ひきうける。
㉚大企業の**シタウ**けをする。
他人がうけた仕事をひきうけること。

諾 15画
ダク
言 ごんべん
応諾《オウダク》　承諾《ショウダク》
1 こたえる。はいとこたえる。
㉛先方の**オウダク**を得る。
人の頼みを聞き入れること。
2 同意する。引き受ける。
㉜彼の頼みを**ショウダク**する。
頼みを引き受けること。

異字同訓

⑪ひどい目に**あう**。〔　　〕
⑫約束の時間に間に**あう**。〔　　〕
⑬図書館で友達に**あう**。〔　　〕
⑭写真を**とる**。〔　　〕
⑮新入社員を**とる**。〔　　〕
⑯ネコがネズミを**とる**。〔　　〕
⑰返信の筆を**とる**。〔　　〕

漢字の豆知識

漢字の六書《りくしょ》④
転注《てんちゅう》文字

「憎悪」の「悪」は、元の「わるい」という意味を「にくむ」という意味に転用し、音も「オ」として使われるようになった字。このように、文字の意味が拡大されて別の新しい発展的な意味を表すような用字法を、転注というよ。

漢字力強化 解答　❶愚か　❷憎らしい　❸漂う　❹誘う　❺潤む　❻潜む　❼緩やか　❽請う　❾せいこん　❿たましい

3級 第36回 ランクA

餓（15画）

ガ
食 しょくへん
食 今 今 今 今 食 食 食 食 餅 餅 餓 餓

餓死〔ガシ〕
餓鬼〔ガキ〕

① 飢饉（ききん）で多くの人が**ガシ**した。
うえる。うえ。
うえじに。

② **ガキ**の目に水見えず。
熱望しすぎるとかえってみつからないたとえ。

審（15画）

シン
宀 うかんむり
宀 宀 宀 宀 宀 宇 宇 宇 宰 宰 宰 審 審 審

不審〔フシン〕
審議〔シンギ〕

③ 内容に**フシン**な点がある。
つまびらか。あきらか。
疑わしく思うこと。

④ 国会で法案を**シンギ**する。
くわしく調べてあきらかにする。
可否を検討すること。

遵（15画）

ジュン
辶 しんにょう
丷 丷 酋 酋 尊 尊 尊 尊 導 遵 遵

遵守〔ジュンシュ〕
遵法〔ジュンポウ〕

⑤ 交通法規を**ジュンシュ**する。
規則や道理にしたがう。
したがいまもること。

⑥ **ジュンポウ**精神が強い。
ほうりつをまもること。

魅（15画）

ミ
鬼 きにょう
鬼 鬼 鬼 鬼 魅 魅

魅力〔ミリョク〕
魅了〔ミリョウ〕

⑦ **ミリョク**のある話し方。
人の心をまどわし、ひきつける。
人の心をひきつけるちから。

⑧ 観客を**ミリョウ**する演技。
完全に心をひきつけること。

衝（15画）

ショウ
行 ぎょうがまえ
彳 彳 彳 彳 衔 衔 衔 種 種 衝

衝撃〔ショウゲキ〕
要衝〔ヨウショウ〕

⑨ 人々に**ショウゲキ**が走った。
つく。つきあたる。
ショック。

⑩ 交通の**ヨウショウ**を占める。
かなめ。大事なところ。
大事な場所。

慰（15画）

イ
なぐさ(める・む)
心 こころ
コ ヨ 尸 尸 尾 尉 尉 尉 尉 慰 慰

慰労〔イロウ〕
慰問〔イモン〕

⑪ 若手社員を**イロウ**する。
なぐさめる。いたわる。
なぐさめねぎらうこと。

⑫ 老人福祉施設を**イモン**する。
見舞ってなぐさめること。

憂（15画）

ユウ
うれ(える・い)
うい
心 こころ
一 一 一 一 百 百 百 宣 憂 憂 憂

憂慮〔ユウリョ〕
憂色〔ユウショク〕

⑬ 科学の現状を**ユウリョ**する。
思いなやむ。心配する。
思い煩うこと。

⑭ **ユウショク**が濃く現れる。
心配そうなかおいろ。

緊（15画）

キン
糸 いと
｜ ｜ 『 『 戸 臣 臤 臤 緊 緊 緊

緊張〔キンチョウ〕
緊急〔キンキュウ〕

⑮ 初舞台に**キンチョウ**する。
かたい。きつくしめる。
はりつめていること。

⑯ 事は**キンキュウ**を要する。
さしせまる。きびしい。
いそぎ必要のあること。

漢字力強化

送りがなを含む書き取り

① 仲間を**なぐさめる**。
② 将来を**うれえる**。
③ 後顧の**うれい**。
④ 期待が**ふくらむ**。
⑤ 腹が**ふくれる**。
⑥ **おだやか**な海。
⑦ 古新聞を**しばる**。
⑧ 悪事を**はかる**。

音読みと訓読み

⑨ 勝敗に一喜一**憂**する。
⑩ **物憂**い気分だ。

検印

⑪穏　⑫隠　⑬餓　⑭擁　⑮行　⑯心

㉔ 自縄ジバクに陥る。
自分の言動のために自由に振る舞えないこと。

㉓ 親のソクバクから逃れたい。
行動に制限を加えること。

縛 16画
1 しばる。自由を奪う。
バク／しば(る)
糸 いとへん
幺 糸 糸 糸 紀 紀 紳 縛 縛 縛
束縛（ソクバク）／自縄自縛（ジジョウジバク）
縛

㉒ 場をオンビンに収める。
事を荒立てずに取り扱うさま。

㉑ ヘイオンな毎日を取り戻す。
静かでおだやかなこと。

穏 16画
1 おだやか。やすらか。
オン／おだ(やか)
禾 のぎへん
科 科 稲 稲 稲 穏 穏
平穏（ヘイオン）／穏便（オンビン）
穏

⑳ 予算が年々ボウチョウする。
ふくれあがること。

⑲ ボウダイな資料を保存する。
非常に多いさま。

膨 16画
1 ふくらむ。はれる。
ボウ／ふく(らむ)・(れる)
月 にくづき
膨 膨 膨 膨 膨 膨 膨 膨 膨 膨
膨大（ボウダイ）／膨張（ボウチョウ）
膨

⑱ 候補者をヨウリツする。
ある位に就かせるため盛り立てること。

⑰ 熱いホウヨウを交わす。
だきしめること。

擁 16画
1 いだく。だく。
2 まもる。たすける。
ヨウ／扌 てへん
扌 扌 扌 扞 捽 捽 擁 擁 擁
抱擁（ホウヨウ）／擁立（ヨウリツ）
擁

㉜ 青少年をレンセイする。
心身や技芸をきたえ立派なものにすること。

㉛ レンキン術の知識を得る。
鉄や銅などからきんを作ろうとした技術。

錬 16画
1 金属をねりきたえる。
レン／金 かねへん
釘 釘 鉬 鉬 鍊 鍊 錬
錬金術（レンキンジュツ）／錬成（レンセイ）
錬

㉚ 目のサッカクを利用した絵。
思いちがい。

㉙ 感情が複雑にコウサクする。
入りまじること。

錯 16画
1 まじる。まざる。
2 誤る。まちがえる。
サク／金 かねへん
釘 鍇 鍇 鍇 錯 錯
交錯（コウサク）／錯覚（サッカク）
錯

㉘ ムホンを起こす。
そむいて挙兵すること。

㉗ ムボウな開発計画を見直す。
先のことを考えず行動すること。

謀 16画
1 くわだてる。考えをめぐらす。
ボウ・ム／はか(る)
言 ごんべん
謀 謀 謀 謀 謀
無謀（ムボウ）／謀反（ムホン）
謀

㉖ 議案を委員会にハカる。
意見を聞く。

㉕ 総理大臣のシモンを受ける。
有識者に意見を求めること。

諮 16画
1 上の人が下の者にたずねる。
シ／はか(る)
言 ごんべん
訓 訓 諮 諮 諮 諮
諮問（シモン）／諮る（はかる）
諮

漢字の豆知識 — 漢字の成り立ち

魅

「魅」は、「鬼（グロテスクな頭部を持つ人の形象）」＋「未（はっきりしない）」でできていて、はっきり見ることのできないものけという意味。さまざまな化け物のことを「魑魅魍魎」と言うね。「魅力的」「魅惑される」などは、目に見えない何かに、心を惑わされるという意味なんだね。

類似字
⑪ オン健な性格。
⑫ 証拠イン滅を図る。

対義語
⑬ 飽食 ⇔ 飢
⑭ 侵害 ⇔ 護

部首
⑮ 衝
⑯ 憂

篤

16画

トク

⺮ たけかんむり

篤志《トクシ》 危篤《キトク》

篤

1 人情にあつい。熱心である。

①**トクシ**の人の寄付を仰ぐ。
社会事業などに協力する気持ち。

2 病気が重い。

②一時**キトク**状態に陥った。
病気が重くて死にそうなこと。

凝

16画

ギョウ こ(る・らす)

冫 にすい

凝縮《ギョウシュク》 凝視《ギョウシ》

凝

1 こる。かたまる。

③思いを**ギョウシュク**した語。
一つにかたまってちぢまること。

2 こらす。意識を一つのことに注ぐ。

④遠くの一点を**ギョウシ**する。
じっと見つめること。

賢

16画

ケン かしこ(い)

貝 かい

賢明《ケンメイ》 賢察《ケンサツ》

賢

1 かしこい。まさる。

⑤中止は**ケンメイ**な判断だ。
かしこいさま。

2 相手のことがらに添える敬称。

⑥胸中をご**ケンサツ**ください。
おさっし。

擦

17画

サツ す(る・れる)

扌 てへん

擦過傷《サッカショウ》 塗擦《トサツ》

擦

1 する。すれる。

⑦転んで**サッカ**傷を負う。
すりきず。

⑧薬を患部に**トサツ**する。
ぬってすりこむこと。

聴

17画

チョウ き(く)

耳 みみへん

傾聴《ケイチョウ》 聴取《チョウシュ》

聴

1 きく。注意してきく。

⑨**ケイチョウ**に値する講演。
耳をかたむけて熱心にきくこと。

⑩意見を**チョウシュ**する。
ききとること。

鍛

17画

タン きた(える)

金 かねへん

鍛造《タンゾウ》 鍛練《タンレン》(錬)

鍛

1 金属を打ちたたいて上質にする。

⑪鉄を**タンゾウ**して形を作る。
金属を打って形をつくること。

2 技術や心身をきたえて強くする。

⑫日々**タンレン**を積む。
心身・技術を磨くこと。

濫

18画

ラン

氵 さんずい

濫用《ランヨウ》 氾濫《ハンラン》

濫

1 みだれる。みだりに。

⑬職権を**ランヨウ**する。
みだりにもちいること。

2 水があふれる。広がる。

⑭河川の**ハンラン**を防ぐ。
あふれ出ること。

礎

18画

ソ いしずえ

石 いしへん

基礎《キソ》 礎石《ソセキ》

礎

1 いしずえ。柱の下に置く土台。

⑮英会話を**キソ**からやり直す。
大もとの部分。

⑯近代日本の**ソセキ**を築く。
大もとをなす大事なもの。

漢字力強化

送りがなを含む書き取り

❶趣向を**こらす**。〔　〕

❷**かしこい**やり方。〔　〕

❸足腰を**きたえる**。〔　〕

❹ほころびを**つくろう**。〔　〕

❺目を**おおう**惨状。〔　〕

❻常識を**くつがえす**。〔　〕

❼身を**ひるがえす**。〔　〕

❽老人に席を**ゆずる**。〔　〕

音読みと訓読み

❾定**礎**板を設置する。〔　〕

❿寺院の**礎**だけ残る。〔　〕

検印

⓬刷 ⓭聴 ⓮聞 ⓯顧 ⓰省

糧　18画
リョウ　ロウ　かて
米（こめへん）
兵糧《ヒョウロウ》　食糧《ショクリョウ》

1 たべもの。旅行や行軍用のかて。
⑰ついに**ヒョウロウ**が尽きた。（陣中における軍隊のたべもの。）
⑱世界の**ショクリョウ**事情。（とくに米や麦。）

繕　18画
ゼン　つくろ（う）
糸（いとへん）
修繕《シュウゼン》　営繕《エイゼン》

1 つくろう。なおす。
⑲屋根の**シュウゼン**を頼む。（つくろいなおすこと。）
⑳校舎を**エイゼン**する。（建物を造ったりなおしたりすること。）

覆　18画
フク　おお（う）　くつがえ（す・る）
襾（おおいかんむり）
覆面《フクメン》　転覆《テンプク》

1 おおう。かぶせる。
㉑**フクメン**で顔を隠した強盗。（顔をおおい隠すための布。）
2 くつがえす。くつがえる。
㉒突風で小舟が**テンプク**した。（船などがひっくりかえること。）

翻　18画
ホン　ひるがえ（る・す）
羽（はね）
翻意《ホンイ》　翻訳《ホンヤク》

1 ひるがえる。ひるがえす。
㉓彼に**ホンイ**を促す。（決心をひるがえすこと。）
2 うつしかえる。うつしとる。
㉔英文を**ホンヤク**する。（他国の言語に直すこと。）

譲　20画
ジョウ　ゆず（る）
言（ごんべん）
譲歩《ジョウホ》　謙譲《ケンジョウ》

1 ゆずる。ゆずりあたえる。
㉕交渉で一切**ジョウホ**しない。（考えを曲げて他の意見に従うこと。）
2 へりくだる。
㉖**ケンジョウ**の美徳を備える。（へりくだりゆずること。）

鐘　20画
ショウ　かね
金（かねへん）
警鐘《ケイショウ》　半鐘《ハンショウ》

1 かね。つりがね。
㉗社会に**ケイショウ**を鳴らす。（危機的状況を予告する。）
㉘**ハンショウ**をたたき鳴らす。（小型のつりがね。）

顧　21画
コ　かえり（みる）
頁（おおがい）
回顧《カイコ》　顧客《コキャク》

1 かえりみる。ふりむいて見る。
㉙学生時代を**カイコ**する。（過去を思い起こすこと。）
2 思いめぐらす。心にかける。
㉚**コキャク**の満足度が高い。（よく利用してくれるきゃく。）

魔　21画
マ
鬼（おに）
悪魔《アクマ》　魔法《マホウ》

1 人の心を惑わす怪物。
㉛**アクマ**に取りつかれる。（人に災いをもたらすもの。）
2 不思議な術。あやしいわざ。
㉜**マホウ**使いが出てくる話。（人間わざとは思えない不思議な術。）

異字同訓

⓫マッチを**する**。〔　〕
⓬年賀状を**する**。〔　〕
⓭音楽を**きく**。〔　〕
⓮うわさを**きく**。〔　〕
⓯後方を**かえりみる**。〔　〕
⓰我が身を**かえりみる**。〔　〕

漢字の豆知識

冫（にすい）と氵（さんずい）

「氵（さんずい）」のもとは、水の流れる形だが、「冫（にすい）」のもとは何か知っているかな。答えは、氷の結晶の形「仌」だ。たしかに、「冬」は氷ができるほど寒く、「冷」たく、水が「凍」ると氷になるね。「凝」も、凍るという意味から、「こる・こらす・かたまる」などの意味で使われるようになったよ。

漢字力強化 解答　❶凝らす　❷賢い　❸鍛える　❹繕う　❺覆う　❻覆す　❼翻す　❽譲る　❾ていそ　❿いしずえ　⓫擦

漢字	画数	読み	部首	筆順	用例
孔	4画	コウ	子 こへん	了 孑 孔	気孔《キコウ》
乏	4画	ボウ とぼ(しい)	ノ の	一 丆 乏	貧乏《ビンボウ》
双	4画	ソウ ふた	又 また	フ ヌ 刄 双	双方《ソウホウ》
甲	5画	コウ カン	田 た	丨 冂 日 甲	甲骨文《コウコツブン》
帆	6画	ハン ほ	巾 はばへん	丨 冂 巾 帆	帆船《ハンセン》
刑	6画	ケイ	刂 りっとう	一 二 于 开 刑	刑事《ケイジ》

あな。すきま。
①葉のキコウを見る。
植物の表皮にある小さなあな。

とぼしい。足りない。
②ビンボウくじを引く。
最も損な役回り。

ふたつ。ふたつで対になるもの。
③ソウホウの意見を聞く。
あちらとこちら。

こうら。外側をおおうかたいから。
④コウコツ文が出現する。
中国古代の象形文字。

ふねのほ。ほかけぶね。
⑤ハンセンが入港する。
ほをかけたふね。

しおき。おきて。
⑥ケイジ責任を問われる。
犯罪者がとがめを負わなければならない責任。

漢字	画数	読み	部首	筆順	用例
吉	6画	キチ キツ	口 くち	一 十 士 吉	不吉《フキツ》
吏	6画	リ	口 くち	一 𠃍 戸 吏	官吏《カンリ》
伸	7画	シン の(びる・ばす・べる)	亻 にんべん	伸 ノ 亻 仆 伸	屈伸《クッシン》
坑	7画	コウ	土 つちへん	坑 一 十 土 圹 坑	坑内《コウナイ》
妨	7画	ボウ さまた(げる)	女 おんなへん	妨 く 女 妒 妨	妨害《ボウガイ》
邦	7画	ホウ	阝 おおざと	邦 一 二 三 丰 邦	本邦《ホンポウ》

よい。めでたい。
⑦フキツな予感がする。
縁起のよくないさま。

つかさ。役人。
⑧カンリとは役人のことだ。
「国家公務員」の旧称。

のびる。のばす。
⑨膝のクッシン運動を行う。
曲げたりのばしたりすること。

あな。地中にほったあな。
⑩コウナイで石炭を採る。
採掘のためにほったあなのうちがわ。

さまたげる。じゃまをする。
⑪営業ボウガイで訴える。
じゃまをすること。

くに。領土。
⑫ホンポウ初公開の絵画。
わが国。

漢字力強化

送りがなを含む書き取り

❶経験が**とぼしい**。〔　〕
❷進行を**さまたげる**。〔　〕
❸**かんばしい**香り。〔　〕
❹弟の頭を**なぐる**。〔　〕

音読みと訓読み

❺将来を**双肩**に担う。〔　〕
❻あの二人は**双子**だ。〔　〕
❼順風**満帆**の人生。〔　〕
❽**帆立貝**を料理する。〔　〕
❾**種苗**店で肥料を買う。〔　〕
❿**苗代**をうつ。〔　〕

検印

❾しゅびょう ❿なわしろ ⓫伸 ⓬延 ⓭吉 ⓮邦 ⓯口 ⓰戸

5級
4級
3級
準2級
2級
付録

7画 **芳**
ホウ / かんば(しい)
艹 くさかんむり
一 十 艹 艹 芏 芐 芳
芳香《ホウコウ》
かんばしい。
⑬バラの花が**ホウコウ**を放つ。
よいかおり。

7画 **尿**
ニョウ
尸 かばね
コ コ 尸 尸 屎 尿 尿
尿意《ニョウイ》
小便。
⑭**ニョウイ**を我慢する。
小便をしたいという感覚。

8画 **侍**
ジ / さむらい
亻 にんべん
ノ 亻 亻 仕 仕 侍 侍 侍
侍従《ジジュウ》
目上の人のそばに仕える。
⑮天皇の**ジジュウ**となる。
仕える人。

8画 **泌**
ヒツ / ヒ
氵 さんずい
丶 冫 氵 氵 汐 汊 泌 泌
分泌《ブンピツ(ブンピ)》
にじむ。しみる。
⑯胃液が**ブンピツ**する。
にじみ出ること。

8画 **炊**
スイ / た(く)
火 ひへん
丶 丷 火 火 火 炉 炊 炊
炊事《スイジ》
めしをたく。煮たきをする。
⑰**スイジ**洗濯は得意だ。
食べ物を煮たきすること。

8画 **炉**
ロ
火 ひへん
丶 丷 火 火 炉 炉 炉 炉
暖炉《ダンロ》
いろり。ひばち。
⑱**ダンロ**に火をつける。
火をたいて室内をあたためる装置。

8画 **祉**
シ
礻 しめすへん
丶 ラ ネ ネ 礻 礻 祉 祉
福祉《フクシ》
さいわい。神のめぐみ。
⑲公共の**フクシ**を増進する。
社会一般に共通するしあわせ。

8画 **殴**
オウ / なぐ(る)
殳 るまた
一 フ ヌ 区 区 区 殴 殴
殴打《オウダ》
なぐる。たたく。
⑳突然顔面を**オウダ**された。
ひどくなぐること。

8画 **苗**
ビョウ / なえ / なわ
艹 くさかんむり
一 十 艹 艹 艹 芇 苗 苗
苗木《なえぎ》
なえ。種子から生えたばかりの植物。
㉑桜の**ナエギ**を植える。
きのなえ。

8画 **房**
ボウ / ふさ
戸 とだれ
一 ヨ ヨ 戸 戸 戸 房 房
冷房《レイボウ》
へや。いえ。
㉒**レイボウ**が効いた部屋。
室内の温度を外気より低くすること。

8画 **岳**
ガク / たけ
山 やま
ノ イ 斤 斤 丘 乒 岳 岳
山岳《サンガク》
高大なやま。
㉓**サンガク**地帯を踏破する。
高く険しいやま。

8画 **欧**
オウ
欠 あくび
一 フ ヌ 区 区 区 欧 欧
西欧《セイオウ》
ヨーロッパの略。
㉔**セイオウ**諸国を訪ねる。
にしヨーロッパ。

異字同訓
⑪身長がのびる。〔　〕
⑫寿命がのびる。〔　〕

対義語
⑬凶日 ↔ □日
⑭洋楽 ↔ □楽

部首
⑮吏 □
⑯房 □

漢字の豆知識

甲骨文

漢字は中国で作られた表意文字で、その起源と言われる甲骨文（甲骨文字）は、紀元前一三〇〇年ごろ（今から約三三〇〇年前）の殷《いん》王朝で生まれた。これは、亀の甲や牛や馬の骨に刻み込まれた文字で、占いの記録を残したものとされているよ。

甲骨文
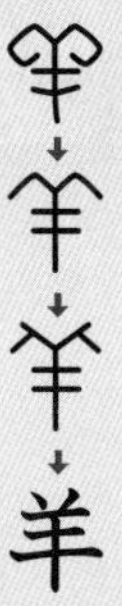
楷書

漢字力強化 解答　❶乏しい　❷妨げる　❸芳しい　❹殴る　❺そうけん　❻ふたご　❼まんぱん　❽ほたてがい

① 炎（8画）

エン／ほのお／火（ひ）
炎 炎炎
炎上（エンジョウ）
工場が**エンジョウ**する。
もえあがること。
ほのお。もえる。

② 峡（9画）

キョウ／山（やまへん）
峡 峡峡峡
海峡（カイキョウ）
明石**カイキョウ**大橋を渡る。
二つの陸地に挟まれた狭い水域。
たにあい。細長く狭まった所。

③ 弧（9画）

コ／弓（ゆみへん）
弧 弧弧弧
円弧（エンコ）
鳥が空に**エンコ**を描く。
えん周の一部分。
弓なりに曲がった線。

④ 牲（9画）

セイ／牛（うしへん）
牲 牲牲牲
犠牲（ギセイ）
多くの**ギセイ**を払う。
目的のために失うこと。
いけにえ。

⑤ 胎（9画）

タイ／月（にくづき）
胎 胎胎胎
胎児（タイジ）
タイジが順調に成長する。
母親のからだの中にある子。
みごもる。

⑥ 胞（9画）

ホウ／月（にくづき）
胞 胞胞胞胞
細胞（サイボウ）
サイボウ分裂が起こる。
生物体を組織する原形質。
生物体を組成する単位。

⑦ 冠（9画）

カン／かんむり／わかんむり
冠 冠冠冠
王冠（オウカン）
宝石をちりばめた**オウカン**。
おうの位を表すかんむり。
かんむり。頭にかぶるもの。

⑧ 虐（9画）

ギャク／しいた（げる）／とらがしら
虐 虐虐虐
虐待（ギャクタイ）
動物を**ギャクタイ**するな。
むごい扱いをすること。
しいたげる。いじめる。

⑨ 赴（9画）

フ／おもむ（く）／そうにょう
赴 赴赴赴
赴任（フニン）
父は単身**フニン**をしている。
命じられた所へ行くこと。
おもむく。出かけて行く。

⑩ 卸（9画）

おろ（す）／おろし／わりふ
卸 卸卸卸
卸値（おろしね）
商品を**オロシネ**で売る。
問屋が小売店に売るねだん。
おろす。

⑪ 封（9画）

フウ／ホウ／寸（すん）
封 封封
封鎖（フウサ）
高速道路を**フウサ**する。
出入りできないよう閉ざすこと。
ふうじる。

⑫ 帝（9画）

テイ／巾（はば）
帝 帝帝
帝王（テイオウ）
テイオウの座を譲る。
君主。みかど。天子。

漢字力強化

送りがなを含む書き取り／音読みと訓読み

❶ 弱者を**しいたげる**。
❷ 目的地へ**おもむく**。
❸ 市場に野菜を**おろす**。
❹ 前例に**ならう**。
❺ 水が**こおる**。
❻ 手足が**こごえる**。
❼ **気炎**を上げる。
❽ 家が**炎**に包まれる。
❾ **弱冠**十八歳で受賞。
❿ 李下（りか）に**冠**を整（ただ）さず。

❿かんむり ⓫弧 ⓬孤 ⓭畜 ⓮蓄 ⓯封

5級 4級 3級 準2級 2級 付録

某（9画）
ボウ
木（き）
一 十 卄 廿 甘 甘 苴 某 某
某所《ボウショ》

はっきりしないものや人を表す語。

⑬都内**ボウショ**に集まる。
あるところ。

倣（10画）
ホウ
なら(う)
亻（にんべん）
ノ イ 亻 仿 仿 仿 仿 倣 倣 倣
模倣《モホウ》

ならう。まねる。

⑭人の作品を**モホウ**する。
まねること。

娯（10画）
ゴ
女（おんなへん）
く 女 女 如 如 如 娯 娯 娯 娯
娯楽《ゴラク》

たのしむ。たのしみ。

⑮今月は**ゴラク**費がかさんだ。
余暇に心を慰め、たのしむこと。

姫（10画）
ひめ
女（おんなへん）
く 女 女 如 奵 奵 姫 姫 姫 姫
姫君《ひめぎみ》

ひめ。高貴な女性。

⑯美しい**ヒメギミ**がいる。
貴人の娘の敬称。

徐（10画）
ジョ
彳（ぎょうにんべん）
ノ ク 彳 彳 谷 谷 徐 徐 徐 徐
徐行《ジョコウ》

おもむろ。ゆるやか。

⑰構内は**ジョコウ**運転をする。
ゆっくりと進むこと。

悦（10画）
エツ
忄（りっしんべん）
丶 丶 忄 忄 忄 忄 忄 悦 悦 悦
悦楽《エツラク》

よろこぶ。うれしく思う。

⑱深い**エツラク**にひたる。
よろこびたのしむこと。

畔（10画）
ハン
田（たへん）
丨 口 田 田 田 田 田 田 田 畔
湖畔《コハン》

ほとり。水ぎわ。

⑲**コハン**の村に滞在する。
みずうみのほとり。

宴（10画）
エン
宀（うかんむり）
丶 丶 宀 宀 宀 宀 宴 宴 宴 宴
宴会《エンカイ》

うたげ。さかもり。

⑳**エンカイ**の幹事をする。
酒食を共にし楽しむ集まり。

凍（10画）
トウ
こお(る)
こご(える)
冫（にすい）
丶 冫 冫 汀 沪 沪 沪 凍 凍 凍
冷凍《レイトウ》

こおる。こごえる。

㉑**レイトウ**食品を買う。
こおらせること。

桑（10画）
ソウ
くわ
木（き）
フ ヌ 叉 叒 叒 叒 叒 桑 桑 桑
桑畑《くわばたけ》

くわ。

㉒**クワバタケ**が広がる風景。
くわのはたけ。

畜（10画）
チク
田（た）
丶 亠 ナ 玄 玄 玄 畜 畜 畜 畜
畜産《チクサン》

動物を飼育する。

㉓**チクサン**を営む農家。
動物を生活に利用するために飼うこと。

隻（10画）
セキ
隹（ふるとり）
ノ イ 亻 仁 仁 仁 隹 隹 隻 隻
片言隻語《ヘンゲンセキゴ》

片方。ひとつ。ほんのすこし。

㉔片言**セキゴ**も聞き逃さない。
ほんのすこしの言葉。

類似字

⑪括**コ**でくくる。〔　〕
⑫天涯**コ**独の身となる。〔　〕
⑬家**チク**の世話をする。〔　〕
⑭含**チク**のある話。〔　〕

対義語

⑮民主的 ↕ □建的

漢字の豆知識

弱冠と若干の違いは？

「弱冠」は、古代中国で二十歳の男性を「弱」と言い、元服の儀式として「冠」をかぶったことに由来する言葉で、二十歳の男性という意味がある。一方転じて、年齢が若いことという意味で広く使われる。「若干」は、「干」を「一」と「十」に分解して、一の若《ごと》く十の若しの意味から、あまり多くない数量を表す言葉だよ。使い分けできているかな。

漢字力強化 解答　❶虐げる　❷赴く　❸卸す　❹倣う　❺凍る　❻凍える　❼きえん　❽ほのお　❾じゃっかん

陪（11画）
バイ
阝（こざとへん）
フ 了 阝 阝' 阝亠 阝亣 阝立 阝咅 陪 陪
陪席《バイセキ》
つきそう。つきしたがう。
① **バイセキ**の栄に浴する。
目上の人と同じせきに居合わせること。

掛（11画）
か（ける・かる）　かかり
扌（てへん）
一 十 扌 扌 扌+ 扌圭 抖 挂 掛 掛
掛《か》ける
かける。かかる。
② 祖母に電話を**カ**ける。
他方へ向けて行うこと。
〔　〕ける　〔　〕ける

控（11画）
コウ　ひか（える）
扌（てへん）
一 十 扌 扌 扌' 扌宀 扌穴 扌空 控 控
控除《コウジョ》
ひかえる。さしひく。
③ 医療費を**コウジョ**する。
金額をさしひくこと。

陵（11画）
リョウ　みささぎ
阝（こざとへん）
フ 了 阝 阝一 阝十 阝土 陆 陆 陵 陵
丘陵《キュウリョウ》
おおきなおか。
④ **キュウリョウ**地帯に建つ家。
傾斜のなだらかな地形。

粘（11画）
ネン　ねば（る）
米（こめへん）
丶 丷 丷 半 米 米 料 粘 粘 粘
粘土《ネンド》
ねばる。ねばり気がある。
⑤ **ネンド**で動物を作る。
陶磁器の材料になるつち。

紺（11画）
コン
糸（いとへん）
く 幺 幺 糸 糸 糸 紅 紺 紺 紺 紺
濃紺《ノウコン》
こん色。紫がかったこい青色。
⑥ **ノウコン**の制服を着る。
こいこん色。

菊（11画）
キク
艹（くさかんむり）
一 十 艹 艹 芍 芍 芍 菊 菊 菊
白菊《しらギク》
きく。
⑦ 庭で**シラギク**を育てる。
しろい色のキク。

窒（11画）
チツ
⺳（あなかんむり）
丶 丶 宀 宀 穴 空 空 窒 窒 窒
窒息《チッソク》
ふさぐ。ふさがる。
⑧ 煙にまかれ**チッソク**する。
呼吸が止まること。

符（11画）
フ
⺮（たけかんむり）
ノ 𠂉 ⺮ ⺮ ⺮ ⺮ 竹 符 符 符
切符《きっプ》
わりふ。ふだ。
⑨ 新幹線の**キップ**を買う。
チケット。

逮（11画）
タイ
辶（しんにょう）
フ ヨ ヨ 尹 肀 隶 隶 隶 逮 逮
逮捕《タイホ》
追いかける。とらえる。
⑩ 現行犯で**タイホ**する。
つかまえること。

婆（11画）
バ
女（おんな）
丶 冫 氵 氵 汀 沪 波 波 婆 婆
老婆《ロウバ》
年おいた女性。
⑪ 劇で**ロウバ**の役をする。
年をとった女性。

袋（11画）
タイ　ふくろ
衣（ころも）
ノ イ 仁 代 代 代 岱 岱 袋 袋
風袋《フウタイ》
ふくろ。
⑫ **フウタイ**込みの重さを量る。
品物を入れている容器やふくろ。

漢字力強化

送りがなを含む書き取り

❶ 塩分を**ひかえる**。〔　〕
❷ よく**ねばる**餅。〔　〕
❸ 寝坊して**あわてる**。〔　〕
❹ 年末は**あわただしい**。〔　〕
❺ 自信が**ゆらぐ**。〔　〕
❻ 布団が**しめる**。〔　〕
❼ 首が**しまる**。〔　〕
❽ 闇から闇に**ほうむる**。〔　〕

音読みと訓読み

❾ **陵**墓を見学する。〔　〕
❿ 古代の天皇の**陵**。〔　〕

検印

❿みささぎ　⓫紋　⓬搾　⓭詠　⓮読　⓯⺳　⓰阝

左端：5級　4級　**3級**　準2級　2級　付録

---

⑬ ぶた。
ヨウトン場を見学する。
ブタを飼育すること。
【11画】豚　トン／ぶた
豕　ぶた
ノ月月月月肝肝肝肝豚
養豚ヨウトン

⑭ むこ。
ムスメムコと仲がよい。
娘の夫。
【12画】婿　セイ／むこ
女　おんなへん
婿
娘婿むすめむこ

⑮ あわてる。
世界的な大キョウコウ。
あわてる・うろたえる。
パニック。
【12画】慌　コウ／あわ(てる・ただしい)
忄　りっしんべん
恐慌キョウコウ

⑯ ゆれる。
内心のドウヨウを隠す。
ゆれる・ゆれうごく・ゆする・ゆさぶる・ゆすぶる
【12画】揺　ヨウ／ゆ(れる・る・らぐ・るぐ・さぶる・すぶる)
扌　てへん
動揺ドウヨウ

⑰ しめる。
今日はシツドが高い。
空気のしめり具合。
しめる・うるおす。
【12画】湿　シツ／しめ(る・す)
氵　さんずい
湿度シツド

⑱ いりえ。まがる。
背骨がワンキョクする。
弓なりにまがること。
【12画】湾　ワン
氵　さんずい
湾曲ワンキョク

---

⑲ したがう。思いのまま。
日々の思いをズイヒツに書く。
エッセイ。
【12画】随　ズイ
阝　こざとへん
随筆ズイヒツ

⑳ 碁・しょうぎ。
兄とショウギをさす。
交互に駒を動かす室内遊戯。
【12画】棋　キ
木　きへん
将棋ショウギ

㉑ しめる。しぼる。
コウサツ死体が発見された。
首をしめてころすこと。
【12画】絞　コウ／しぼ(る)しめ(る・まる)
糸　いとへん
絞殺コウサツ

㉒ 声に出して感動する。
エイタンの声を漏らす。
深く感動すること。
【12画】詠　エイ／よ(む)
言　ごんべん
詠嘆エイタン

㉓ まるい物の中心。物事の中心。
シャジクを流すような雨。
大雨の降るさま。
【12画】軸　ジク
車　くるまへん
車軸シャジク

㉔ ほうむる。
知人のソウギに参列する。
死者をほうむる行事。
【12画】葬　ソウ／ほうむ(る)
艹　くさかんむり
葬儀ソウギ

異字同訓
⑪ 音量をしぼる。
⑫ 菜種をしぼる。
⑬ 和歌をよむ。
⑭ 小説をよむ。

部首
⑮ 窒
⑯ 随

漢字の豆知識

車軸を流すような雨　言葉の意味

「車軸」とは、車輪と車輪をつないでいる心棒のこと。雨脚を車軸に見立て、大粒の雨が激しく降る様子を表す語だよ。日本には雨に関する言葉がたくさんあるけれど、次の熟語が読めるかな？

①五月雨　②梅雨　③時雨

【答え】①さみだれ　②つゆ・ばいう　③しぐれ

漢字力強化 解答　❶控える　❷粘る　❸慌てる　❹慌ただしい　❺揺らぐ　❻湿る　❼絞まる　❽葬る　❾りょうぼ

漢字	画数	読み	部首	用例
廊	12画	ロウ	广 まだれ	廊下《ロウカ》
痘	12画	トウ	疒 やまいだれ	水痘《スイトウ》
晶	12画	ショウ	日 ひ	結晶《ケッショウ》
欺	12画	ギ / あざむ(く)	欠 あくび	詐欺《サギ》
裂	12画	レツ / さ(く・ける)	衣 ころも	分裂《ブンレツ》
滝	13画	たき	氵 さんずい	滝口《たきぐち》

廊：建物に造られた通路。
①**ロウカ**は静かに歩こう。
室内の細長い通路。

痘：皮膚にできものの跡が残る感染症。
②幼い子が**スイトウ**にかかる。
みずぼうそう。

晶：鉱物のもつ規則的な一定の形。
③汗と涙の**ケッショウ**だ。
形をなしたもの。

欺：あざむく。だます。
④結婚**サギ**に遭ってしまった。
人をだましてお金をとること。

裂：さく。さける。ばらばらになる。
⑤細胞が**ブンレツ**する。
わかれること。

滝：たき。
⑥**タキグチ**からのぞき込む。
たきが落ち始める所。

漢字	画数	読み	部首	用例
楼	13画	ロウ	木 きへん	楼閣《ロウカク》
裸	13画	ラ / はだか	衤 ころもへん	裸婦《ラフ》
賊	13画	ゾク	貝 かいへん	盗賊《トウゾク》
零	13画	レイ	雨 あめかんむり	零落《レイラク》
塗	13画	ト / ぬ(る)	土 つち	塗装《トソウ》
慈	13画	ジ / いつく(しむ)	心 こころ	慈悲《ジヒ》

楼：高い建物。やぐら。
⑦君の案は砂上の**ロウカク**だ。
実現不可能なことのたとえ。

裸：はだか。むきだしの。
⑧**ラフ**の絵が飾ってある。
はだかの女性。

賊：ぬすびと。わるもの。
⑨山中で**トウゾク**に襲われる。
他人の物を奪う者。

零：おちる。おちぶれる。
⑩**レイラク**した資産家。
おちぶれること。

塗：ぬる。ぬりつける。
⑪外壁の**トソウ**を完了した。
とりょうをぬること。

慈：いつくしむ。かわいがる。
⑫**ジヒ**深い対応を受ける。
いつくしみあわれむ心。

漢字力強化

送りがなを含む書き取り

❶まんまと**あざむく**。〔　〕
❷人の顔に泥を**ぬる**。〔　〕
❸子供を**いつくしむ**。〔　〕
❹秘密を**もらす**。〔　〕
❺ふるさとを**したう**。〔　〕
❻金品を**うばう**。〔　〕

音読みと訓読み

❼政治家の**綱紀**粛正。〔　〕
❽**横綱**の土俵入り。〔　〕
❾麦の**出穂**の季節。〔　〕
❿筆の**穂先**を整える。〔　〕

検印

❿ほさき ⓫裂 ⓬割 ⓭締 ⓮絞 ⓯閉 ⓰零

5級 / 4級 / **3級** / 準2級 / 2級 / 付録

---

⑬ ロウデン箇所を調べる。
でんきがもれること。
漏 14画
ロウ／もる・もれる・もらす
さんずい
丶氵氵汅汧沪沪涓涓漏漏漏漏
漏電（ロウデン）
漏

⑭ 聞いて極楽見てジゴク。
ろうや。
話と実際が全く違うことのたとえ。
獄 14画
ゴク
けものへん
ノ丬犭犭犷犷猚猚猚獄獄
地獄（ジゴク）
獄

⑮ カクマクを移植する手術。
眼球の前面を覆うまく。
まく。うすい皮。
膜 14画
マク
にくづき
丿几月月肝肝胪胪腊膜膜膜膜
角膜（カクマク）
膜

⑯ 公園にセキヒが建つ。
文字などを刻んで建てたいし。
いし造りのひ。
碑 14画
ヒ
いしへん
一ナ石石矿矿砷砷砷碑碑
石碑（セキヒ）
碑

⑰ 計画のタイコウを示す。
基本となる事柄。
つな。おおもと。
綱 14画
コウ／つな
いとへん
ㄑㄠㄠ幺糸糸糸紀綱綱綱綱綱
大綱（タイコウ）
綱

⑱ コウソが消化を助ける。
生体内での化学反応の触媒となる物質。
酒のもと。
酵 14画
コウ
とりへん
一丆丙丙酉酉酉酵酵酵酵酵
酵素（コウソ）
酵

---

⑲ 亡き母をシボする。
したう。おもいをよせる。
おもいしたうこと。
慕 14画
ボ／した(う)
したごころ
一艹艹芦苧苜莫莫莫莫慕慕
思慕（シボ）
慕

⑳ 美しいスイボク画を描く。
すみ。すみでかいたもの。
すみの濃淡で表現する絵。
墨 14画
ボク／すみ
つち
丨口日甲里里黒黒黒墨墨
水墨画（スイボクガ）
墨

㉑ 金品をリャクダツする。
うばう。うばいとる。
暴力でうばいとること。
奪 14画
ダツ／うば(う)
だい
一ナ六夵夵夲夲奎奎奪奪
略奪（リャクダツ）
奪

㉒ コフンの発掘調査を行う。
土を盛って作るむかしの墓。
土を盛り上げた墓。
墳 15画
フン
つちへん
一十土圹圹圹圹坿坷埍墳墳墳
古墳（コフン）
墳

㉓ イナホが一面に実る。
イネのほ。
ほ。
穂 15画
スイ／ほ
のぎへん
一千禾禾禾矛稆稆稆穂穂穂
稲穂（いなほ）
穂

㉔ 平和条約をテイケツする。
取りむすぶこと。
しめる。むすぶ。
締 15画
テイ／し(まる・める)
いとへん
ㄑㄠㄠ幺糸糸紵締締締締締締
締結（テイケツ）
締

漢字の豆知識

綱と網　類似字

「綱（つな）」と「網（あみ）」は、字形だけでなく、意味合いもやや似ているけれど、きちんと書けるかな。「綱」の音読みは「コウ」で、同じ音読みを持つ「亡」が入っているほうだと覚えておけば、迷わないね。

綱は岡だよ

綱（つな）
網（あみ）

綱は岡
亡 モウ

異字同訓

⑪ 二人の仲をさく。　[　]
⑫ 警備に人手をさく。　[　]
⑬ ねじをしめる。　[　]
⑭ 自らの首をしめる。　[　]
⑮ とうとう店をしめる。　[　]

類義語

⑯ 微細 ＝ [　] 細

鋳（15画）
チュウ／い(る)　部首：釒（かねへん）
鋳造《チュウゾウ》
金属を溶かして型に流し込む。
①硬貨を**チュウゾウ**する。
金属を型に溶かし入れて器物をつくること。

駐（15画）
チュウ　部首：馬（うまへん）
駐車《チュウシャ》
とどまる。とどめる。
②ここは**チュウシャ**禁止だ。
くるまをとめること。

霊（15画）
レイ・リョウ／たま　部首：⻗（あめかんむり）
亡霊《ボウレイ》
たましい。
③**ボウレイ**が出るという部屋。
死者のたましい。

閲（15画）
エツ　部首：門（もんがまえ）
閲覧《エツラン》
しらべる。かぞえる。
④資料を**エツラン**する。
調べながら見ること。

墜（15画）
ツイ　部首：土（つち）
墜落《ツイラク》
おちる。おとす。
⑤飛行機が**ツイラク**した。
高い所からおちること。

暫（15画）
ザン　部首：日（ひ）
暫時《ザンジ》
しばらく。しばし。
⑥**ザンジ**お待ちください。
しばらくの間。

壇（16画）
ダン・タン　部首：土（つちへん）
花壇《カダン》
ほかより一段高くした台。
⑦**カダン**の手入れをする。
土を盛り上げて草ばなを植えた所。

嬢（16画）
ジョウ　部首：女（おんなへん）
令嬢《レイジョウ》
むすめ。おとめ。
⑧彼女は深窓の**レイジョウ**だ。
良家で大切に育てられた娘。

縫（16画）
ホウ／ぬ(う)　部首：糸（いとへん）
縫合《ホウゴウ》
ぬう。ぬいあわせる。
⑨傷口を**ホウゴウ**する。
切開のあとをぬいあわせること。

錠（16画）
ジョウ　部首：釒（かねへん）
施錠《セジョウ》
じょう。戸締まりに用いる金具。
⑩きちんと扉を**セジョウ**する。
鍵をかけること。

墾（16画）
コン　部首：土（つち）
開墾《カイコン》
荒れ地を切りひらく。
⑪荒れ地を**カイコン**する。
切りひらくこと。

憩（16画）
ケイ／いこ(い)・いこ(う)　部首：心（こころ）
休憩《キュウケイ》
いこう。くつろぐ。
⑫公園で**キュウケイ**する。
やすむこと。

漢字力強化

送りがなを含む書き取り

❶記念金貨を**いる**。〔　〕
❷エプロンを**ぬう**。〔　〕
❸**いこい**の時間。〔　〕
❹内乱が**しずまる**。〔　〕

音読みと訓読み

❺悪**霊**をはらう。〔　〕
❻**言霊**信仰が存在する。〔　〕
❼夜更かしの**習癖**。〔　〕
❽「大丈夫」が**口癖**だ。〔　〕
❾**鯨油**を採取する。〔　〕
❿**鯨**が潮を吹く。〔　〕

検印

5級 4級 3級 準2級 2級 付録

犠 17画
ギ
部首：牛（うしへん）
犠打《ギダ》
神前に供える動物。いけにえ。
⑬**ギダ**により一点をあげる。
野球のバントやフライ。

穫 18画
カク
部首：禾（のぎへん）
収穫《シュウカク》
穀物をかりとる。とりいれる。
⑭野菜を**シュウカク**する。
とりいれること。

鎮 18画
チン　しず(める・まる)
部首：金（かねへん）
鎮圧《チンアツ》
しずめる。しずまる。
⑮反乱軍を**チンアツ**する。
押さえつけること。

騎 18画
キ
部首：馬（うまへん）
騎手《キシュ》
馬に乗る。
⑯競馬の**キシュ**になりたい。
馬に乗る人。

藩 18画
ハン
部首：艹（くさかんむり）
藩主《ハンシュ》
はん。大名の領地。
⑰歴代**ハンシュ**が眠る墓所。
大名。

癖 18画
ヘキ　くせ
部首：疒（やまいだれ）
潔癖《ケッペキ》
くせ。かたよった習性。
⑱彼女は**ケッペキ**な人だ。
汚いことを極度に嫌うさま。

瀬 19画
せ
部首：氵（さんずい）
浅瀬《あさせ》
川や海のあさい所。流れのはやい所。
⑲川の**アサセ**を渡る。
水のあさい所。

髄 19画
ズイ
部首：骨（ほねへん）
骨髄《コツズイ》
ほねの中心のやわらかい部分。
⑳**コツズイ**を移植する。
ほねの内部にある組織。

鯨 19画
ゲイ　くじら
部首：魚（うおへん）
捕鯨《ホゲイ》
クジラ。
㉑**ホゲイ**を制限する。
クジラをつかまえること。

簿 19画
ボ
部首：⺮（たけかんむり）
名簿《メイボ》
帳面。
㉒連絡先を**メイボ**に載せる。
なまえなどを記した帳面。

鶏 19画
ケイ　にわとり
部首：鳥（とり）
鶏卵《ケイラン》
ニワトリ。
㉓**ケイラン**を料理に使う。
ニワトリのたまご。

籍 20画
セキ
部首：⺮（たけかんむり）
書籍《ショセキ》
ふみ。本。人や土地を登録した文しょ。
㉔**ショセキ**を購入する。
本。

異字同訓

⑪痛みを**しず**める。［　　］
⑫気を**しず**める。［　　］
⑬身を**しず**める。［　　］

類似字

⑭**ボ**記の勉強をする。［　　］
⑮彼は**ハク**情だ。［　　］

漢字の豆知識

「暫時」の読み方

しばらくの間という意味の「暫時」の読み方を、「ざんじ」か「ぜんじ」かで迷うことはないかな。正解は「ざんじ」だが、次第にという意味の「漸次」は、「ぜんじ」と読むので混同しないようにね。「暫」は、「日＋斬（＝切る）」で、切り取られた時間・しばらくの意味になり、「暫時」「暫定」などと使うよ。「暫定」とセットで覚えよう。

漢字力強化 解答　❶鋳る　❷縫う　❸憩い　❹鎮まる　❺あくりょう　❻ことだま　❼しゅうへき　❽くちぐせ　❾げいゆ

一	／30
二	／30
三	／10
四	／20
五	／10
六	／20
七	／10
八	／20
九	／10
十	／40
合計	／200

検印

一 次の――線の漢字の読みをひらがなで記せ。 (30) 1×30

1 港に帆船が停泊する。（　）
2 敵の侵入を全力で阻止する。（　）
3 湿度が高く蒸し暑い。（　）
4 休日は趣味に没頭する。（　）
5 事故の知らせに動揺する。（　）
6 今後も強硬路線を貫く。（　）
7 財界の重鎮と言われる人。（　）
8 意匠を凝らした照明器具。（　）
9 新規で契約を結ぶ。（　）
10 架空の世界のお話。（　）
11 日々勉学に精進する。（　）
12 目の錯覚を利用した絵。（　）
13 若いのに殊勝な決意だ。（　）
14 販売の促進を図る。（　）
15 社会福祉が充実した国。（　）
16 純粋な気持ちを持ち続ける。

二 次の――線のカタカナにあてはまる漢字をそれぞれのア～オから一つ選び、記号で答えよ。 (30) 2×15

1 念願かなって感**ガイ**深い。（　）
2 すべての項目に**ガイ**当する。（　）
3 事件の**ガイ**略を述べる。（　）
（ア 該　イ 概　ウ 街　エ 害　オ 慨）

4 実**ケイ**の判決が下った。（　）
5 新聞に広告を**ケイ**載する。（　）
6 念のため雨具を**ケイ**帯する。（　）
（ア 掲　イ 系　ウ 経　エ 携　オ 刑）

7 雪の結**ショウ**を見る。（　）
8 話の**ショウ**点がぼやける。（　）
9 新幹線の車**ショウ**になる。（　）
（ア 焦　イ 掌　ウ 承　エ 鐘　オ 晶）

10 洋食屋の元**ソ**と言われる店。（　）
11 紙を**ソ**末にするな。（　）
12 英会話を基**ソ**から学ぶ。（　）
（ア 礎　イ 訴　ウ 祖　エ 組　オ 粗）

13 記念写真を**ト**る。（　）
14 ネコがネズミを**ト**る。（　）
15 新入社員を**ト**る。（　）
（ア 採　イ 執　ウ 取　エ 捕　オ 撮）

次の熟語は上のア～オのどれにあたるか、一つ選び、記号で答えよ。

1 放棄（　）
2 遭難（　）
3 登壇（　）
4 盛衰（　）
5 芳香（　）
6 添削（　）
7 暫時（　）
8 無恥（　）
9 開墾（　）
10 長寿（　）

五 次の漢字の部首をア～エから一つ選び、記号で答えよ。 (10) 1×10

1 辱（ア 厂　イ 寸　ウ 一　エ 辰）（　）
2 藩（ア 艹　イ 氵　ウ 田　エ 番）（　）
3 慕（ア 艹　イ 日　ウ 大　エ ⺗）（　）
4 窒（ア 宀　イ 至　ウ 穴　エ 土）（　）
5 郭（ア 亠　イ 阝　ウ 口　エ 子）（　）
6 魔（ア 广　イ 鬼　ウ 麻　エ ム）（　）
7 賊（ア 貝　イ 十　ウ 戈　エ 戎）（　）
8 哀（ア 亠　イ 口　ウ 衣　エ 一）（　）
9 辛（ア 立　イ 亠　ウ 辛　エ 十）（　）
10 欲（ア 谷　イ 欠　ウ 口　エ 人）（　）

17 辞表を提出した大臣を慰留する。（　　）
18 会場内に緊迫した空気が流れる。（　　）
19 情け容赦ない仕打ちに怒る。（　　）
20 転倒して擦過傷を負う。（　　）
21 注意した相手に逆恨みされた。（　　）
22 大事な話を聞き漏らす。（　　）
23 彼女はすぐに冠を曲げる。（　　）
24 幻の名画を求める。（　　）
25 穂先の長い筆を使う。（　　）
26 昼をも欺く明るさだ。（　　）
27 身長が著しく伸びた。（　　）
28 慌ただしい毎日を送っている。（　　）
29 機を織る音が聞こえてくる。（　　）
30 後進に道を譲る。（　　）

三 1～5の三つの□に共通する漢字を入れて熟語を作れ。漢字はア～コから一つ選び、記号で答えよ。 (10) 2×5

1 冷□・□結・□傷（　　）
2 技□・□妙・精□（　　）
3 消□・□亡・点□（　　）
4 上□・□進・□降（　　）
5 □弱・空□・□構（　　）

ア 珍　イ 巧　ウ 隻　エ 昇　オ 淡
カ 却　キ 凍　ク 伸　ケ 虚　コ 滅

四 熟語の構成のしかたには次のようなものがある。 (20) 2×10

ア 同じような意味の漢字を重ねたもの（岩石）
イ 反対または対応の意味を表す字を重ねたもの（高低）
ウ 上の字が下の字を修飾しているもの（洋画）
エ 下の字が上の字の目的語・補語になっているもの（着席）
オ 上の字が下の字の意味を打ち消しているもの（非常）

六 後の□内のひらがなを漢字に直して（　）に入れ、対義語・類義語を作れ。□内のひらがなは一度だけ使うこと。 (20) 2×10

対義語

1 倹約 ―（　）費
2 穏健 ― 過（　）
3 賢明 ― 暗（　）
4 解放 ―（　）束
5 栄華 ―（　）落

類義語

6 克明 ― 丹（　）
7 釈明 ―（　）明
8 高低 ― 起（　）
9 談判 ― 折（　）
10 失望 ― 落（　）

れい・しょう・ぐ・ふく・ろう
げき・たん・ねん・べん・こう

七 次の——線のカタカナを漢字一字と送りがな（ひらがな）に直せ。　(10) 2×5

〈例〉問題に**コタエル**。　答える

1 今月分の家賃が**トドコオル**。（　　）

2 音楽を聴いて気を**マギラワス**。（　　）

3 **カロヤカナ**足取りで駅に向かう。（　　）

4 希望が大きく**フクラム**。（　　）

5 寒さが**ヤワラグ**。（　　）

八 文中の四字熟語の——線のカタカナを漢字に直せ。　(20) 2×10

1 **ココン**無双の実力を持つ。（　　）

2 **カロ**冬扇で役に立たない。（　　）

3 注意しても馬耳**トウフウ**だ。（　　）

4 複雑**カイキ**な事件が起きる。（　　）

5 **カンキュウ**自在の投球に苦戦した。（　　）

6 問題を一刀**リョウダン**に処理する。

5 過去十年間の業務実績を参考にして、今後の経営方針を決定した。（　　）→（　　）

十 次の——線のカタカナを漢字に直せ。　(40) 2×20

1 **ゴクヒ**のうちに話を進める。（　　）

2 地震で家屋が**ホウカイ**した。（　　）

3 自己資金が**ジュンタク**にある。（　　）

4 **ソッセン**して庭掃除をする。（　　）

5 首相は**オウベイ**歴訪の旅に出た。（　　）

6 大都市**キンコウ**に家を建てる。（　　）

7 **タクエツ**した能力の持ち主だ。（　　）

8 **コフン**から土器が出土した。（　　）

9 図書館で資料を**エツラン**する。（　　）

3級模擬テスト 解答

一 1 はんせん　2 そし　3 しつど　4 ぼっとう　5 どうよう　6 きょうこう　7 じゅうちん　8 いしょう　9 けいやく　10 かくう　11 しょうじん　12 さっかく　13 しゅしょう　14 そくしん　15 ふくし　16 じゅんすい　17 いりゅう　18 きんぱく　19 ようしゃ　20 さっかしょう　21 さかうら　22 も　23 かんむり　24 まぼろし　25 ほさき　26 あざむ　27 いちじる　28 あわ　29 はた　30 ゆず

二 1＝オ　2＝ア　3＝イ　4＝オ　5＝ア　6＝エ　7＝オ　8＝ア　9＝イ　10＝ウ　11＝オ　12＝ア　13＝オ　14＝エ　15＝ア

三 1＝キ　2＝イ　3＝コ　4＝エ　5＝ケ

四 1＝ア　2＝エ　3＝エ　4＝イ　5＝ウ　6＝イ　7＝ウ　8＝オ　9＝ア　10＝ウ

五 1＝エ　2＝ア　3＝エ　4＝ウ　5＝イ　6＝イ　7＝ア　8＝イ　9＝ウ　10＝イ

六 1 浪　2 激　3 愚　4 拘　5 零　6 念　7 弁　8 伏　9 衝　10 胆

七 1 滞る　2 紛らわす　3 軽やかな　4 膨らむ　5 和らぐ

八 1 古今　2 夏炉　3 東風　4 怪奇　5 緩急　6 両断　7 奮闘　8 天衣　9 温厚　10 躍如

7 彼は最後まで**孤軍フントウ**した。（　　）

8 **テンイ無縫**な人柄がにじみ出る。（　　）

9 **オンコウ篤実**な性格だ。（　　）

10 ベテランの**面目ヤクジョ**たる演技。（　　）

九 次の各文にまちがって使われている同じ読みの漢字が一字ある。上に誤字を、下に正しい漢字を記せ。 (10) 2×5

1 酪農農家で宿泊体験学習を行う学生は、毎朝牛舎で索乳作業をする。（　　→　　）

2 多くの犠牲が払われて今回の計画が軌導に乗ったことを忘れてはいけない。（　　→　　）

3 定期的に専門業者に依頼して、音楽室のピアノを彫律してもらっている。（　　→　　）

4 各部署の担当者が全力を傾駐して問題解決に尽力した結果、いい製品が完成した。（　　→　　）

10 すばやく適切な**ソチ**をとる。（　　）

11 花は**エ**み、鳥は歌う。（　　）

12 妹はロンドンに**トツ**いだ。（　　）

13 手と手を固く**ニギ**り合う。（　　）

14 キャンプには**ネブクロ**を持参する。（　　）

15 **ホノオ**は夜空を赤く染めた。（　　）

16 ぬれた髪の毛を**カワ**かす。（　　）

17 音楽の才能が**トボ**しい。（　　）

18 とんだ**シロモノ**をつかまされた。（　　）

19 魚のフライを**ア**げる。（　　）

20 キャンプ場で**キモダメ**しをする。（　　）

— おわり —

九 1 索↓搾　2 導↓道　3 彫↓調　4 駐↓注　5 積↓績

十 1 極秘　2 崩壊　3 潤沢　4 率先　5 欧米　6 近郊　7 卓越　8 古墳　9 閲覧　10 措置　11 笑　12 嫁　13 握　14 寝袋　15 炎　16 乾　17 乏　18 代物　19 揚　20 肝試

厄（4画）
ヤク
厂（がんだれ）
一 厂 厅 厄
厄介《ヤッカイ》　厄年《ヤクどし》

1 わざわい。くるしむ。
①おばの家で**ヤッカイ**になる。
世話になること。

2 よくないめぐりあわせ。
②**ヤクドシ**なので気をつける。
難に遭いやすいとされるとし。

迅（6画）
ジン
辶（しんにょう）
乁 乁 卂 卂 讯 迅
迅速《ジンソク》　獅子奮迅《シシフンジン》

1 はやい。すみやか。
③**ジンソク**な対応を心がける。
すばやいさま。

2 はげしい。
④獅子《しし》**フンジン**の活躍をする。
はげしい勢いで物事に対処すること。

充（6画）
ジュウ
あ(てる)
儿（ひとあし）
丶 亠 𠫓 𠫓 充 充
充実《ジュウジツ》　補充《ホジュウ》

1 みちる。みたす。
⑤**ジュウジツ**した毎日を送る。
十分備わって豊かなこと。

2 あてる。足りないところをうめる。
⑥救急箱の薬を**ホジュウ**する。
不足をおぎなうこと。

壮（6画）
ソウ
士（さむらい）
丨 丬 丬 丬 壮 壮
壮年《ソウネン》　勇壮《ユウソウ》

1 若者。若い。
⑦彼は**ソウネン**を過ぎた。
働き盛りのとしごろ。

2 さかん。いさましい。
⑧**ユウソウ**な太鼓の音が響く。
いさましく元気なこと。

妄（6画）
モウ
ボウ
女（おんな）
丶 亠 亡 妄 妄 妄
妄想《モウソウ》　妄言《モウゲン》

1 みだりに。道理にはずれている。
⑨あらぬことを**モウソウ**する。
根拠なくあれこれ思い描くこと。

2 でたらめ。いつわり。
⑩**モウゲン**に惑わされる。
でまかせのいい加減なことば。

吟（7画）
ギン
口（くちへん）
吟　丨 口 口 口 叭 吟
吟詠《ギンエイ》　吟味《ギンミ》

1 うたう。詩歌を作る。
⑪漢詩の**ギンエイ**が得意だ。
漢詩などを節をつけてうたうこと。

2 深くあじわう。よくたしかめる。
⑫内容を**ギンミ**して決める。
よく調べること。

把（7画）
ハ
扌（てへん）
把　一 十 扌 扌 扣 扣 把
把握《ハアク》　把手《ハシュ》

1 とる。つかむ。
⑬被害の状況を**ハアク**する。
完全に理解すること。

2 とって。にぎり。
⑭ドアの**ハシュ**の部分。
とって。

扶（7画）
フ
扌（てへん）
扶　一 十 扌 扌 扌 扌 扶
扶養《フヨウ》　扶助《フジョ》

1 たすける。世話をする。
⑮子供を**フヨウ**する義務。
生活の面倒を見ること。

⑯相互**フジョ**の精神を持つ。
たすけ支えること。

漢字力強化

送りがなを含む書き取り

❶賞与を返済に**あてる**。〔　　〕

❷足音を**しのばせる**。〔　　〕

❸相手を**あなどる**な。〔　　〕

❹**つたない**字を書く。〔　　〕

音読みと訓読み

❺伊賀**忍**者の子孫。〔　　〕

❻世を**忍**ぶ仮の姿。〔　　〕

対義語

❼放電 ↕ □電

❽決裂 ↕ □結

❾巧遅 ↕ □速

検印

⓭程　⓮悔　⓯悔

5級 4級 3級 **準2級** 2級 付録

7画 呈
呈 テイ／口（くち）／呈
書き順：口口口旦早呈
露呈（ロテイ）／贈呈（ゾウテイ）／呈

1 しめす。あらわす。
⑰ 準備不足がロテイする。 あらわれ出ること。
2 さしだす。さしあげる。
⑱ 彼に記念品をゾウテイする。 人に物をおくること。

7画 妥
妥 ダ／女（おんな）／妥
書き順：妥
妥当（ダトウ）／妥協（ダキョウ）／妥

1 やすらか。おだやか。
⑲ 彼の受賞はダトウな結果だ。 よくあてはまっていること。
2 おりあう。ゆずりあう。
⑳ このへんでダキョウしよう。 互いに譲歩して話をまとめること。

7画 忍
忍 ニン しのぶ・ばせ・る／心（こころ）／忍
書き順：フカカ刃刃忍忍
忍耐（ニンタイ）／残忍（ザンニン）／忍

1 しのぶ。こらえる。 こらえること。
㉑ 釣りにはニンタイが必要だ。
2 むごい。こらえる。
㉒ ザンニンな事件が起きた。 無慈悲なことを平気でするさま。

7画 肖
肖 ショウ／肉（にく）／肖
書き順：小小小片片肖
不肖（フショウ）／肖像（ショウゾウ）／肖

1 にる。にている。
㉓ フショウながら努力します。 未熟で劣ること。
2 にせる。かたどる。
㉔ 祖父のショウゾウを描く。 人の姿をうつしとったもの。

8画 侮
侮 ブ あなど(る)／イ（にんべん）／侮
書き順：ノイイ伫伫侮
侮辱（ブジョク）／軽侮（ケイブ）／侮

1 あなどる。さげすむ。
㉕ 公然と人をブジョクする。 あなどり恥をかかせること。
㉖ 相手をケイブした発言。 人を見下してばかにすること。

8画 拙
拙 セツ つたな(い)／扌（てへん）／拙
書き順：一二才才扦扪拙拙
稚拙（チセツ）／拙宅（セッタク）／拙

1 つたない。まずい。
㉗ 年齢のわりにチセツな文章。 子供じみて下手であるさま。
2 自分のことを謙遜していう語。
㉘ セッタクへお寄りください。 自分の家をへりくだっていう語。

8画 披
披 ヒ／扌（てへん）／披
書き順：一二才才护护披披
披見（ヒケン）／披露（ヒロウ）／披

1 開く。ひろげる。
㉙ 書状をヒケンする。 文書や手紙を開いてみること。
2 あばく。うちあける。
㉚ テレビで新曲をヒロウする。 広く世間に知らせること。

8画 枢
枢 スウ／木（きへん）／枢
書き順：一十才才杧枢枢
中枢（チュウスウ）／枢要（スウヨウ）／枢

1 かなめ。物事の大切なところ。
㉛ 経済のチュウスウをなす。 かなめとなる部分。
㉜ スウヨウな地位につく。 最も大切なところ。

類義語
⑩ 面倒 ＝ [　]介
⑪ 偉観 ＝ [　]観

類似字
⑫ 自著を進テイする。
⑬ 日テイを確認する。
⑭ 人をブ蔑した態度。
⑮ 前非をカイ悟する。

漢字の豆知識　言葉の意味
不肖
「不肖」には、①親や師に似ないで愚かなこと。②自分のことをへりくだっていうときに用いる語。の意味がある。したがって、「不肖の息子ですが、よろしくお願いします。」と親が言うと、「私は立派だけど、息子は愚かで……」と自画自賛した、おかしな言い回しになるよ。

画数	漢字	音読み	部首	筆順	熟語
8画	析	セキ	木 きへん	一 十 才 木 朾 析 析	分析《ブンセキ》 解析《カイセキ》

1 さく。わけて明らかにする。

①事故の原因をブンセキする。
細かな要素にわけていくこと。

②データをカイセキする。
細かく調べて本質を明らかにすること。

画数	漢字	音読み	部首	筆順	熟語
8画	享	キョウ	亠 なべぶた	丶 亠 亣 古 亨 享 享	享受《キョウジュ》 享楽的《キョウラクテキ》

1 うける。うけいれる。

③自由をキョウジュする。
うけいれて味わいたのしむこと。

④キョウラク的な人生。
存分にたのしみにふけること。

画数	漢字	音読み	部首	筆順	熟語
8画	宜	ギ	宀 うかんむり	丶 丷 宀 宀 宁 宜 宜 宜	便宜《ベンギ》 適宜《テキギ》

1 よろしい。都合がよい。

⑤利用者のベンギを図る。
場に応じた処置。

⑥テキギ塩を加えてください。
各自がよいと思うようにすること。

画数	漢字	音読み	部首	筆順	熟語
8画	尚	ショウ	⺌ しょう	丨 丷 ⺌ 屮 尚 尚 尚 尚	時期尚早《ジキショウソウ》 高尚《コウショウ》

1 なお。まだ。

⑦辞任は時期ショウソウだ。
それを行うにはまだはやすぎること。

2 格がたかい。たかくする。

⑧コウショウな趣味を持つ。
けだかくて立派なこと。

画数	漢字	音読み	部首	筆順	熟語
8画	奔	ホン	大 だい	一 ナ 大 太 本 夲 奔 奔	奔走《ホンソウ》 奔放《ホンポウ》

1 はしる。にげる。

⑨観光客誘致にホンソウする。
うまく運ぶようかけまわること。

2 思うままにする。

⑩自由ホンポウに生きる青年。
思うままに行動すること。

画数	漢字	音読み	部首	筆順	熟語
8画	肯	コウ	肉 にく	丨 ト 卜 止 止 肯 肯 肯	肯定《コウテイ》 首肯《シュコウ》

1 うなずく。承知する。

⑪相手の主張をコウテイする。
そうであると認めること。

⑫シュコウしがたい意見だ。
納得し賛成すること。

画数	漢字	音読み	部首	筆順	熟語
8画	斉	セイ	斉 せい	丶 亠 ナ 文 文 产 斉 斉	一斉《イッセイ》 斉唱《セイショウ》

1 そろう。ととのう。

⑬選手がイッセイに走り出す。
多くの者が同時に行うさま。

⑭校歌をセイショウする。
大勢が同じ旋律を歌うこと。

画数	漢字	音読み	部首	筆順	熟語
9画	括	カツ	扌 てへん	一 十 扌 扌 扌 扦 扦 括 括	包括《ホウカツ》 統括《トウカツ》

1 くくる。まとめる。

⑮広範な問題をホウカツする。
ひっくるめてまとめること。

⑯全体をトウカツする立場。
ばらばらのものをまとめること。

漢字力強化

送りがなを含む書き取り

❶王者に戦いをいどむ。〔　〕

❷自信を打ちくだく。〔　〕

❸腰がくだける。〔　〕

音読みと訓読み

❹自動車の風洞実験。〔　〕

❺大きな洞ができる。〔　〕

同音異義語

❻ホンリュウ岩をかむ。〔　〕

❼保守のホンリュウ。〔　〕

❽罪状のキュウメイ。〔　〕

❾真相のキュウメイ。〔　〕

検印

⑬宜 ⑭宣 ⑮荘 ⑯壮

挑 9画

チョウ　いど(む)

扌 てへん

挑戦《チョウセン》　挑発《チョウハツ》

1 いどむ。しかける。

⑰ 記録更新に**チョウセン**する。（困難なことにいどむこと。）

⑱ 相手の**チョウハツ**に乗る。（事を引き起こすようにしかけること。）

浄 9画

ジョウ

氵 さんずい

清浄《セイジョウ》　洗浄《センジョウ》

1 きよい。きよらか。

⑲ 室内を**セイジョウ**に保つ。（きよらかでけがれのないさま。）

2 きよめる。

⑳ 傷口を**センジョウ**する。（あらいすすぐこと。）

津 9画

シン　つ

氵 さんずい

津々浦々《つつうらうら》　興味津々《キョウミシンシン》

1 みなと。渡し場。

㉑ **ツツ**浦々に広まっている。（国じゅうどこでも。）

2 しみ出る。わき出る。

㉒ 興味**シンシン**で見学する。（興味が次々にわいて尽きないさま。）

洞 9画

ドウ　ほら

氵 さんずい

空洞《クウドウ》　洞察《ドウサツ》

1 ほらあな。うろ。

㉓ 中が**クウドウ**になっている。（中がからで何もないこと。）

2 つらぬく。見とおす。

㉔ 相手の心理を**ドウサツ**する。（物事を見抜くこと。）

砕 9画

サイ　くだ(く・ける)

石 いしへん

粉砕《フンサイ》　粉骨砕身《フンコツサイシン》

1 くだく。くだける。

㉕ 一撃で敵を**フンサイ**する。（徹底的に打ちのめすこと。）

㉖ 粉骨**サイシン**して働く。（全力で事にあたること。）

糾 9画

キュウ

糸 いとへん

紛糾《フンキュウ》　糾弾《キュウダン》

1 もつれる。集める。

㉗ 議論の**フンキュウ**を招く。（物事が乱れもつれること。）

2 ただす。しらべる。

㉘ 汚職を**キュウダン**する。（問いただしてとがめること。）

荘 9画

ソウ

艹 くさかんむり

荘重《ソウチョウ》　別荘《ベッソウ》

1 おごそか。いかめしい。

㉙ **ソウチョウ**な音楽が流れる。（おごそかでおもおもしいさま。）

2 いなかにある家。仮ずまい。

㉚ **ベッソウ**で保養する。（普段居住する家とはべつに設けた家。）

叙 9画

ジョ

又 また

叙述《ジョジュツ》　叙勲《ジョクン》

1 順をおってのべる。

㉛ 詳細に**ジョジュツ**する。（順をおって書き記すこと。）

2 順序をつける。官位をさずける。

㉜ 春の**ジョクン**の対象となる。（功労者に国から与えられるもの。）

類似字

❿ 結晶が**セキ**出する。〔　〕

⓫ 右腕を骨**セツ**する。〔　〕

⓬ 優勝を**キ**願する。〔　〕

⓭ 時**ギ**にかなった発言。〔　〕

⓮ 病名を**セン**告する。〔　〕

⓯ **ソウ**厳な雰囲気。〔　〕

⓰ **ソウ**絶な人生を送る。〔　〕

漢字の豆知識

津々浦々　**言葉の意味**

「津」は港、「浦」は入り江や海岸で、あちこちの港や海岸。転じて、日本全国いたるところという意味だ。「つつうらうら」と訓読みで読むことからもわかるように、日本でできた四字熟語だよ。周囲を海で囲まれた島国日本ならではの四字熟語だね。

漢字力強化 解答　❶挑む　❷砕く　❸砕ける　❹ふうどう　❺ほら　❻奔流　❼本流　❽糾明　❾究明　❿析　⓫折　⓬祈

甚（9画）

1 はなはだしい。度を超えている。
① ジンダイな被害が出る。程度がきわめておおきいさま。

ジン／はなは(だ・だ)　甘 かん
一十十十廿廿甚甚
ジンダイ甚大　ジンシン深甚

② シンジンなる謝意を述べる。非常にふかいこと。

衷（9画）

1 なか。かたよらない。2 こころのうち。まこと。
③ 和洋セッチュウの料理。それぞれの長所をとって一つにすること。

チュウ　衣 ころも
一亠亠亩亩東東衷
セッチュウ折衷　チュウシン衷心

④ チュウシンより歓迎します。こころの底。

倫（10画）

1 みち。人のふみ行うべきみち。
⑤ リンリ観に乏しい。人として守り、ふみ行うべきみち。

リン　イ にんべん
ノイイ价价伶伶倫倫
リンリ倫理　ジンリン人倫

⑥ ジンリンにもとる行為。道徳的にとるべき言動。

唆（10画）

1 そそのかす。けしかける。
⑦ シサに富んだ意見。それとなくしめすこと。

サ／そそのか(す)　口 くちへん
口口口叮吩吩哆唆
キョウサ教唆　シサ示唆

⑧ 違法行為をキョウサする。他人をそそのかして犯意を生じさせること。

捜（10画）

1 さがす。さぐる。
⑨ 行方不明者をソウサする。さがしもとめること。

ソウ／さが(す)　扌 てへん
一十十扣扣押押捜捜
ソウサク捜索　ソウサ捜査

⑩ 殺人事件をソウサする。犯人をさがすこと。

陥（10画）

1 おちいる。おちこむ。
⑪ 道路がカンボツして危険だ。しずみくぼむこと。

カン／おちい(る)／おとしい(れる)　阝 こざとへん
了了阝阝阝阝陥陥陥
カンボツ陥没　ケッカン欠陥

⑫ 2 かける。不足する。製品のケッカンが見つかる。不備な点。

祥（10画）

1 さいわい。さち。2 きざし。前ぶれ。
⑬ 警察官のフショウ事が続く。関係者にとってふつごうなこと。

ショウ　礻 しめすへん
礻礻礻礻祥祥祥祥
フショウ不祥事　ハッショウ発祥

⑭ 鉄道ハッショウの地。物事が起こり現れること。

耗（10画）

1 へる。へらす。
⑮ 体力をショウモウする。使ってへらすこと。

モウ　耒 すきへん
一二三丰耒耒耗耗
ショウモウ消耗　シンシンコウジャク心神耗弱

⑯ 心神コウジャク状態に陥る。正常な行動が著しく困難な状態。

漢字力強化

送りがなを含む書き取り

❶ はなはだしい間違い。
❷ 悪事をそそのかす。
❸ 落とした鍵をさがす。
❹ 敵の術中におちいる。
❺ 罪におとしいれる。

音読みと訓読み

❻ 悪い男にみつぐ。
❼ 身分をいつわる。
❽ 栄養がかたよる。
❾ 紙幣の偽造を防ぐ。
❿ 彼は偽者弁護士だ。

検印

⑪衷　⑫哀　⑬衰　⑭栽　⑮裁　⑯載

5級 4級 3級 準2級 2級 付録

泰（10画）タイ
①やすらか。おだやか。
②はなはだしい。きわみ。
氷（したみず）
一二三声夫夫泰泰泰
安泰（アンタイ）／泰西（タイセイ）

⑰ 一家のアンタイを祈願する。
無事でやすらかなこと。

⑱ タイセイのすばらしい絵画。
にしの果て。

逐（10画）チク
1 後を追う。追いはらう。
2 順を追う。順にしたがう。
辶（しんにょう）
一丁丂豖豖豖逐逐
駆逐（クチク）／逐次（チクジ）

⑲ 悪貨は良貨をクチクする。
悪がはびこると善が滅びるというたとえ。

⑳ 研究成果をチクジ発表する。
順を追ってするさま。

准（10画）ジュン
なぞらえる。そのものに次ぐ。
冫（にすい）
丶ソシ汁汁浒浒准准
准教授（ジュンキョウジュ）／批准（ヒジュン）

㉑ ジュン教授の講義。
教授に次ぐ職階。

㉒ 条約にヒジュンする。
条約締結に対する同意の手続き。
許す。

栽（10画）サイ
草木などをうえる。
木（き）
一十土キキ封栽栽栽
植栽（ショクサイ）／前栽（センザイ）

㉓ 防風林をショクサイする。
草木を育てること。

㉔ 縁側に面したセンザイ。
草木をうえこんだ庭。
うえこみ。庭。

索（10画）サク
1 もとめる。さがす。
2 ちる。ものさびしい。
糸（いと）
一十十古玄玄索索索
思索（シサク）／索然（サクゼン）

㉕ シサクにふける。
筋道を立てて深く考えること。

㉖ 興味サクゼンたる思い。
関心がなくなりおもしろくないさま。

貢（10画）コウ・ク　みつ（ぐ）
みつぐ。みつぎもの。
貝（かい）
一丁工干干青青貢貢
貢献（コウケン）／年貢（ネング）

㉗ 初優勝にコウケンする。
尽力して役に立つこと。

㉘ そろそろネングの納め時だ。
最後の見切りをつける時。

偽（11画）ギ　いつわ（る）・にせ
1 いつわる。だます。
2 にせ。にせもの。
イ（にんべん）
ノイイ个伪伪偽偽偽偽偽
偽装（ギソウ）／虚偽（キョギ）

㉙ 賞味期限のギソウは問題だ。
他のものに見せかけること。

㉚ 役所にキョギの申告をする。
うそやいつわり。

偏（11画）ヘン　かたよ（る）
1 かたよる。
2 中正でない。
イ（にんべん）
ノイ仁仨仴伔偏偏偏偏
偏見（ヘンケン）／偏食（ヘンショク）

㉛ 独断とヘンケンで決める。
まったくの好みに基づくさま。

㉜ ヘンショクが多い子供。
たべ物の好き嫌いが激しいこと。

類似字
⑪ 苦チュウを察する。
⑫ アイ愁を帯びた歌詞。
⑬ 老スイで亡くなる。
⑭ 盆サイが趣味だ。
⑮ 布地をサイ断する。
⑯ 写真を転サイする。

漢字の豆知識
捜すと探すの違いは？

「捜す」は、見えなくなったものをさがす場合に用いる。一方「探す」は、欲しいものをさがす場合に用いる。明の人をさがす場合や、行方不・明の人をさがすときは「人を捜す」、会社が求人をするときは「人を探す」を使うよ。

唯（11画）　イ／ユイ　くちへん
① 命が助かるユイイツの方法。　ただひとつであること。
② イイとして逆らわない。　他人に言われるままに従順になるさま。
「はい」という応答の語。
① ただ。それだけ。
唯一（ユイイツ）　唯々（イイ）

培（11画）　バイ／つちか（う）　つちへん
③ 温室で花をサイバイする。　草木を育てること。
④ 乳酸菌をバイヨウする。　人工的にふやすこと。
① つちかう。草木を育てる。
栽培（サイバイ）　培養（バイヨウ）

悼（11画）　トウ／いた（む）　りっしんべん
⑤ アイトウの意を表する。　人の死を悲しみいたむこと。
⑥ 俳優のツイトウ番組を見る。　死者をしのんで悲しみにひたること。
① いたむ。人の死を悲しむ。
哀悼（アイトウ）　追悼（ツイトウ）

涯（11画）　ガイ　さんずい
⑦ ショウガイ忘れられない人。　いきている間。
⑧ テンガイ孤独の身の上。　広い世の中に身寄りが一人もいないこと。
① 遠い果て。かぎり。
生涯（ショウガイ）　天涯孤独（テンガイコドク）

渇（11画）　カツ／かわ（く）　さんずい
① みずがかれる。のどがかわく。
⑨ カッスイ対策に取り組む。　日照りが続きみずがかれること。
② むさぼる。ひどくほしがる。
⑩ 優秀な人材をカツボウする。　切実にのぞむこと。
渇水（カッスイ）　渇望（カツボウ）

渓（11画）　ケイ　さんずい
⑪ ケイコクに雪が残っている。　深く険しい側壁をもつたに。
⑫ ケイリュウで釣りを楽しむ。　たにまを流れるかわ。
① たに。たにがわ。
渓谷（ケイコク）　渓流（ケイリュウ）

渋（11画）　ジュウ／しぶ・しぶ（い）・しぶ（る）　さんずい
⑬ 高速道路がジュウタイする。　なかなか先へ進めないこと。
⑭ クジュウに満ちた表情。　くるしみ悩むこと。
① しぶる。とどこおる。
② にがにがしいさま。
渋滞（ジュウタイ）　苦渋（クジュウ）

渉（11画）　ショウ　さんずい
⑮ 資料をショウリョウする。　広く書物などを読みあさること。
⑯ 新車の値引きコウショウ。　取引相手と話し合うこと。
① 広く見聞する。あちこち歩き回る。
② かかわる。あずかる。
渉猟（ショウリョウ）　交渉（コウショウ）

漢字力強化

送りがなを含む書き取り
❶ 友情をつちかう。
❷ 返事をしぶる。
❸ すずしい風が吹く。
❹ やわらかい表現。

音読みと訓読み
❺ 問題解決に難渋する。
❻ 渋柿が甘くなる。

異字同訓
❼ 故人をいたむ。
❽ 今でも胸がいたむ。
❾ 暑さで果物がいたむ。

検印

左欄：5級 4級 3級 準2級 2級 付録

涼 11画　リョウ／すず(しい・む)　さんずい
1 すずしい。すずしさ。
⑰ ノウリョウ花火大会に行く。
工夫してすずしさを味わうこと。
2 ものさびしい。
⑱ コウリョウとした原野。
あれ果ててものさびしいさま。
氵 氵氵汁汁沪沪涼涼涼
納涼 ノウリョウ
荒涼 コウリョウ

旋 11画　セン　ほうへん
1 めぐる。まわる。
⑲ 飛行機がセンカイする。
円を描くようにまわること。
2 仲をとりもつ。世話をする。
⑳ 勤め口のシュウセンをする。
間に立って面倒をみること。
方 ` 亠 ナ 方 扩 扩 旅 旋 旋
旋回 センカイ
周旋 シュウセン

眺 11画　チョウ／なが(める)　めへん
1 ながめる。ながめ。
㉑ 海へのチョウボウが開ける。
遠くを見渡して目に入る光景。
㉒ 山の頂から市内をナガめる。
遠くを見やる。
目 ｜ ｜ 门 闩 闩 目 目 眺 眺 眺
眺望 チョウボウ
眺める ながめる

軟 11画　ナン／やわ(らか・らかい)　くるまへん
1 やわらかい。しなやか。
㉓ ジュウナンな身のこなし。
やわらかくしなやかなさま。
2 よわい。よわよわしい。
㉔ ナンジャクな地盤に建つ家。
よわよわしくしっかりしていないこと。
車 一 厂 币 百 亘 車 車 軒 軟 軟
柔軟 ジュウナン
軟弱 ナンジャク

剰 11画　ジョウ　りっとう
1 あまる。あまり。
㉕ 彼は自意識カジョウで困る。
適当な分量を超えていること。
㉖ 人員にヨジョウが出る。
必要な分を除いたあまり。
刂 一 二 千 千 千 乖 乘 乘 剰
過剰 カジョウ
余剰 ヨジョウ

庶 11画　ショ　まだれ
1 一般の人。もろびと。
㉗ ショミンの意見を聞く。
一般の人々。
2 もろもろ。雑多な。
㉘ 会社のショム課で働く。
こまごまとした仕事。
广 ` 亠 广 广 庄 庄 庄 庶 庶
庶民 ショミン
庶務 ショム

庸 11画　ヨウ　まだれ
1 かたよらない。ふつう。
㉙ ボンヨウな作品ばかりだ。
とくにすぐれたところがないこと。
㉚ チュウヨウを得た意見。
かたよらないでほどよいこと。
广 ` 亠 广 广 庐 肩 肩 肩 庸
凡庸 ボンヨウ
中庸 チュウヨウ

逸 11画　イツ　しんにょう
1 はしる。にがす。
㉛ 捕手がコウイツする。
ボールをうしろにそらすこと。
2 かくれる。世に知られない。
㉜ イツワの多い人物。
世にあまり知られていないはなし。
辶 ノ ク ク 色 免 免 逸 逸
後逸 コウイツ
逸話 イツワ

漢字の豆知識
軟らかいと柔らかいの違いは?

「軟」は「硬」の対義語で、ぐんにゃりしていて、手ごたえがないさま。「軟らかく煮る」などと使う。一方、「柔」は「剛」の対義語で、しなやかで曲げても折れないさま。「柔らかい毛布」などと使う。力を加えて変形させた後、形が元に戻らないほうが「軟らかい」で、形が元に戻るほうが「柔らかい」だよ。

---

⑩ 喉がかわく。　[　]
⑪ 洗濯物がかわく。　[　]

対義語
⑫ 放任 ↔ 干[　]
⑬ 硬式 ↔ [　]式
⑭ 凡才 ↔ [　]材

部首
⑮ 軟　[　]

崇 11画　スウ（山やま）
筆順：丨丨丨屮屮屶峃崇崇
崇拝（スウハイ）　崇高（スウコウ）
① たっとい。けだかい。
① スウコウな理念を掲げる。けだかくてとうといさま。
② たっとぶ。あがめる。
② 偶像がスウハイされている。心からうやまい、あがめること。

悠 11画　ユウ（心こころ）
筆順：亻亻攸攸攸悠悠悠
悠久（ユウキュウ）　悠長（ユウチョウ）
① はるか。とおい。
③ 中国のユウキュウの歴史。果てしなくながく続くこと。
② ゆったりしたさま。
④ 慌てずユウチョウに構える。落ち着いていて気のながいさま。

累 11画　ルイ（糸いと）
筆順：丨口田田田罗罗累累
累積（ルイセキ）　係累（ケイルイ）
① かさねる。かさなる。
⑤ ルイセキ赤字が膨らむ。上からかさなりつもること。
② つながる。かかわりあい。
⑥ 災いがケイルイに及ぶ。面倒を見なければならない親・妻子など。

肅 11画　シュク（聿ふでづくり）
筆順：一丁ヨヨ肀聿肀肅肅
厳粛（ゲンシュク）　綱紀粛正（コウキシュクセイ）
① つつしむ。身をひきしめる。
⑦ ゲンシュクな儀式を終える。おごそかでつつしみ深いこと。
② ただす。いましめる。
⑧ 綱紀シュクセイに努める。政治のあり方や役人の態度をただすこと。

麻 11画　マ（あさ）
筆順：丶一广广庁庁床床麻麻
快刀乱麻（カイトウランマ）　麻酔（マスイ）
① あさ。クワ科の一年草。
⑨ 快刀ランマを断つ。もつれた事柄をあざやかに解決すること。
② しびれる。しびれ。
⑩ マスイをかけて抜歯する。薬剤で一時的に知覚を失わせること。

媒 12画　バイ（女おんなへん）
筆順：く女女女女妒妒娒媒媒
媒介（バイカイ）　媒体（バイタイ）
① なかだち。関係をとりもつ。
⑪ 芸術をバイカイとした交流。間に立って橋渡しをすること。
⑫ 宣伝広告のバイタイを選ぶ。伝達のなかだちとなるもの。

循 12画　ジュン（彳ぎょうにんべん）
筆順：丿彳彳彳彳袻袻循循循
因循（インジュン）　循環（ジュンカン）
① したがう。よりそう。
⑬ インジュンな態度をとる。古い習慣にしたがって改めないさま。
② めぐる。
⑭ 町内をジュンカンするバス。ひとまわりすること。

惰 12画　ダ（忄りっしんべん）
筆順：丶丶忄忄忄忰忰惰惰惰
惰眠（ダミン）　惰性（ダセイ）
① なまける。おこたる。
⑮ ダミンをむさぼる毎日。なまけてねむってばかりいること。
② それまでの状態が続くこと。
⑯ ダセイに流された生活。今までの習慣や勢い。

漢字力強化

送りがなを含む書き取り
① 政治にうとい。
② 流行がすたれる。

音読みと訓読み
③ 麻薬を密輸し捕まる。
④ 麻のブラウスを着る。

類似字
⑤ バイ酌人の挨拶。
⑥ 陰ボウを企てる。
⑦ 全国にヘン在する話。
⑧ 八両ヘン成の電車。
⑨ ヘン屈で気難しい。

検印

左端: 5級 4級 3級 準2級 2級 付録

愉 12画
ユ　りっしんべん
忄忄忄忄忄忄忄忄
愉悦

① たのしい。たのしむ。
ユカイな出来事があった。
たのしくておもしろいこと。

愉快（ユカイ）　愉悦（ユエツ）

⑰ 勝利のユエツを味わう。
心からよろこびたのしむこと。

渦 12画
カ　うず　さんずい
汨汨汨渦渦渦渦
渦中　渦潮

① うず。うずまく。
うずを巻きながら流れる海水。

渦中（カチュウ）　渦潮（うずしお）

⑱ 疑惑のカチュウにいる人物。
もめている状態のなか。

⑳ 船からウズシオを見る。

隅 12画
グウ　すみ　こざとへん
阝阝阴阴阴阴阴阴阴
一隅　片隅

① すみ。かたすみ。
片隅（かたすみ）　一隅（イチグウ）

㉑ 庭のイチグウに咲く花。
かたすみ。

疎 12画
ソ　うと（い・む）　ひきへん
疋疋疋疋疋疋疋疋
疎外　疎通

① うとむ。うとい。
② とおる。とおす。
のけものにすること。

㉒ 都会のカタスミで生きる。
目立たない端。

㉓ ソガイ感を味わう。
疎外（ソガイ）

㉔ 意思のソツウを欠く。
お互いの考えが理解されること。

疎通（ソツウ）　疎外（ソガイ）

裕 12画
ユウ　ころもへん
衤衤衤衤衤衤裕裕
余裕　裕福

① ゆたか。ゆとりがある。
あまりがあること。

余裕（ヨユウ）　裕福（ユウフク）

㉕ 平日なら席にヨユウがある。

㉖ ユウフクな家庭に生まれる。
財産が多くて生活がゆたかなこと。

廃 12画
ハイ　すた（れる・る）　まだれ
广广广広広廃廃廃
廃屋　廃止　廃歴

① すたれる。おとろえる。
② すてる。やめる。

廃屋（ハイオク）　廃止（ハイシ）

㉗ ハイオクと化したホテル。
荒れ果てた建物。

㉘ 赤字路線をハイシする。
やめること。

遍 12画
ヘン　しんにょう
扁扁扁遍遍遍
遍歴　何遍

① すみずみまで行き渡る。
② 回数を数える語。
多くの回数。

遍歴（ヘンレキ）　何遍（ナンベン）

㉙ 僧侶が諸国をヘンレキする。
各地を巡り歩くこと。

㉚ ナンベンも同じ質問をする。

閑 12画
カン　もんがまえ
門門門門門閑閑
閑職　閑静

① ひま。いとま。
② のどか。しずか。

閑職（カンショク）　閑静（カンセイ）

㉛ カンショクに回された。
仕事が少なくひまな任務。

㉜ カンセイな住宅地に住む。
ものしずかなさま。

漢字の豆知識
快刀乱麻を断つ

「快刀」は切れ味のいい刀、「乱麻」はもつれた麻の意で、もつれた物事を見事に処理することという意味。「一刀両断」も似た意味だよ。「快投」や「快技」、「乱魔」や「乱摩」ではないから、注意が必要だよ。

同音異義語
⑩ 書類をハイキする。　[　]
⑪ 自動車のハイキガス。　[　]

対義語
⑫ 過密　↔　過[　]　散
⑬ 繁忙　↔　[　]

類義語
⑭ 一般　＝　普[　]

漢字力強化 解答　❶疎い　❷廃れる　❸まやく　❹あさ　❺媒　❻謀　❼遍　❽編　❾偏　❿廃棄　⓫排気　⓬疎　⓭閑

書き取り

① 12画　喪（ソウ／も／口・くち）
1　モシュとして挨拶する。近親者が死者をとむらう儀礼。葬式を営む人。
一十士士少市亜亜亜喪喪
喪主（モシュ）　喪失（ソウシツ）
喪

② 自信をソウシツする。うしなう。なくす。うしなうこと。

③ 13画　傑（ケツ／イ・にんべん）
1　すぐれる。まさる。非常にすぐれたできばえの品。
ノイイ作作作件件傑傑
傑作（ケッサク）　傑出（ケッシュツ）
傑

④ 数々のケッサクを生む。

⑤ ケッシュツした能力を示す。抜きんでてすぐれていること。

⑥ 13画　嫌（ケン・ゲン〈きら-う〉／いや／女・おんなへん）
1　きらう。いやがる。
2　うたがう。うたがわしい。
女女女妒妒妒娕娕嫌嫌嫌
機嫌（キゲン）　嫌疑（ケンギ）
嫌

今日は朝からキゲンが悪い。気分のよしあし。

脱税のケンギをかけられる。犯罪の事実があるのではというういたがい。

⑦ 13画　漠（バク／シ・さんずい）
1　ひろびろとしたすなはら。荒野。
丶氵氵浐浐浐浐漠漠漠
砂漠（サバク）　広漠（コウバク）
漠

サバクの緑化事業に携わる。すなばかりの痩せた土地。

⑧ コウバクとした大平原。ひろい。果てしないさま。ひろびろとして果てしないさま。

---

⑨ 13画　煩（ハン・ボン／わずら-う・わ-す／火・ひへん）
1　わずらう。なやむ。
2　わずらわしい。うるさい。
丶丷火火炉炉炉煩煩煩煩
煩悩（ボンノウ）　煩雑（ハンザツ）
煩

人間のボンノウを断ち切る。心身の苦しみを生み出す精神作用。

手続きがハンザツだ。こみいっていてわずらわしいこと。

⑩ 13画　酬（シュウ／酉・とりへん）
1　むくいる。こたえる。
一丆丙西西酉酉酎酬酬
応酬（オウシュウ）　報酬（ホウシュウ）
酬

弁護士にホウシュウを払う。謝礼の金品。

活発な意見のオウシュウ。互いにやりとりすること。

⑪ 13画　頑（ガン／頁・おおがい）
1　かたくな。融通がきかない。
一二テ元元元所頑頑頑
頑固（ガンコ）　頑丈（ガンジョウ）
頑

ガンコで融通がきかない。かたくなに態度や考えを守ること。

ガンジョウな扉をつける。がっしりとしていてつよいさま。

⑫ 13画　寛（カン／宀・うかんむり）
1　心がひろい。ゆとりがある。
宀宀宀宀宇宇宇宵實寛
寛容（カンヨウ）　寛大（カンダイ）
寛

慈悲とカンヨウの精神。他人をよく受け入れること。

カンダイな処置を求める。心がひろく思いやりのあるさま。

漢字力強化

送りがなを含む書き取り
❶ 面倒な仕事をきらう。〔　〕
❷ 手をわずらわす。〔　〕
❸ 友人の死をうれえる。〔　〕

音読みと訓読み
❹ 自己嫌悪に陥る。〔　〕
❺ 嫌気が差す。〔　〕
❻ 由緒正しい家柄。〔　〕
❼ 下駄の鼻緒をすげる。〔　〕

同音異義語
❽ 貯蓄のカンショウ。〔　〕
❾ 他人へのカンショウ。〔　〕

検印

⑩煩　⑪患　⑫愁　⑬憂　⑭緒　⑮諸

5級 4級 3級 準2級 2級 付録

痴
13画　チ　疒 やまいだれ
愚痴《グチ》　痴情《チジョウ》

1 おろか。おろかもの。
⑰仕事のグチをこぼす。
言ってもしかたのないことを嘆くこと。

2 男女間の色欲に迷う。
⑱チジョウのもつれ。
理性を失い男女間の色欲に迷う心。

奨
13画　ショウ　大 だい
奨励《ショウレイ》　奨学金《ショウガクキン》

1 すすめる。はげます。
⑲資源回収をショウレイする。
人にすすめること。
⑳ショウガク金を支給する。
研究などを援助するために与えられる金。

愁
13画　シュウ　うれ(える・い)　心 こころ
郷愁《キョウシュウ》　哀愁《アイシュウ》

1 なげき悲しむ。思いなやむ。
㉑キョウシュウに駆られる。
ふるさとや昔の物を懐かしむ気持ち。
㉒アイシュウを帯びた後ろ姿。
もの悲しい感じ。

献
13画　ケン　コン　犬 いぬ
献身的《ケンシンテキ》　献立《コンだて》

1 ささげる。さしあげる。
㉓ケンシン的に看病する。
自分を犠牲にして尽くすさま。

2 料理や酒。
㉔夕食のコンダテを考える。
料理の種類や組み合わせ。

督
13画　トク　目 め
監督《カントク》　督促《トクソク》

1 みる。率いる。
㉕野球部のカントクになる。
グループをまとめ指揮する人。

2 うながす。せきたてる。
㉖借金の返済をトクソクする。
早くするようせきたてること。

僚
14画　リョウ　亻 にんべん
同僚《ドウリョウ》　官僚《カンリョウ》

1 とも。おなじ仕事のなかま。
㉗ドウリョウと食事に行く。
職場がおなじで地位もおなじ人。

2 つかさ。役人。
㉘カンリョウ出身の国会議員。
上級の役人。

漸
14画　ゼン　氵 さんずい
漸次《ゼンジ》　漸進的《ゼンシンテキ》

1 ようやく。しだいに。
㉙病状がゼンジ快方に向かう。
しだいに。

2 すすむ。少しずつ移っていく。
㉚ゼンシン的な社会改革。
徐々にすすむこと。

緒
14画　ショ　チョ　お　糸 いとへん
端緒《タンショ》　情緒《ジョウチョ》

1 いとぐち。物事の起こりはじめ。
㉛問題解決のタンショとなる。
物事のてがかり。

2 こころ。
㉜ジョウチョ豊かな町並み。
しみじみとした雰囲気。

異字同訓
⑩進路を思いわずらう。〔　〕
⑪大病をわずらう。〔　〕
⑫春のうれい。〔　〕
⑬後顧のうれい。〔　〕

類似字
⑭家まで一ショに帰る。〔　〕
⑮ショ般の事情。〔　〕

漢字の豆知識
愁いと憂いの違いは？

「憂愁」という熟語もあるくらいで、使い分けは難しいけれど、「愁い」は、悲しみや悩みで心がふさぐ場合、「憂い」は、将来悪事が起こりはしないかと心配する場合に用いる。だから、「愁い顔」は悲しくて思い悩んでいる顔、「憂い顔」は将来を案じる顔だよ。

漢字力強化 解答　❶嫌う　❷煩わす　❸愁える　❹けんお　❺いやけ(いやき)　❻ゆいしょ　❼はなお　❽勧奨　❾干渉

酷 14画
コク
酉 とりへん
残酷《ザンコク》 酷似《コクジ》

1 むごい。手厳しい。
2 はなはだしい。非常に。

①**ザンコク**な事件が起こる。
平気で苦しめるさま。

②**コクジ**する二人の作風。
そっくりなこと。

銘 14画
メイ
金 かねへん
感銘《カンメイ》 銘菓《メイカ》

1 金石に文字を刻む。深く心に刻む。
2 上等なもの。一流の。

③講演に**カンメイ**を受けた。
深く心に刻み込まれること。

④地元の**メイカ**を土産にする。
名を知られている上等なかし。

駄 14画
ダ
馬 うまへん
駄賃《ダチン》 無駄《ムダ》

1 馬に荷物を背負わせる。荷物。
2 つまらない。値打ちがない。

⑤おつかいの**ダチン**をもらう。
手伝いをした子供へのほうび。

⑥彼に援助を頼んでも**ムダ**だ。
しただけの効果がないこと。

彰 14画
ショウ
彡 さんづくり
表彰《ヒョウショウ》 顕彰《ケンショウ》

1 あきらか。あきらかにする。

⑦功労者を**ヒョウショウ**する。
褒めたたえ人々に知らせること。

⑧偉人を**ケンショウ**する石碑。
功績などをたたえ世間に知らせること。

寡 14画
カ
宀 うかんむり
寡黙《カモク》 寡婦《カフ》

1 すくない。
2 連れ合いをなくした人。

⑨真面目で**カモク**な青年だ。
言葉数がすくないこと。

⑩母は**カフ**控除を受けている。
夫を失って再婚しないでいる女性。

寧 14画
ネイ
宀 うかんむり
安寧《アンネイ》 丁寧《テイネイ》

1 やすらかに落ち着いている。
2 心がこもっているさま。

⑪社会の**アンネイ**を維持する。
無事でやすらかなこと。

⑫**テイネイ**な対応を心がける。
細かい点にまで注意の行き届いているさま。

遮 14画
シャ
さえぎ(る)
辶 しんにょう
遮断《シャダン》 遮光《シャコウ》

1 さえぎる。ふさぐ。

⑬車の流れを**シャダン**する。
さえぎること。

⑭**シャコウ**カーテンを閉める。
ひかりをさえぎること。

閥 14画
バツ
門 もんがまえ
派閥《ハバツ》 門閥《モンバツ》

1 出身や利害を共にする者の集まり。
2 家柄。

⑮党内に**ハバツ**がある。
出身や縁故などで結びついた集団。

⑯**モンバツ**にこだわった争い。
家の格付け。

漢字力強化

送りがなを含む書き取り

❶視界を**さえぎる**。〔　〕
❷永遠の愛を**ちかう**。〔　〕
❸不正に**いきどおる**。〔　〕
❹進退ここに**きわまる**。〔　〕

音読みと訓読み

❺約束を**履**行する。〔　〕
❻**履**き物を脱ぐ。〔　〕

対義語

❼絶賛 ↕ □評
❽傑作 ↕ □作
❾多作 ↕ □作
❿裕福 ↕ 困□

検印

⓮撤 ⓯憤 ⓰墳 ⓱噴

---

⑰ 誓 14画　セイ／ちか（う）
言 げん
一 十 圡 丰 圭 扩 扩 折 哲 誓 誓
誓約 宣誓 セイヤク セイヤク
誓
・ちかう。神仏や人にやくそくする。
主将が選手センセイをする。
ちかいの言葉を述べること。

⑱ 固くやくそくすること。
セイヤク書に署名する。

⑲ 徹 15画　テツ
イ ぎょうにんべん
彳 彳 彳 彳 彳 徍 徚 徝 徹 徹
徹底 テッテイ 貫徹 カンテツ
徹
・とおる。とおす。
戸締まりをテッテイする。
すみずみまで行き届くこと。

1 とおる。とおす。
初志をカンテツした生き方。
つらぬきとおすこと。

⑳

㉑
いきどおる。激しく腹を立てる。
いきどおること。
友の裏切りにフンガイする。

愤 憤 15画　フン／いきどお（る）
忄 りっしんべん
忄 忄 忄 忄 忄 忭 忰 愦 憤 憤
憤慨 フンガイ 憤然 フンゼン
憤
・いきどおる。激しく腹を立てる。
フンゼンと席を立つ。
激しく怒るさま。

㉒ フンゼンと席を立つ。

㉓
取りさる。引き上げる。
前回の発言をテッカイする。
文書や発言を取り下げること。

撤 15画　テツ
扌 てへん
扌 扌 扌 扌 扌 拃 捇 捇 撤 撤
撤回 テッカイ 撤去 テッキョ
撤
1 取りさる。引き上げる。

㉔
放置自転車をテッキョする。
取りさること。

㉕ 窮 15画　キュウ／きわ（める・まる）
穴 あなかんむり
宀 宀 宀 宀 宀 宀 窅 窮 窮 窮
無窮 ムキュウ 窮地 キュウチ
窮
1 きわめる。きわまる。
ムキュウの天。
きわまりのないこと。

㉖
2 行きづまる。苦しむ。
キュウチに立たされる。
追いつめられた苦しい状況。

㉗ 罷 15画　ヒ
罒 あみがしら
罒 罒 罒 罒 罒 罘 罷 罷 罷
罷業 ヒギョウ 罷免 ヒメン
罷
1 やめる。やすむ。
労働者がヒギョウする。
継続して行う仕事を中止すること。

㉘
2 役目をやめさせる。しりぞける。
外務大臣がヒメンされる。
職務をやめさせること。

㉙ 弊 15画　ヘイ
廾 こまぬき
丷 丷 丷 尚 尚 尚 敝 弊 弊
弊害 ヘイガイ 疲弊 ヒヘイ
弊
1 よくない。がいになる。
改革にはヘイガイが伴う。
他に悪い影響を与える物事。

㉚
2 つかれる。よわる。
残業で心身がヒヘイする。
つかれよわること。

㉛ 履 15画　リ／は（く）
尸 かばね
フ コ 尸 尸 尸 尸 屏 屏 屏 履 履
草履 ゾウリ 履歴書 リレキショ
履
1 はきもの。はきものをはく。
ゴムゾウリを持参する。
鼻緒がすげてあるはきもの。

㉜
2 ふむ。実際におこなう。
リレキ書を提出する。
今までに経てきた学業や職業を記した書類。

（コラム）

漢字の豆知識

徹と撤　類似字

「徹夜」の「徹」と「撤廃」の「撤」はどちらも「テツ」と読み、迷いやすい。「貫き通して行く」という意味のときは、イ（ぎょうにんべん）の「徹」、「手などで取り除く」という意味のときは、扌（てへん）の「撤」と覚えよう。

類似字

⑪ 貧困をきわめる。〔　〕 異字同訓
⑫ 山頂をきわめる。〔　〕
⑬ テツ夜で勉強する。〔　〕 類似字
⑭ 差別をテツ廃する。〔　〕
⑮ 義フンを覚える。〔　〕
⑯ 弥生時代のフン墓。〔　〕
⑰ 火山がフン火する。〔　〕

漢字力強化 解答　❶遮る　❷誓う　❸憤る　❹窮まる　❺りこう　❻は　❼酷　❽駄　❾寡　❿窮　⓫窮　⓬極　⓭徹

15画　遷　セン　しんにょう

一 一 一 一 西 西 要 要 要 栗 栗 遷 遷
遷都 セント
変遷 ヘンセン

① 京都から東京へ**セント**する。
1　場所・地位がうつる。うつる。
みやこを他の地にうつすこと。

② 時代とともに**ヘンセン**する。
2　うつりかわる。時がうつる。
うつりかわること。

15画　幣　ヘイ　巾　はば

貨幣 カヘイ
御幣 ゴヘイ

③ 記念**カヘイ**を発行する。
1　お金・銭。
商品の交換を媒介するもの。

④ **ゴヘイ**を担ぐようになった。
2　神に供える布。
つまらない縁起や迷信を気にかける。

15画　摩　マ　手て

广 广 广 广 庐 麻 麻 麻 摩 摩
摩擦 マサツ
摩天楼 マテンロウ

⑤ 毎日乾布**マサツ**をする。
1　する。こする。
すり合わせること。

⑥ **マテンロウ**群。
2　せまる。こする。
超高層ビル。

16画　壌　ジョウ　つちへん

土壌 ドジョウ
鼓腹撃壌 コフクゲキジョウ

⑦ **ドジョウ**が肥えている。
1　つち。耕作に適したつち。

⑧ 鼓腹**ゲキジョウ**の世の中。
世の中の太平を楽しむこと。

16画　懐　カイ　ふところ　なつ(かしい・かしむ)・いだ(く)・おも(う)

りっしんべん
懐疑的 カイギテキ
懐中 カイチュウ

⑨ 今回の方針には**カイギ**的だ。
1　思いをいだく。なつかしむ。
うたがいをいだくこと。

⑩ **カイチュウ**電灯を常備する。
2　ふところ。
ふところに入れること。

16画　薫　クン　かお(る)　くさかんむり

薫風 クンプウ
薫陶 クントウ

⑪ **クンプウ**が気持ちよく吹く。
1　かおる。よいかおり。
爽やかに吹く初夏の快いかぜ。

⑫ 先生の**クントウ**のたまもの。
2　人を感化する。
徳により感化しすぐれた人間にすること。

16画　薦　セン　すす(める)　くさかんむり

推薦 スイセン
自薦 ジセン

⑬ 自信を持って**スイセン**する。
1　すすめる。人を選び出す。
他人にすすめること。

⑭ **ジセン**で賞に応募する。
じぶんをすすめること。

16画　還　カン　しんにょう

還元 カンゲン
生還 セイカン

⑮ 利益を株主に**カンゲン**する。
1　かえる。かえす。
もとの状態に戻すこと。

⑯ 奇跡的に**セイカン**する。
いきてもどること。

漢字力強化

送りがなを含む書き取り
❶ なつかしい人に会う。
❷ 風かおる五月。
❸ 良書をすすめる。
❹ 罪をつぐなう。
❺ 悪癖をためる。
❻ つつしんで承る。

音読みと訓読み
❼ 今の心境を述懐する。
❽ 敵の懐に飛び込む。

同音異義語
❾ カイコの情に浸る。

⑩回顧　⑪平衡　⑫平行　⑬並行　⑭補償　⑮保障　⑯保証

検印

衡 16画

コウ

行 ぎょうがまえ

均衡《キンコウ》 合従連衡《ガッショウレンコウ》

1 はかり。つりあい。

⑰一対一のキンコウが破れる。
つりあいが取れていること。

2 よこ。

⑱合従レンコウを繰り返す。
時に応じてついたり離れたりすること。

融 16画

ユウ

虫 むし

融合《ユウゴウ》 融通《ユウズウ》

1 とける。とかす。

⑲東西の文化がユウゴウする。
とけて一つになること。

2 とおる。つうじる

⑳開店資金をユウズウする。
必要な金や物をやりくりすること。

償 17画

ショウ
つぐな(う)

亻 にんべん

代償《ダイショウ》 弁償《ベンショウ》

1 つぐなう。報いる。

㉑勝利のダイショウは大きい。
目的達成のために失ったもの。

㉒汚した本をベンショウする。
損害を金品でつぐなうこと。

嚇 17画

カク

口 くちへん

嚇怒《カクド》 威嚇《イカク》

1 いかる。大声でしかる。

㉓父がカクドした。
かっとなっておこること。

2 おどす。おどかす。

㉔不審船にイカク射撃をする。
おどかすこと。

擬 17画

ギ

扌 てへん

模擬《モギ》 擬人法《ギジンホウ》

1 なぞらえる。似る。

㉕モギ試験を受ける。
本物をまねること。

㉖ギジン法を用いて表現する。
ひと以外のものをひとに見立てること。

矯 17画

キョウ
た(める)

矢 やへん

矯正《キョウセイ》 奇矯《キキョウ》

1 ただす。まっすぐにする。

㉗歯並びをキョウセイする。
欠点をただしく直すこと。

2 いさましい。はげしい。

㉘キキョウな行動が多い。
言動が普通とひどく違っていること。

繊 17画

セン

糸 いとへん

繊維《センイ》 繊細《センサイ》

1 ほそい糸。糸すじ。

㉙食物センイを多く含む食品。
ほそい糸状の物質。

2 ほそい。かぼそい。ちいさい。

㉚センサイな感受性の持ち主。
感情が鋭くこまやかな様子。

謹 17画

キン
つつし(む)

言 ごんべん

謹慎《キンシン》 謹厳実直《キンゲンジッチョク》

1 つつしむ。かしこまる。

㉛キンシン処分を受ける。
家にこもり反省すること。

㉜キンゲン実直な職人。
つつしみ深く真面目で正直であること。

⑩青春をカイコする。

⑪体のヘイコウを保つ。

⑫ヘイコウな線を引く。

⑬ヘイコウして走る。

⑭損害をホショウする。

⑮社会ホショウ制度。

⑯身元をホショウする。

漢字の豆知識

風薫る 言葉の意味

若葉を吹き渡る爽やかな初夏の風という意味。もとは「薫風」を和語化した語だが、現在では「風薫る五月」のように決まった形で使うね。このように「薫る」は比喩的・象徴的なかおりに使い、「香る」は「梅の香り」のように一般的・具体的なかおりに使うよ。

漢字力強化 解答 ❶懐かしい ❷薫る ❸薦める ❹償う ❺矯める ❻謹ん ❼じゅっかい ❽ふところ ❾懐古

購 17画
コウ
貝 かいへん
購入《コウニュウ》 購買《コウバイ》

1 金銭を払って手にいれる。

① 電化製品を**コウニュウ**する。
かいいれること。

② **コウバイ**意欲を高める。
かうこと。

轄 17画
カツ
車 くるまへん
管轄《カンカツ》 所轄《ショカツ》

1 とりしまる。とりまとめる。

③ 外務省が**カンカツ**する機関。
権限をもって支配すること。

④ **ショカツ**の警察署に届ける。
ある範囲を権限をもって支配すること。

醜 17画
シュウ
みにく(い)
酉 とりへん
醜態《シュウタイ》 醜悪《シュウアク》

1 みにくい。けがらわしい。

⑤ 旅先で**シュウタイ**をさらす。
見苦しいさま。

⑥ **シュウアク**な争いが続く。
けがらわしく憎むべきさま。

頻 17画
ヒン
頁 おおがい
頻繁《ヒンパン》 頻度《ヒンド》

1 しきりに。しばしば。

⑦ **ヒンパン**に車が行き来する。
ひっきりなしであること。

⑧ 出題**ヒンド**の高い熟語。
物事が繰り返し行われるどあい。

懇 17画
コン
ねんご(ろ)
心 こころ
懇切《コンセツ》 懇意《コンイ》

1 まごころを尽くす。

⑨ **コンセツ**丁寧に指導する。
こころを尽くし、行き届いているさま。

2 うちとける。したしくする。

⑩ 父が**コンイ**にしている人。
したしくつきあっているさま。

襟 18画
キン
えり
衤 ころもへん
開襟《カイキン》 胸襟《キョウキン》

1 衣服のえり。

⑪ **カイキン**シャツを着る。
えりをひらくこと。

2 むね。心の中。

⑫ **キョウキン**をひらいて話す。
心中隠すところなく打ち明ける。

顕 18画
ケン
頁 おおがい
顕著《ケンチョ》 露顕《ロケン》

1 あきらか。はっきりしている。

⑬ **ケンチョ**な成長が見られた。
際立って目につくさま。

2 あらわれる。あきらかになる。

⑭ 悪事が**ロケン**する。
隠していたことがあらわれること。

癒 18画
ユ
い(える・やす)
疒 やまいだれ
治癒《チユ》 癒着《ユチャク》

1 いえる。いやす。

⑮ 擦過傷は数日で**チユ**した。
病気やけががなおること。

⑯ 政界と財界が**ユチャク**する。
不正な関係で結びついていること。

漢字力強化

送りがなを含む書き取り

❶ 心が**みにくい**。〔　〕
❷ **ねんごろ**にもてなす。〔　〕
❸ 温泉で傷を**いやす**。〔　〕
❹ 失敗に**こりる**。〔　〕
❺ 悪者を**こらしめる**。〔　〕
❻ 発言が物議を**かもす**。〔　〕
❼ 命を**かける**。〔　〕

音読みと訓読み

❽ **襟懐**を開く。〔　〕
❾ **襟足**の髪が長い。〔　〕

検印

⑩購 ⑪構 ⑫講 ⑬溝 ⑭懇 ⑮顕

懲
18画
チョウ
こ(りる・らす・らしめる)
部首：心（こころ）
懲戒《チョウカイ》 懲罰《チョウバツ》

1 こりる。こらしめる。

⑰ **チョウカイ**処分とする。
不当な行為に制裁を加えること。

⑱ 不当な**チョウバツ**を受ける。
こらしめばっすること。

譜
19画
フ
部首：言（ごんべん）
系譜《ケイフ》 楽譜《ガクフ》

1 系統立てて記す。記したもの。

⑲ 徳川家の**ケイフ**を研究する。
血縁などのつながりを示すもの。

2 おんがくを符号で記したもの。

⑳ 最初は**ガクフ**を見て歌う。
曲を書き表したもの。

羅
19画
ラ
部首：罒（あみがしら）
網羅《モウラ》 羅列《ラレツ》

1 あみ。あみで捕らえる。

㉑ 全作品を**モウラ**した画集。
残らず取り入れること。

2 つらなる。ならべる。

㉒ 数字を**ラレツ**する。
つらねならべること。

覇
19画
ハ
部首：覀（おおいかんむり）
覇者《ハシャ》 制覇《セイハ》

1 力で天下を統一する。

㉓ 天下の**ハシャ**となる。
力によって天下を治めたもの。

2 競技などで優勝すること。

㉔ 悲願の全国**セイハ**を果たす。
勝ち抜いて優勝すること。

韻
19画
イン
部首：音（おと）
余韻《ヨイン》 韻文《インブン》

1 美しい響き。音。

㉕ 興奮の**ヨイン**が冷めない。
物事が終わった後に残る風情。

2 詩歌で同じ響きの語を用いること。

㉖ 和歌や俳句は**インブン**だ。
規律に従って書かれた表現。

醸
20画
ジョウ
かも(す)
部首：酉（とりへん）
醸造《ジョウゾウ》 醸成《ジョウセイ》

1 発酵させて酒などをつくる。

㉗ 日本酒を**ジョウゾウ**する。
発酵させてつくること。

2 ある状態をつくりだす。

㉘ 社会不安を**ジョウセイ**する。
気運を徐々につくりだすこと。

懸
20画
ケン ケ
か(ける・かる)
部首：心（こころ）
懸念《ケネン》 懸隔《ケンカク》

1 かける。かかる。

㉙ 国の将来が**ケネン**される。
危ぶみ心にかけること。

2 遠くへだたる。かけはなれる。

㉚ 両者間の大きな**ケンカク**。
二つがかけはなれていること。

騰
20画
トウ
部首：馬（うま）
高騰《コウトウ》 沸騰《フットウ》

1 あがる。のぼる。

㉛ 野菜の価格が**コウトウ**する。
たかくなること。

2 わきあがる。

㉜ やかんの湯が**フットウ**する。
わきあがり煮え立つこと。

類似字

⑩ 雑誌の定期**コウ**読。〔　〕

⑪ **コウ**図のよい写真。〔　〕

⑫ 夏期**コウ**習を受ける。〔　〕

⑬ 側**コウ**に蓋をする。〔　〕

類義語

⑭ 親睦会 ＝ □親会

⑮ 明示 ＝ □示

漢字の豆知識

酉（とりへん）

「醜」や「醸」の部首は、「酉」。「とりへん」や「ひよみのとり」と呼ぶので、鳥と関係がありそうだけど、これは十二支で「とり」と読むことからきているだけで、実は酒つぼの形からきたものだ。だから酒類や発酵させるものに関する文字が多い。

漢字力強化 解答 ❶醜い ❷懲ろ ❸癒やす ❹懲りる ❺懲らしめる ❻醸す ❼懸ける ❽きんかい ❾えりあし

漢字	画数	読み	部首	筆順	用例	意味	問題
刃	3画	ジン / は	刀《かたな》	フ 刀 刃	刃物《はもの》	は。はもの。切る。	①**ハモノ**で指先を切る。（切ったり削ったりするもの。）
升	4画	ショウ / ます	十《じゅう》	ノ 亻 チ 升	一升《イッショウ》	容積の単位。約1・8リットル。	②酒を**イッショウ**飲んだ。（約1・8リットル。）
屯	4画	トン	屮《てつ》	一 匚 屯 屯	駐屯《チュウトン》	たむろする。寄り集まる。	③軍隊が**チュウトン**する。（一定期間とどまること。）
弔	4画	チョウ / とむら(う)	弓《ゆみ》	フ コ 弓 弔	弔問《チョウモン》	とむらう。人の死を悲しみいたむ。	④**チョウモン**客が訪れる。（遺族を訪ねておくやみを述べること。）
仙	5画	セン	亻《にんべん》	ノ 亻 仆 仙 仙	仙人《センニン》	せんにん。すぐれたひと。	⑤**センニン**のような発言だ。（無欲で世間離れしたひと。）
汁	5画	ジュウ / しる	氵《さんずい》	丶 冫 氵 汁 汁	果汁《カジュウ》	しる。液体。つゆ。	⑥みかんの**カジュウ**を搾る。（くだものを搾って得られるしる。）
尼	5画	ニ / あま	尸《かばね》	フ コ 尸 尸 尼	尼寺《あまでら》	あま。出家した女性。	⑦**アマデラ**で出家する。（女性の僧が住むてら。）
囚	5画	シュウ	囗《くにがまえ》	丨 冂 冈 囚 囚	囚人《シュウジン》	とらえる。とらわれたひと。	⑧**シュウジン**を護送する。（刑務所に拘禁されている者。）
且	5画	か(つ)	一《いち》	丨 冂 月 月 且	且《か》つ	かつ。さらに。	⑨迅速**カ**つ正確な対応。（そのうえに。）
丙	5画	ヘイ	一《いち》	一 丆 丙 丙 丙	丙種《ヘイシュ》	物事の三番目。	⑩**ヘイシュ**危険物取扱者。（甲・乙につぐ三番めのしゅるい。）
凹	5画	オウ	凵《うけばこ》	凹 凹 凹 凹 凹	凹凸《オウトツ》	くぼむ。へこむ。	⑪**オウトツ**の激しい道。（でこぼこ。）
凸	5画	トツ	凵《うけばこ》	凸 凸 凸 凸 凸	凸版《トッパン》	でこ。中央がつき出ているさま。	⑫**トッパン**で印刷する。（盛り上がった部分にインクをつける印刷法。）

□つ　□つ

漢字力強化

送りがなを含む書き取り

❶祖先の霊を**とむらう**。

音読みと訓読み

❷凶刃に倒れる。〔　〕
❸出刃包丁を研ぐ。〔　〕
❹苦汁を飲まされる。〔　〕
❺温かい汁粉。〔　〕
❻長江のほとり。〔　〕
❼江戸時代の絵師。〔　〕

対義語

❽祝辞 ↕ □辞
❾凹面 ↕ □面
❿謄本 ↕ □本

検印

⓫伯 ⓬拍 ⓭迫 ⓮十 ⓯凵 ⓰缶

5級 4級 3級 準2級 2級 付録

妃	6画	ヒ	女 おんなへん	王妃《オウヒ》	きさき。	⑬某国の**オウヒ**が来日する。（おうのきさき。）
江	6画	コウ／え	氵 さんずい	江湖《コウコ》	大きな川。いりえ。	⑭広く**コウコ**の評判を得た。（世の中。）
朴	6画	ボク	木 きへん	素朴《ソボク》	うわべを飾らない。すなお。	⑮**ソボク**な人柄が魅力的だ。（飾り気がないさま。）
肌	6画	はだ	月 にくづき	肌身《はだみ》	はだ。	⑯**ハダミ**離さず持ち歩く。（いつもからだから離さないで。）
弐	6画	ニ	弋 しきがまえ	弐万円《ニマンエン》	二(金銭証書などで使う)。	⑰領収金**ニマン**円也。（証書では「二」を使わない。）
缶	6画	カン	缶 ほとぎ	缶詰《カンづめ》	水を入れる器。金属製の容器。	⑱果物の**カンヅメ**を買う。（食品をかんに入れて密封したもの。）
但	7画	ただ(し)	亻 にんべん	但《ただ》し書《が》き	ただし。ただ。	⑲**タダ**し書きをよく読む。（説明などを書き添えた文。） □し □し
伯	7画	ハク	亻 にんべん	伯仲《ハクチュウ》	兄弟姉妹の最年長。一芸に秀でたもの。	⑳実力が**ハクチュウ**する。（優劣のつけられないこと。）
妊	7画	ニン	女 おんなへん	妊婦《ニンプ》	はらむ。みごもる。	㉑**ニンプ**に席を譲る。（子をみごもっている女性。）
抄	7画	ショウ	扌 てへん	抄録《ショウロク》	写す。抜き書きする。	㉒要点を**ショウロク**する。（必要な部分を抜き書きすること。）
杉	7画	すぎ	木 きへん	杉板《すぎいた》	すぎ。	㉓床に**スギイタ**を張る。（すぎの木のいた。）

類似字

⓫有名画**ハク**の個展。［　］

⓬四分の三**ビョウ**子。［　］

⓭圧**パク**感を与える。［　］

部首

⓮升 □　⓯凹 □　⓰缶 □

漢字の豆知識　漢字の六書《りくしょ》⑤

指事《しじ》文字

指事文字は、形のない抽象的な事柄を字画の関係によって指し示したもの。たとえば、「上」や「下」は基点の横棒より上か下かを点（、）の位置で示している。また、「刃」の中央に「、」を加えて「やいば」の意味を示すものもあるよ。

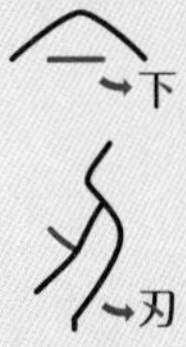

漢字力強化 解答　❶弔う　❷きょうじん　❸でば　❹くじゅう　❺しるこ　❻ちょうこう　❼えど　❽弔　❾凸　❿抄

画数	漢字	読み	部首	筆順	用例
7画	戻	レイ／もど(す・る)	戸 とだれ	一 コ ヨ 戸 戸 戸 戻	返戻《ヘンレイ》
7画	廷	テイ	廴 えんにょう	ノ 二 千 壬 壬 廷 廷	法廷《ホウテイ》
7画	亜	ア	二 に	一 丅 丌 币 帀 亜 亜	亜流《アリュウ》
7画	呉	ゴ	口 くち	丶 口 口 吕 吴 呉 呉	呉越同舟《ゴエツドウシュウ》
7画	壱	イチ	士 さむらい	一 十 士 士 声 壱 壱	壱万円《イチマンエン》
8画	併	ヘイ／あわ(せる)	亻 にんべん	ノ 亻 亻 亻 亻 伻 伻 併	合併《ガッペイ》

もどる。もどす。
①借用した本を**ヘンレイ**する。
かえしもどすこと。

裁判を行う場所。政務を行う場所。
②証人として**ホウテイ**に出る。
裁判を行う場所。

次ぐ。準じる。第二番目。
③これは**アリュウ**にすぎない。
まねるだけで独創性のないもの。

昔の中国の国名。
④**ゴエツ**同舟して策を練る。
敵どうしが同じ境遇にいること。

一（金銭証書などで使う）。
⑤領収金**イチマン**円也。
証書では「一」を使わない。

ならべる。あわせる。
⑥隣町と**ガッペイ**する。
一つにあわさること。

画数	漢字	読み	部首	筆順	用例
8画	坪	つぼ	土 つちへん	一 十 土 圹 圷 坪 坪 坪	建坪《たてつぼ》
8画	岬	みさき	山 やまへん	丨 山 山 屾 岬 岬 岬 岬	岬《みさき》
8画	弦	ゲン／つる	弓 ゆみへん	一 コ 弓 弓 弘 弦 弦 弦	上弦《ジョウゲン》
8画	拐	カイ	扌 てへん	一 十 扌 扣 扣 扣 拐 拐	誘拐《ユウカイ》
8画	拒	キョ／こば(む)	扌 てへん	一 十 扌 扌 扌 折 拒 拒	拒絶《キョゼツ》
8画	抹	マツ	扌 てへん	一 十 扌 扌 扌 扌 抹 抹	一抹《イチマツ》

面積の単位。約三・三平方メートル。
⑦**タテツボ**の広い家。
たてものの一階部分が占める面積。

みさき。
⑧**ミサキ**から海を眺める。
陸地が海や湖に突き出た地形。

弓に張る糸。楽器に張る糸。
⑨**ジョウゲン**の月を見上げる。
新月から満月に至る中間ごろの月。

だまし取る。だまして連れ去る。
⑩**ユウカイ**事件が起こる。
だましてさそいだすこと。

こばむ。よせつけない。
⑪要求を**キョゼツ**する。
こばむこと。

こする。ぬりつぶす。
⑫**イチマツ**の不安が残る。
ほんのわずか。

漢字力強化

送りがなを含む書き取り

❶来た道を**もどる**。〔　　〕
❷**あわせ**て健康を祈る。〔　　〕
❸申し出を**こばむ**。〔　　〕
❹へそで茶を**わかす**。〔　　〕

音読みと訓読み

❺勝敗に**拘泥**する。〔　　〕
❻**泥棒**を捕まえる。〔　　〕
❼水草に**気泡**がつく。〔　　〕
❽苦労が水の**泡**だ。〔　　〕
❾**地下茎**が伸びる。〔　　〕
❿**歯茎**から出血する。〔　　〕

検印

❿はぐき　⓫枠　⓬砕　⓭粋　⓮拒　⓯抹

漢字	画数	音訓	部首	筆順	熟語
泥	8画	デイ／どろ	氵（さんずい）	丶 冫 氵 氵ᄀ 氵コ 沪 沪 泥	雲泥《ウンデイ》
沸	8画	フツ／わ（く・かす）	氵（さんずい）	丶 冫 氵 氵ᄀ 氵コ 氵弓 沸 沸	沸点《フッテン》
泡	8画	ホウ／あわ	氵（さんずい）	丶 冫 氵 氵ノ 氵勹 泃 泃 泡	発泡《ハッポウ》
附	8画	フ	阝（こざとへん）	７ ３ 阝 阝ノ 阝イ 阝仁 附 附	附属《フゾク》
枠	8画	わく	木（きへん）	一 十 才 木 木ノ 朸 枠 枠	窓枠《まどわく》
肢	8画	シ	月（にくづき）	ノ 刀 月 月 月一 肚 肢 肢	肢体《シタイ》

どろ。どろ状のもの。
⑬ 昔とは**ウンデイ**の差がある。（たいへんな違い。）

わく。わかす。
⑭ 水の**フッテン**を調べる。（液体が煮えたつ温度。）

あわ。あぶく。
⑮ **ハッポウ**スチロールの容器。（あわ状の空間がある合成樹脂の一つ。）

つく。したがう。
⑯ 大学の**フゾク**高校に通う。（ついていること。）

わく。
⑰ 木の**マドワク**をつける。（まどのまわりのわく。）

てあし。ほんたいから分かれ出た部分。
⑱ 長くて美しい**シタイ**。（手と足。）

漢字	画数	音訓	部首	筆順	熟語
肪	8画	ボウ	月（にくづき）	ノ 刀 月 月 月丶 肀 肪 肪	脂肪《シボウ》
邸	8画	テイ	阝（おおざと）	ノ 𠂆 FFFF 氏 氐 氐ᄀ 邸 邸	邸宅《テイタク》
茎	8画	ケイ／くき	艹（くさかんむり）	一 十 艹 艹 芝 苤 苳 茎	根茎《コンケイ》
迭	8画	テツ	辶（しんにょう）	ノ ㇒ 𠂉 牛 失 失 迭 迭	更迭《コウテツ》
劾	8画	ガイ	力（ちから）	丶 亠 亡 亥 亥 亥 刻 劾	弾劾《ダンガイ》
叔	8画	シュク	又（また）	丨 卜 上 于 扌 尗 叔 叔	伯仲叔季《ハクチュウシュクキ》

あぶら。動物の体内のあぶら。
⑲ **シボウ**の取り過ぎで太る。（動植物に含まれる常温で固体の油し。）

やしき。大きな家。
⑳ 豪華な**テイタク**が立ち並ぶ。（大きなやしき。）

植物のくき。くきのような形をしたもの。
㉑ ハスの細長い**コンケイ**。（ねのように見えるくき。）

かわる。かわるがわる。
㉒ 役員を**コウテツ**する。（ある地位の人を入れ替えること。）

とりしらべる。あばく。
㉓ 政府の失政を**ダンガイ**する。（不正をあばき、責任を追及すること。）

父母の弟・妹。兄弟の上から三番め。
㉔ 伯仲**シュク**季。（兄弟の順番。）

漢字の豆知識

伯仲叔季

親の男兄弟である「おじ」には、「伯父」「叔父」の表記があるけれど、使い分けできるかな。これは中国の兄弟順を表す「伯仲叔季」から来ていて、「伯」は兄弟の一番め、「仲」は二番め、「叔」は三番め、「季」は末子という意味だ。だから、親より年上の「おじ」は「伯父」、親より年下の「おじ」は「叔父」だよ。

類似字

⓫ 定員の**ワク**内に入る。〔　〕
⓬ 機械で**サイ**石する。〔　〕
⓭ 純**スイ**な心の持ち主。〔　〕

対義語

⓮ 承諾 ↕ □否

類義語

⓯ 削除 ＝ □消

漢字力強化 解答 ❶戻る ❷併せ ❸拒む ❹沸かす ❺こうでい ❻どろぼう ❼きほう ❽あわ ❾ちかけい

昆 8画
コン
日 ひ
丨 冂 日 日 旦 旦 昆 昆
昆虫《コンチュウ》
むし。
①**コンチュウ**採集をする。
トンボ・セミ・チョウなど。

盲 8画
モウ
目 め
丶 亠 亡 亡 肓 肓 盲 盲
盲点《モウテン》
見えない。正しい判断ができない。
②法律の**モウテン**をつく。
気づかず見落としている部分。

侯 9画
コウ
亻 にんべん
ノ 亻 仁 仁 伊 伊 侯 侯 侯
王侯《オウコウ》
きみ。貴族の階級を示す語。
③**オウコウ**貴族の暮らしぶり。
君主。領主。

俊 9画
シュン
亻 にんべん
ノ 亻 仏 仏 伀 伀 俊 俊 俊
俊敏《シュンビン》
すぐれる。ひいでる。
④**シュンビン**な身のこなし。
頭のはたらきが鋭く行動がすばやいこと。

垣 9画
かき
土 つちへん
一 十 土 圠 圻 圻 垣 垣 垣
垣根《かきね》
かきね。かこい。
⑤隣人と**カキネ**越しに話す。
家や敷地の囲い。

姻 9画
イン
女 おんなへん
く 女 女 如 如 如 姻 姻 姻
婚姻《コンイン》
とつぐ。結婚によってできた親類。
⑥**コンイン**届を提出する。
夫婦となること。

挟 9画
キョウ
はさ(む・まる)
扌 てへん
一 十 扌 扌 扌 扌 挟 挟 挟
挟撃《キョウゲキ》
はさむ。はさまる。
⑦左右から**キョウゲキ**する。
はさみうち。

拷 9画
ゴウ
扌 てへん
一 十 扌 扌 扌 扌 拷 拷 拷
拷問《ゴウモン》
うつ。たたく。
⑧**ゴウモン**は禁止されている。
肉体的苦痛を与え白状させること。

洪 9画
コウ
氵 さんずい
丶 丶 氵 氵 汁 汁 洪 洪 洪
洪水《コウズイ》
おおみず。
⑨**コウズイ**警報が解除された。
大雨で川のみずがあふれ出ること。

柳 9画
リュウ
やなぎ
木 きへん
一 十 木 木 木 木 柳 柳 柳
川柳《センリュウ》
やなぎ。やなぎのような。
⑩趣味は**センリュウ**だ。
十七字で世相を風刺する短詩。

亭 9画
テイ
亠 なべぶた
丶 亠 亠 亠 亠 亠 亭 亭 亭
料亭《リョウテイ》
宿屋。料理屋。茶屋。
⑪高級**リョウテイ**で食事する。
和食や酒を出す店。

窃 9画
セツ
穴 あなかんむり
丶 丶 宀 宀 穴 穴 窃 窃 窃
窃盗《セットウ》
ぬすむ。こっそりと取る。
⑫**セットウ**の疑いで捕まる。
すきをうかがい物をぬすむこと。

漢字力強化

送りがなを含む書き取り

❶奥歯に物が**はさまる**。
❷ごみ箱が**くさい**。
❸下水が**におう**。
❹花瓶に花を**さす**。

音読みと訓読み

❺**花柳**界の歴史。
❻**柳**に雪折れなし。

類似字

❼財閥の総**スイ**。
❽兄は外科の医**シ**だ。
❾険しい木曽の**サン**道。

検印

⓭践 ⓮目 ⓯自

疫（9画）
- 読み：エキ／ヤク
- 部首：疒（やまいだれ）
- 筆順：丶 亠 广 广 疒 疒 疒 疫 疫
- 熟語：疫病《エキビョウ》
- 意味：悪性の流行性のびょうき。

⑬ **エキビョウ**の流行を防ぐ。
広範囲に流行するびょうき。

勅（9画）
- 読み：チョク
- 部首：力（ちから）
- 筆順：一 ｢ 戸 戸 申 東 東 剌 勅
- 熟語：勅命《チョクメイ》
- 意味：天皇のおおせ。

⑭ **チョクメイ**が下される。
天皇のめいれい。

帥（9画）
- 読み：スイ
- 部首：巾（はば）
- 筆順：丿 亻 户 户 自 自 自 帥 帥
- 熟語：元帥《ゲンスイ》
- 意味：ひきいる。将軍。

⑮ **ゲンスイ**の称号を得る。
総大将。

臭（9画）
- 読み：シュウ／くさ(い)／にお(う)
- 部首：自（みずから）
- 筆順：丿 亻 白 白 白 自 自 臭 臭
- 熟語：悪臭《アクシュウ》
- 意味：におい。くさい。

⑯ **アクシュウ**を放つ果物。
嫌なにおい。

貞（9画）
- 読み：テイ
- 部首：貝（かい）
- 筆順：丨 卜 卜 占 占 貞 貞 貞 貞
- 熟語：貞淑《テイシュク》
- 意味：心がただしい。正義や節を守る。

⑰ 彼女は**テイシュク**な妻だ。
女性の操がかたくしとやかなこと。

俸（10画）
- 読み：ホウ
- 部首：亻（にんべん）
- 筆順：丿 亻 仁 仨 仨 伕 佚 侇 俸 俸
- 熟語：年俸《ネンポウ》
- 意味：給料。手当。

⑱ **ネンポウ**一億円の選手。
一ねん分の給料。

娠（10画）
- 読み：シン
- 部首：女（おんなへん）
- 筆順：く 女 女 女 妒 妒 妒 娠 娠 娠
- 熟語：妊娠《ニンシン》
- 意味：みごもる。

⑲ 姉は**ニンシン**六か月だ。
女性がみごもること。

挿（10画）
- 読み：ソウ／さ(す)
- 部首：扌（てへん）
- 筆順：一 十 扌 扌 扌 扩 挿 挿 挿 挿
- 熟語：挿話《ソウワ》
- 意味：さす。さしこむ。

⑳ 小説中に**ソウワ**を織り込む。
本筋とは関係のない短いはなし。

浦（10画）
- 読み：うら
- 部首：氵（さんずい）
- 筆順：丶 丶 氵 氵 汇 汇 涓 涓 浦 浦
- 熟語：浦風《うらかぜ》
- 意味：うみべ。入り江。

㉑ 心地よい**ウラカゼ**が吹く。
海辺を吹くかぜ。

朕（10画）
- 読み：チン
- 部首：月（つきへん）
- 筆順：丿 几 月 月 月 月 肸 肸 肸 朕
- 熟語：朕《チン》
- 意味：天皇の自称。

㉒ **チン**は天皇の自称だ。
自称代名詞の一つ。

核（10画）
- 読み：カク
- 部首：木（きへん）
- 筆順：一 十 才 木 木 杧 杧 杪 核 核
- 熟語：核心《カクシン》
- 意味：中心。物体や原子などの中心。

㉓ 事件の**カクシン**に迫る。
物事のかなめとなる部分。

桟（10画）
- 読み：サン
- 部首：木（きへん）
- 筆順：一 十 才 木 木 杧 杧 栈 栈 桟
- 熟語：桟橋《サンばし》
- 意味：かけはし。険しい所にかけ渡したはし。

㉔ **サンバシ**から船に乗り込む。
岸から突き出して造った建造物。

漢字の豆知識

漢字の六書《りくしょ》⑥
形声《けいせい》文字

「形（意味）」を表す文字と、「声（発音）」を示す文字とを組み合わせて作られた新しい意味の漢字。漢字の八割以上がこの形声文字だ。たとえば、このページの「柳・核・桟」は、木を意味する「木（きへん）」に、音を表す漢字を添えて、それぞれ木に関係する漢字ができている。

---

❿ **セン**薄な知識。［　］

⓫ 会えなくて**ザン**念だ。［　］

⓬ 金**セン**感覚が違う。［　］

⓭ 理論を実**セン**に移す。［　］

部首

⓮ 盲 □

⓯ 臭 □

漢字力強化 解答 ❶挟まる ❷臭い ❸臭う ❹挿す ❺かりゅうかい ❻やなぎ ❼帥 ❽師 ❾桟 ❿浅 ⓫残 ⓬銭

漢字練習

① 栓 セン 10画
ガスのモトセンを閉める。
ガスなどの室内引き込み管の付け根のせん。
せん。穴や器の口などをふさぐもの。
木きへん　十才才栓栓栓
元栓（もとセン）
栓

② 殉 ジュン 10画
ジュンショクした警察官。
仕事上の責任を果たすために死ぬこと。
人の後を追って死ぬ。目的のために死ぬ。
歹かばねへん　一ナラ歹歹殉殉殉
殉職（ジュンショク）
殉

③ 珠 シュ 10画
シンジュのネックレス。
たま。たまの形をしたもの。パール。
王おうへん　一丁王王玷珠珠
真珠（シンジュ）
珠

④ 租 ソ 10画
国にソゼイを納める。ぜいきん。
金銭をはらって借りる。ぜいきん。
禾のぎへん　ノニ千禾禾和和租
租税（ソゼイ）
租

⑤ 秩 チツ 10画
社会のチツジョが乱れる。
物事の次第。わかれること。
禾のぎへん　ノニ千禾禾和秒秩秩
秩序（チツジョ）
秩

⑥ 紡 ボウ・つむ（ぐ） 10画
綿と毛のコンボウの布。
繊維をまぜてつむぐこと。つむぐ。
糸いとへん　ㄥㄠㄠ糸糸糸紡紡紡
混紡（コンボウ）
紡

⑦ 蚊 か 10画
カの鳴くような声で話す。
力の羽音のようななきかすかな声。か。
虫むしへん　ノ口口中虫虫蚊蚊
蚊（か）
蚊

⑧ 酌 シャク・く（む） 10画
情状をシャクリョウする。
事情を考慮して刑を軽くすること。
酒をくむ。くみとる。
酉とりへん　一丆冂币西酉酌酌
酌量（シャクリョウ）
酌

⑨ 飢 キ・う（える） 10画
キガに苦しむ人がいる。
食べ物が不足して苦しむこと。
うえる。穀物が実らない。
食しょくへん　ノ人今今今食飢飢
飢餓（キガ）
飢

⑩ 剛 ゴウ 10画
質実ゴウケンな校風がある。
飾り気がなくまじめでしっかりしていること。
つよい。かたい。
刂りっとう　一冂冂冂冂岡岡岡剛剛
質実剛健（シツジツゴウケン）
剛

⑪ 剖 ボウ 10画
カエルのカイボウをする。
体を切り開いて調べること。わける。さく。
刂りっとう　一ユ立立音音剖剖
解剖（カイボウ）
剖

⑫ 宰 サイ 10画
一国のサイショウとなる。
内閣総理大臣。
仕事をとりしきる。とりしきる人。
宀うかんむり　宀宀宀宰宰宰
宰相（サイショウ）
宰

漢字力強化

音読みと訓読み　**送りがなを含む書き取り**

❶ 糸をつむぐ。
❷ 彼の気持ちをくむ。
❸ 凶作でうえる。
❹ うやうやしい態度。
❺ 病気で若くしてゆく。
❻ 春宵一刻値千金。
❼ 宵の明星が輝く。
❽ 恐竜の化石を見る。
❾ 竜巻が発生する。

検印

❿主宰　⓫主催　⓬租　⓭阻　⓮祖　⓯粗

漢字	画数	読み	部首	用例	意味	問題
宵	10画	ショウ／よい	宀（うかんむり）	徹宵《テッショウ》	よい。よる。	⑬テッショウして語り合う。（夜どおし。）
恭	10画	キョウ／うやうや（しい）	小（したごころ）	恭順《キョウジュン》	うやうやしい。かしこまる。	⑭キョウジュンの意を表す。（つつしんで命令に従うこと。）
症	10画	ショウ	疒（やまいだれ）	症状《ショウジョウ》	病気の性質。	⑮自覚ショウジョウがない。（病気やけがの様子。）
逝	10画	セイ／ゆ（く）／い（く）	辶（しんにょう）	逝去《セイキョ》	ゆく。人が死ぬ。	⑯恩師がセイキョされた。（人の死を敬っていう語。）
逓	10画	テイ	辶（しんにょう）	逓送《テイソウ》	つぎつぎと。だんだんと。	⑰物資をテイソウする。（順々におくること。）
唇	10画	シン／くちびる	口（くち）	唇《くちびる》	くちびる。	⑱クチビルをとがらせる。（不平・不満を表すこと。）
畝	10画	うね	田（た）	畝《うね》	うね。	⑲畑のウネに種をまく。（細長く土を盛り上げた所。）
翁	10画	オウ	羽（はね）	老翁《ロウオウ》	おきな。年をとった男性の敬称。	⑳ロウオウの昔語りを聞く。（年をとった男。）
竜	10画	リュウ／たつ	竜（りゅう）	竜頭蛇尾《リュウトウダビ》	りゅう。たつ。	㉑リュウトウ蛇尾に終わる。（初めは盛んだが、終わりは振るわないこと。）
偵	11画	テイ	亻（にんべん）	偵察《テイサツ》	うかがう。様子をさぐる。	㉒敵の様子をテイサツする。（ひそかに相手の様子をさぐること。）
喝	11画	カツ	口（くちへん）	一喝《イッカツ》	おどす。大きな声を出す。	㉓騒ぐ若者をイッカツする。（ひと声大声でしかること。）

漢字の豆知識

蚊　**漢字の成り立ち**

「ブンブン（文）」と羽音を立てて飛ぶ「虫」だから「蚊」という字になったそうだ。なお、なぜ「か」と呼ぶのかは諸説あって、羽音が「かしましき（＝やかましい）」の「か」、「かぶれ・かゆい」の「か」、「噛《か》む」の「か」などから来ていると言われるよ。

同音異義語

❿劇団をシュサイする。〔　〕

⓫宴会をシュサイする。〔　〕

類似字

⓬ソ借地を返還する。〔　〕

⓭技術発達をソ害する。〔　〕

⓮先ゾについて調べる。〔　〕

⓯ソ野な振る舞い。〔　〕

漢字力強化 解答　❶紡ぐ　❷酌む　❸飢える　❹恭しい　❺逝く　❻しゅんしょう　❼よい　❽きょうりゅう　❾たつまき

堀（11画）
ほり
部首：土（つちへん）
外堀《そとぼり》

ほり。

①城の**ソトボリ**を埋める。
城の周囲のほり。

据（11画）
す(える・わる)
部首：扌（てへん）
据《す》える

すえる。位置につける。

②肝を**ス**えて取り組む。
覚悟を決めて。

［　］える　［　］える

淑（11画）
シュク
部首：氵（さんずい）
淑女《シュクジョ》

しとやか。品のある。

③多くの**シュクジョ**が集まる。
上品でしとやかなおんなの人。

猫（11画）
ビョウ
ねこ
部首：犭（けものへん）
猫舌《ねこじた》

ねこ。

④彼女は**ネコジタ**だ。
熱い食べ物を口にできないこと。

紳（11画）
シン
部首：糸（いとへん）
紳士《シンシ》

地位・教養の備わった立派なひと。

⑤**シンシ**服売り場で働く。
成人男子。

舶（11画）
ハク
部首：舟（ふねへん）
船舶《センパク》

ふね。海を渡る大きなふね。

⑥巨大**センパク**が航行する。
大型のふね。

蛇（11画）
ジャ
ダ
へび
部首：虫（むしへん）
蛇口《じゃぐち》

へび。形がへびに似ているもの。

⑦水道の**ジャグチ**をひねる。
水道管の先につけたくち。

訟（11画）
ショウ
部首：言（ごんべん）
訴訟《ソショウ》

うったえる。あらそう。

⑧**ソショウ**を起こす。
裁判をなす手続き。

釣（11画）
チョウ
つ(る)
部首：金（かねへん）
釣果《チョウカ》

魚をつる。

⑨友人に**チョウカ**を自慢する。
つりあげた魚の量。

殻（11画）
カク
から
部首：殳（るまた）
地殻《チカク》

から。物の表面をおおっているから。

⑩**チカク**変動が起こる。
ちきゅうの表層部の岩石層。

菌（11画）
キン
部首：艹（くさかんむり）
殺菌《サッキン》

かび。ばいきん。

⑪わさびの**サッキン**効果。
バクテリアを死滅させること。

尉（11画）
イ
部首：寸（すん）
大尉《タイイ》

軍隊における階級の一つ。

⑫海軍**タイイ**に昇進する。
軍隊の階級の一つ。

漢字力強化

送りがなを含む書き取り

❶海老《えび》で鯛《たい》を**つる**。「　」
❷肺を**わずらう**。「　」

音読みと訓読み

❸愛**猫**家として有名だ。「　」
❹三毛**猫**を飼っている。「　」
❺彼の一言は**蛇**足だ。「　」
❻蛇の道は**蛇**。「　」
❼ザリガニは甲**殻**類だ。「　」
❽**殻**に閉じこもる。「　」
❾経済に通**暁**している。「　」
❿成功の**暁**には……。「　」

検印

❿あかつき ⓫堪 ⓬耐 ⓭絶 ⓮搭 ⓯塔

画数	漢字	読み	部首	熟語	意味
11画	患	カン / わずら(う)	心 こころ	患者《カンジャ》	病気にかかる。うれえる。
11画	曹	ソウ	曰 ひらび	法曹界《ホウソウカイ》	つかさ。役人。
11画	瓶	ビン	瓦 かわら	花瓶《カビン》	かめ。びん。
11画	蛍	ケイ / ほたる	虫 むし	蛍光《ケイコウ》	ほたる。
11画	斎	サイ	斉 せい	書斎《ショサイ》	ものいみ。部屋。
12画	堪	カン / た(える)	土 つちへん	堪忍《カンニン》	たえる。すぐれる。

⑬入院**カンジャ**のカルテ。
病気にかかって治療を受ける人。

⑭**ホウソウ**界に進みたい。
ほうりつにかかわる仕事。

⑮**カビン**に花を生ける。
はなをいけるびんやつぼ。

⑯**ケイコウ**塗料を塗る。
ひかりを当てるとひかって見えること。

⑰父の**ショサイ**に入る。
よんだりかいたりする部屋。

⑱**カンニン**袋の緒が切れる。
我慢できなくなって怒りを爆発させること。

画数	漢字	読み	部首	熟語	意味
12画	塚	つか	土 つちへん	貝塚《かいづか》	つか。もりつち。
12画	塀	ヘイ	土 つちへん	土塀《ドベイ》	へい。
12画	搭	トウ	扌 てへん	搭乗《トウジョウ》	のる。のせる。
12画	猶	ユウ	犭 けものへん	猶予《ユウヨ》	ためらう。ぐずぐずする。
12画	暁	ギョウ / あかつき	日 ひへん	早暁《ソウギョウ》	あかつき。あきらかになる。

⑲**カイヅカ**を発見する。
古代人が物を捨てた場所。

⑳**ドベイ**で庭を囲む。
つちのへい。

㉑飛行機に**トウジョウ**する。
のり込むこと。

㉒一刻の**ユウヨ**も許されない。
ぐずぐずして決断しないこと。

㉓**ソウギョウ**から日没まで。
夜が明けるころ。

異字同訓

⓫聞くに**た**えない話。〔　　〕
⓬主役の重圧に**た**える。〔　　〕
⓭望みが**た**える。〔　　〕

類似字

⓮燃料を**トウ**載する。〔　　〕
⓯石**トウ**が立ち並ぶ寺。〔　　〕

漢字の豆知識

「蛇」はなぜ「虫(むしへん)」？

「蛇」は、昆虫ではないのになぜ「虫（むしへん）」がついているのか、理由を知っているかな。実は、昔は鳥・獣・魚以外の小さな生物をすべて「虫」と呼んでいたんだ。だから、その名残で「蛇」は「虫（むしへん）」なんだよ。

漢字力強化 解答　❶釣る　❷患う　❸あいびょう　❹みけねこ　❺だそく　❻へび　❼こうかく　❽から　❾つうぎょう

棺（12画）
カン
部首：木（きへん）
出棺《シュッカン》

ひつぎ。かんおけ。

①**シュッカン**を見送る。
死者のひつぎを送りだすこと。

〔　　〕

棚（12画）
たな
部首：木（きへん）
本棚《ホンだな》

たな。たなに似たもの。

②**ホンダナ**を組み立てる。
書物を置くたな。

〔　　〕

棟（12画）
トウ
むね
むな
部首：木（きへん）
病棟《ビョウトウ》

むね。建物。

③内科**ビョウトウ**を見回る。
びょうしつのある建物。

〔　　〕

硝（12画）
ショウ
部首：石（いしへん）
硝酸《ショウサン》

鉱石の名。

④**ショウサン**を使った実験。
無色で発煙性がある液体。

〔　　〕

硫（12画）
リュウ
部首：石（いしへん）
硫酸《リュウサン》

いおう。

⑤**リュウサン**は危険だ。
無色無臭で粘り気のある液体。

〔　　〕

粧（12画）
ショウ
部首：米（こめへん）
化粧《ケショウ》

よそおう。つくろう。

⑥**ケショウ**をして出かける。
顔が美しく見えるよう飾ること。

〔　　〕

詐（12画）
サ
部首：言（ごんべん）
詐称《サショウ》

いつわる。あざむく。

⑦年齢を**サショウ**する。
いつわって言うこと。

〔　　〕

詔（12画）
ショウ
みことのり
部首：言（ごんべん）
詔書《ショウショ》

天皇のことば。

⑧衆議院解散の**ショウショ**。
天皇の言葉を記した公文しょ。

〔　　〕

診（12画）
シン
み(る)
部首：言（ごんべん）
診察《シンサツ》

みる。しらべる。

⑨患者を**シンサツ**する。
医者が患者の病状を判断すること。

〔　　〕

酢（12画）
サク
す
部首：酉（とりへん）
酢酸《サクサン》

す。すっぱい。

⑩ネギの根を**サクサン**に浸す。
刺激臭とさんみのある無色の液体。

〔　　〕

傘（12画）
サン
かさ
部首：人（ひとやね）
傘寿《サンジュ》

かさ。かさのように覆うもの。

⑪祖母の**サンジュ**を祝う。
八十歳。

〔　　〕

筒（12画）
トウ
つつ
部首：⺮（たけかんむり）
水筒《スイトウ》

つつ。つつ状のもの。

⑫弁当と**スイトウ**を持参する。
飲み物を入れる容器。

〔　　〕

漢字力強化

送りがなを含む書き取り

❶患者の脈を**みる**。〔　　〕

音読みと訓読み

❷まさに汗牛**充棟**の本。〔　　〕

❸家の**棟上**げを祝う。〔　　〕

❹**棟木**を据える。〔　　〕

❺大企業の**傘下**に入る。〔　　〕

❻**日傘**をさして歩く。〔　　〕

❼**封筒**に宛名を書く。〔　　〕

❽話が**筒抜**けだ。〔　　〕

❾**木琴**を演奏する。〔　　〕

❿**琴**の調べを聴く。〔　　〕

検印

❿こと　⓫詐　⓬酢　⓭作　⓮禍　⓯過　⓰渦

雰 12画 フン
⑬ けはい。よいフンイキ。ムード。
雨 あめかんむり
雰囲気
雰

痢 12画 リ
⑭ はらくだし。セキリは伝染病だ。腹痛と熱を訴える病気。
疒 やまいだれ
赤痢
痢

扉 12画 ヒ とびら
⑮ とびら。鉄のモンピを閉ざす。開き戸。もんのとびら。
戸 とだれ
門扉
扉

堕 12画 ダ
⑯ おちる。くずれおちる。ダラクした生活を改善する。品行が悪くなること。
土 つち
堕落
堕

塁 12画 ルイ
⑰ とりで。野球のベース。ツーアウトマンルイ。すべてのるいに走者がいること。
土 つち
満塁
塁

款 12画 カン
⑱ 法令・証書などの簡条書き。保険のヤッカンを確認する。定型的に定められた条項。
欠 あくび
約款
款

琴 12画 キン こと
⑲ こと。弦楽器の一つ。心のキンセンに触れる言葉。よいものに感銘を受けること。
王 おう
琴線
琴

溝 13画 コウ みぞ
⑳ みぞ。用水路。日本カイコウを調査する。うみの底の細長くくぼんでいる所。
氵 さんずい
海溝
溝

猿 13画 エン さる
㉑ さる。あの二人はケンエンの仲だ。仲の悪いものなたとえ。
犭 けものへん
犬猿
猿

禍 13画 カ
㉒ わざわい。将来にカコンを残す。わざわいの起こるもと。
礻 しめすへん
禍根
禍

禅 13画 ゼン
㉓ ゆずる。修行としてザゼンを組む。雑念を払い真理を悟ること。仏教の修行法の一つ。
礻 しめすへん
座禅
禅

睡 13画 スイ
㉔ ねむる。スイミン時間を削る。ねむること。
目 めへん
睡眠
睡

漢字の豆知識
傘寿（さんじゅ）
言葉の意味
数え年八十歳のことを「傘寿」という。これは、「傘」の略字「仐」が八・十に分解できることからきているよ。同様に、「米」が八・十・八に分解できることから数え年八十八歳を「米寿（べいじゅ）」、百から一をとると「白」になることから、数え年九十九歳を「白寿（はくじゅ）」というよ。よく考えたものだね。

白

類似字
⑪ 預金をサ取された。
⑫ ス漬けのきゅうり。
⑬ ゆっくりした動サ。
⑭ 災力を被る。
⑮ 力去を振り返る。
⑯ 海水がウズを巻く。

漢字力強化 解答　❶診る　❷じゅうとう　❸むねあ　❹むなぎ　❺さんか　❻ひがさ　❼ふうとう　❽つつぬ　❾もっきん

褐 13画 カツ 衤 ころもへん 褐色《カッショク》
こげ茶いろ。あらい布の粗末な衣服。
①**カッショク**に焼けた肌。 黒みがかかった茶。

艇 13画 テイ 舟 ふねへん 競艇《キョウテイ》
こぶね。
②彼は**キョウテイ**の選手だ。 モーターボートレース。

賄 13画 ワイ まかな(う) 貝 かいへん 収賄《シュウワイ》
金品を贈ってたのみこむ。
③**シュウワイ**の罪で捕まる。 わいろを受け取ること。

践 13画 セン 𧾷 あしへん 実践《ジッセン》
ふむ。ふみ行う。
④理論を**ジッセン**に移す。 考えをじっさいに行うこと。

酪 13画 ラク 酉 とりへん 酪農《ラクノウ》
乳汁。
⑤北海道の**ラクノウ**家。 乳製品を作るのうぎょう。

鉢 13画 ハチ ハツ 金 かねへん 衣鉢《イハツ》
はち。
⑥師匠の**イハツ**を継ぐ。 師から弟子に伝える奥義。

鈴 13画 レイ リン すず 金 かねへん 風鈴《フウリン》
すず。
⑦窓辺に**フウリン**をつるす。 かぜに吹かれて快い音を出すもの。

靴 13画 カ くつ 革 かわへん 革靴《かわぐつ》
くつ。
⑧**カワグツ**の手入れをする。 動物の皮で作ったくつ。

頒 13画 ハン 頁 おおがい 頒布《ハンプ》
わける。広く行きわたらせる。
⑨駅前で試供品を**ハンプ**する。 広く配ること。

虞 13画 おそれ 虍 とらがしら 虞《おそれ》
おそれる。おそれ。
⑩戦争になる**オソレ**はない。 心配。

虜 13画 リョ 虍 とらがしら 捕虜《ホリョ》
とりこ。いけどる。
⑪敵軍の**ホリョ**となる。 戦争などで敵にとらえられた人。

嗣 13画 シ 口 くち 嗣子《シシ》
つぐ。あとつぎ。
⑫跡取りのことを**シシ**という。 家督をつぐべきこ。

漢字力強化

送りがなを含む書き取り

❶仕送りでまかなう。【　】
❷生活費をかせぐ。【　】

音読みと訓読み

❸土鈴を土産に買う。【　】
❹鈴の音が聞こえる。【　】
❺軍靴の響き。【　】
❻靴下を脱ぐ。【　】
❼漆器の丸盆。【　】
❽漆塗りの重箱。【　】

類義語

❾生業＝□業

検印

⑫僕 ⑬撲 ⑭槽 ⑮遣

画数	漢字	読み	部首	用例	意味
13画	塑	ソ	土（つち）	塑像《ソゾウ》	粘土をこねて形を作る。
13画	碁	ゴ	石（いし）	囲碁《イゴ》	ご。
14画	僕	ボク	亻（にんべん）	公僕《コウボク》	めしつかい。しもべ。
14画	嫡	チャク	女（おんなへん）	嫡子《チャクシ》	あとつぎ。
14画	漆	シツ うるし	氵（さんずい）	漆黒《シッコク》	うるし。うるしのようにくろい。
14画	漬	つ(ける・かる)	氵（さんずい）	漬《つ》ける	つける。つかる。

⑬美術の時間に**ソゾウ**を作る。〔 〕
粘土や石膏で作られたぞう。

⑭**イゴ**のプロ棋士になりたい。〔 〕
黒と白の石を盤上で打つ遊戯。

⑮**コウボク**として働く。〔 〕
役人。こうむいん。

⑯待望の**チャクシ**が誕生する。〔 〕
あとつぎ。

⑰**シッコク**の髪をなびかせる。〔 〕
くろくてつやのあること。

⑱なすをぬかに**ツ**ける。〔 〕ける 〔 〕ける
ひたす。

画数	漢字	読み	部首	用例	意味
14画	銃	ジュウ	金（かねへん）	銃弾《ジュウダン》	じゅう。鉄砲。
14画	塾	ジュク	土（つち）	塾長《ジュクチョウ》	まなびや。
15画	撲	ボク	扌（てへん）	撲滅《ボクメツ》	うつ。なぐる。
15画	槽	ソウ	木（きへん）	浴槽《ヨクソウ》	おけ。おけの形をしたもの。
15画	稼	カ かせ(ぐ)	禾（のぎへん）	稼働《カドウ》	かせぐ。かせぎ。

⑲膝に**ジュウダン**を受けた。〔 〕
じゅうのたま。

⑳**ジュクチョウ**が授業をする。〔 〕
私設教育機関の責任者。

㉑天然痘を**ボクメツ**する。〔 〕
完全にほろぼすこと。

㉒**ヨクソウ**にお湯を張る。〔 〕
湯ぶね。

㉓女性の**カドウ**人口が増える。〔 〕
かせぎはたらくこと。

類似字

❿学習**ジュク**に通う。〔 〕
⓫書類を**ジュク**読する。〔 〕
⓬これは**ボク**の本だ。〔 〕
⓭全身を打**ボク**する。〔 〕
⓮水**ソウ**で金魚を飼う。〔 〕
⓯冬山で**ソウ**難する。〔 〕

漢字の豆知識

漢字の成り立ち

艇

「艇」は「舟」＋「延」で、先端が突き延びて風の抵抗を小さくした軽快なこぶね。そのほか「舟(ふねへん)」の漢字の違いがわかるかな。

舟…小型で手漕ぎのふね。
船…大型で動力付きのふね。
舶…寝泊まりして長期間航海する大型のふね。
艦…攻撃を防ぐ囲いなどがある大型のふね。

漢字力強化 解答 ❶賄う ❷稼ぐ ❸どれい ❹すず ❺ぐんか ❻くつした ❼しっき ❽うるしぬ ❾稼 ❿塾 ⓫熟

謁（15画）
エツ
言 ごんべん
謁見《エッケン》
身分の高い人に会う。
①女王に**エッケン**する。
身分の高い人に会うこと。

賜（15画）
シ
たまわ(る)
貝 かいへん
賜杯《シハイ》
たまわる。
②優勝者は**シハイ**を受けた。
天皇や皇族が優勝者に贈るカップ。

賠（15画）
バイ
貝 かいへん
賠償《バイショウ》
つぐなう。
③損害を**バイショウ**する。
他に与えた損害の埋め合わせをすること。

寮（15画）
リョウ
宀 うかんむり
寮生《リョウセイ》
共同宿舎。
④**リョウセイ**が集合する。
共同宿舎に住む人。

窯（15画）
ヨウ
かま
穴 あなかんむり
窯業《ヨウギョウ》
かま。かわらや陶器をやくかまど。
⑤**ヨウギョウ**の盛んな地域。
かまを使い陶磁器などを作り出すこと。

勲（15画）
クン
力 ちから
勲章《クンショウ》
国や主君のために尽くしたてがら。
⑥**クンショウ**を授与する。
国への功労を表彰して授けるメダル。

慶（15画）
ケイ
心 こころ
慶祝《ケイシュク》
よろこぶ。いわう。
⑦**ケイシュク**の宴を催す。
よろこびいわうこと。

褒（15画）
ホウ
ほ(める)
衣 ころも
褒美《ホウビ》
ほめる。ほめたたえる。
⑧ご**ホウビ**に菓子をもらう。
ほめて与える金品。

賓（15画）
ヒン
貝 かい
来賓《ライヒン》
たいせつな客。
⑨**ライヒン**を席に案内する。
式や会に招かれてきた客。

儒（16画）
ジュ
亻 にんべん
儒教《ジュキョウ》
孔子のおしえ。
⑩**ジュキョウ**思想の特徴。
じゅがくのおしえ。

憾（16画）
カン
忄 りっしんべん
遺憾《イカン》
うらむ。心残りに思う。
⑪今回の結果を**イカン**に思う。
残念な気持ち。

諭（16画）
ユ
さと(す)
言 ごんべん
教諭《キョウユ》
さとす。言いきかせる。
⑫高校の**キョウユ**になる。
きょういんの職名。

漢字力強化

送りがなを含む書き取り
❶ご意見を**たまわる**。「　」
❷努力を**ほめる**。「　」
❸命の大切さを**さとす**。「　」
❹食後に歯を**みがく**。「　」

音読みと訓読み
❺**窯**変が美しい花瓶。「　」
❻**窯**元を見学する。「　」
❼野菜が**霜害**を被った。「　」
❽**初霜**を観測する。「　」
❾ワカメは**藻類**だ。「　」
❿栄養満点の**藻塩**。「　」

検印

⑩もしお ⑪諭 ⑫愉 ⑬輸 ⑭力 ⑮衣 ⑯石

5級　4級　3級　準2級　2級　付録

---

⑬ 金属の表面を**ケンマ**する。
みがく。とぐ。
16画 **磨** マ／みが(く)　石（いし）
广 一广广广庐庐麻麻磨磨
研磨（ケンマ）
とぎみがくこと。

⑭ 晴れた日に**センタク**する。
あらう。すすぐ。
17画 **濯** タク　氵（さんずい）
氵氵沪沪沪沪淄濯濯
洗濯（センタク）
あらってきれいにすること。

⑮ **アンショウ**に乗り上げる。
水面に見え隠れする岩場。
17画 **礁** ショウ　石（いしへん）
一 ナ 石 石 矿 矿 矿 碓 碓 礁
暗礁（アンショウ）
障害にぶつかり物事が進まなくなること。

⑯ 他人の話を**ケンキョ**に聞く。
へりくだる。態度をひかえめにする。
17画 **謙** ケン　言（ごんべん）
言 言 許 許 謙 謙 謙 謙 謙
謙虚（ケンキョ）
自分を誇らないでへりくだること。

⑰ 彼女は**ハクシャク**夫人だ。
貴族の身分の等級を表す語。
17画 **爵** シャク　爫（つめかんむり）
一 爫 甲 甲 甲 智 智 爵 爵 爵
伯爵（ハクシャク）
もと華族の第三位。

⑱ 幾**セイソウ**を重ねる。
しも。しものような。長い年月。
17画 **霜** ソウ／しも　雨（あめかんむり）
一 一 一 戸 雨 雨 霏 霜 霜 霜
幾星霜（イクセイソウ）

---

⑲ 戸籍**トウホン**を取り寄せる。
うつす。うつしとる。
17画 **謄** トウ　言（げん）
丿 刀 月 月 肝 肝 肝 朕 謄 謄
謄本（トウホン）
もとの書物の全内容をうつしたもの。

⑳ 小正月に**マユダマ**を飾る。
まゆ。まゆからとった絹糸。
18画 **繭** ケン／まゆ　糸（いと）
艹 艹 芇 茆 茆 繭 繭 繭 繭 繭
繭玉（まゆだま）
まゆの豊作を祈って作られる縁起物の一つ。

㉑ **カイソウ**サラダを食べる。
も。みずくさ。
19画 **藻** ソウ／も　艹（くさかんむり）
一 艹 艹 芹 芹 芹 藻 藻 藻 藻
海藻（カイソウ）
ワカメやコンブやヒジキなど。

㉒ 天皇の印を**ギョジ**という。
はん。天子の印。
19画 **璽** ジ　玉（たま）
一 一 一 爾 爾 爾 爾 璽 璽 璽
御璽（ギョジ）
天皇の印。

㉓ **センカン**が停泊する。
いくさぶね。
21画 **艦** カン　舟（ふねへん）
力 月 舟 舟 舠 舠 舮 艦 艦 艦
戦艦（センカン）
海上兵力の中心となる軍かん。

類似字
⑪ **ユ**旨免職処分。
⑫ 勝利の**ユ**悦に浸る。
⑬ 自動車を**ユ**出する。
部首
⑭ 勲
⑮ 褒
⑯ 磨

漢字の豆知識

訓読みのない漢字＝外来語

孔子を祖とする思想「儒」など、中国からは日本にはなかったものがどんどん輸入されてきた。それらのもの・ことと一緒に入ってきた言葉は「外来語」だから、当然日本語の読み（訓読み）はない。「肉・菊・茶・象・鉄・禅・陶・貨」などは、すべて音読み。

漢字力強化 解答　❶賜る　❷褒める　❸諭す　❹磨く　❺ようへん　❻かまもと　❼そうがい　❽はつしも　❾そうるい

一 次の——線の漢字の読みをひらがなで記せ。 (30) 1×30

1 二つの会社が合併する。（　　）
2 これ以上は堪忍できない。（　　）
3 庭の一隅に咲く花。（　　）
4 頑強に抵抗する。（　　）
5 父の書斎に入る。（　　）
6 事態はますます紛糾した。（　　）
7 政治家が各地を遊説する。（　　）
8 荘重な音楽が流れる。（　　）
9 風袋ごと重さを量る。（　　）
10 絵の右下に落款を押す。（　　）
11 組織の枢要な地位にある。（　　）
12 目標は全国制覇だ。（　　）
13 君主に対して謀反を起こす。（　　）
14 冬場は患者が多い。（　　）

二 次の漢字の部首を記せ。 (10) 1×10

〈例〉 菜 〔艹〕　間 〔門〕

1 虞（　　）
2 爵（　　）
3 蛍（　　）
4 街（　　）
5 傘（　　）
6 缶（　　）
7 奉（　　）
8 甚（　　）
9 且（　　）
10 瓶（　　）

三 熟語の構成のしかたには次のようなものがある。 (20) 2×10

ア 同じような意味の漢字を重ねたもの （岩石）
イ 反対または対応の意味を表す字を重ねたもの （高低）
ウ 上の字が下の字を修飾しているもの （洋画）
エ 下の字が上の字の目的語・補語になっているもの （着席）
オ 上の字が下の字の意味を打ち消しているもの （非常）

問2 次の11～15の意味にあてはまるものを **問1** のア～コの四字熟語から一つ選び、記号で答えよ。 (10) 2×5

11 手がかりがないまま、あれこれやってみること。（　　）
12 落ち着いていて物事に動じないさま。（　　）
13 もつれていた物事を見事に処理すること。（　　）
14 そのことをするには条件が十分に整ってなく、まだ早すぎること。（　　）
15 仲間もなく、助けてくれる者がいないこと。（　　）

一	／30
二	／10
三	／20
四	／30
五	／20
六	／20
七	／10
八	／10
九	／50
合計	／200

検印

15 父は毎日晩酌をする。（　　）
16 懲役三年の刑に服する。（　　）
17 道が陥没して危険だ。（　　）
18 毛を逆立てて威嚇する犬。（　　）
19 安閑として暮らす。（　　）
20 電話が頻繁にかかる。（　　）
21 長年の訓練で培った技術。（　　）
22 角を矯めて牛を殺す。（　　）
23 叔父の家に居候をする。（　　）
24 景気回復の兆しが見えてきた。（　　）
25 政治の腐敗を憤る。（　　）
26 相手チームを侮るな。（　　）
27 歴史ある窯元を訪ねる。（　　）
28 池に藻が茂る。（　　）
29 自動的に機械が糸を紡ぐ。（　　）
30 黒い革靴を履いている。（　　）

次の熟語は右のア～オのどれにあたるか、一つ選び、記号で答えよ。

1 珠玉（　　）
2 淑女（　　）
3 往還（　　）
4 罷業（　　）
5 扶助（　　）
6 贈答（　　）
7 挑戦（　　）
8 不滅（　　）
9 禍福（　　）
10 漆黒（　　）

四 次の四字熟語について、[問1]と[問2]に答えよ。(30)

[問1] 次の[　]内のひらがなを漢字にして、[1]～[10]に入れ、四字熟語を完成せよ。[　]内のひらがなは一度だけ使うこと。(20) 2×10

ア [1]然自若（　　）
イ 順風満[2]（　　）
ウ [3]従腹背（　　）
エ [4]刀乱麻（　　）
オ 大言[5]語（　　）
カ 森[6]万象（　　）
キ 暗中模[7]（　　）
ク [8]立無援（　　）
ケ 時期[9]早（　　）
コ 多岐亡[10]（　　）

さく　しょう　ら　ぱん　こ　めん　よう　たい　そう　かい

五 次の1～5の対義語、6～10の類義語を後の[　]の中から選び、漢字で記せ。[　]の中の語は一度だけ使うこと。(20) 2×10

対義語

1 国産（　　）
2 撤去（　　）
3 怠惰（　　）
4 受諾（　　）
5 厳格（　　）

類義語

6 変遷（　　）
7 寄与（　　）
8 厄介（　　）
9 達成（　　）
10 丹念（　　）

せっち・すいい・こうけん・めんどう
きょぜつ・きんべん・じょうじゅ
かんよう・はくらい・ていねい

六 次の――線のカタカナを漢字に直せ。 (20) 2×10

1 遠方からの参加者の便**ギ**を図る。（　　）
2 結婚詐**ギ**の被害に遭う。（　　）
3 彼の言葉が心の**キン**線に触れる。（　　）
4 胸**キン**を開いて話し合う。（　　）
5 大臣が更**テツ**される。（　　）
6 先**テツ**の教えに従う。（　　）
7 今さら後**カイ**しても遅い。（　　）
8 **カイ**古の情にかられる。（　　）
9 失礼**キワ**まりない人だ。（　　）
10 進退ここに**キワ**まる。（　　）

七 次の各文にまちがって使われている同じ読みの漢字が一字ある。上に誤字を、下に正しい漢字を記せ。 (10) 2×5

1 この大がかりな計画を敵に気づかれることなく垂行するのは至難の業だ。（　→　）
2 兄は志望大学の入試に合格したという通知を受け取り、有頂点になっている。（　→　）

九 次の――線のカタカナを漢字に直せ。 (50) 2×25

1 世俗を**チョウエツ**している。（　　）
2 旅行の参加者を**ボシュウ**する。（　　）
3 彼の話に**カンメイ**を受けた。（　　）
4 長くて**ジョウマン**な文章。（　　）
5 **ケンチョ**な成長が見られた。（　　）
6 物語の**ホッタン**を紹介する。（　　）
7 悪評には**メンエキ**ができている。（　　）
8 労働者の**ヒアイ**を描いた小説。（　　）
9 **コウバイ**意欲をそそる。（　　）
10 話し方に**ヨクヨウ**をつける。（　　）
11 水質を**ショウサイ**に調べる。（　　）

24 きゅうりをぬかみそに**ツ**ける。（　　）
25 料理に**シタツヅミ**を打つ。（　　）

――おわり――

準2級模擬テスト　解答

一
1 がっぺい　2 かんにん　3 いちぐう
4 がんきょう　5 しょさい　6 ふんきゅう
7 ゆうぜい　8 そうちょう　9 ふうたい
10 らっかん　11 すうよう　12 せいは
13 むほん　14 かんじゃ　15 ばんしゃく
16 ちょうえき　17 かんぼつ　18 いかく

3 制服の是非をめぐる議論では、生徒の間でも賛成派と反対派の意見が奨突した。（　↓　）

4 原材料の価格が高騰したため、全製品の販売価格を一率に上げることにした。（　↓　）

5 大都市の交通網の急速な整備は、環境汚染という幣害をもたらした。（　↓　）

八 次の——線のカタカナを漢字一字と送りがな（ひらがな）に直せ。 (10) 2×5

〈例〉問題に**コタエル**。 答える

1 最初に**ウヤウヤシク**一礼をする。（　　）

2 墓参りして先祖の霊を**トムラウ**。（　　）

3 彼の意見は少し**カタヨッ**ている。（　　）

4 個性を**ミガク**ことが大切だ。（　　）

5 山頂から眼下の風景を**ナガメル**。（　　）

12 彼の意見は**シサ**に富む。（　　）

13 タンカーが**ザショウ**した。（　　）

14 **ザンギャク**な行為を許さない。（　　）

15 日本全国を**アンギャ**する。（　　）

16 港に心地よい**ウラカゼ**が吹く。（　　）

17 さっと身を**ヒルガエ**して去る。（　　）

18 仕事の**カタワ**ら学業に精を出す。（　　）

19 早く帰宅するよう**ウナガ**す。（　　）

20 海外進出を**クワダ**てる。（　　）

21 **シモバシラ**を踏む。（　　）

22 **ホラアナ**に隠れて遊ぶ。（　　）

23 優勝をかけた試合に**ノゾ**む。（　　）

---

19 あんかん　20 ひんぱん　21 つちか　22 た
23 いそうろう　24 きざ　25 いきどお
26 あなど　27 かまもと　28 も　29 つむ
30 かわぐつ

二 1 虍　2 ⺍　3 虫　4 行　5 𠆢　6 缶　7 大
8 甘　9 一　10 瓦

三 1＝ア　2＝ウ　3＝イ　4＝エ　5＝ア
6＝イ　7＝エ　8＝オ　9＝イ　10＝ウ

四 問1 1 泰　2 帆　3 面　4 快　5 壮　6 羅
7 索　8 孤　9 尚　10 羊
問2 11＝キ　12＝ア　13＝エ　14＝ケ　15＝ク

五 1 舶来　2 設置　3 勤勉　4 拒絶　5 寛容
6 推移　7 貢献　8 面倒　9 成就　10 丁寧

六 1 宜　2 欺　3 琴　4 襟　5 迭　6 哲　7 悔
8 懐　9 極　10 窮

七 1 垂→遂　2 点→天　3 奨→衝　4 率→律
5 幣→弊

八 1 恭しく　2 弔う　3 偏っ　4 磨く
5 眺める

九 1 超越　2 募集　3 感銘　4 冗漫　5 顕著
6 発端　7 免疫　8 悲哀　9 購買　10 抑揚
11 詳細　12 示唆　13 座礁　14 残虐　15 行脚
16 浦風　17 翻　18 傍　19 促　20 企　21 霜柱
22 洞穴　23 臨　24 漬　25 舌鼓

画数	漢字	読み	部首	筆順	用例
1画	乙	オツ	乙《おつ》	乙	甲乙《コウオツ》
2画	又	また	又《また》	フ 又	又聞《またぎ》き
3画	乞	こ(う)	乙《おつ》	ノ 𠂉 乞	命乞《いのちご》い
3画	巾	キン	巾《はば》	丨 冂 巾	雑巾《ゾウキン》
4画	勾	コウ	勹《つつみがまえ》	ノ 勹 勾 勾	勾配《コウバイ》
4画	匂	にお(う)	勹《つつみがまえ》	ノ 勹 匂 匂	匂《にお》う

物事の順位の二番目。

①**コウオツ**つけがたい作品。

どちらが優れているか決めるのが難しいこと。

また。そのうえ。

②彼のうわさを**マタギ**きする。

間接的にきくこと。

こう。こいもとめる。

③敵に**イノチゴ**いをする。

助けてほしいと頼むこと。

きれ。ぬのきれ。

④**ゾウキン**で床を拭く。

拭き掃除用のぬの。

まがる。くぎる。

⑤**コウバイ**の緩やかな坂。

傾斜の度合い。

におう。よいかおりがする。

⑥梅の香が**ニオ**う。

香りが感じられる。

画数	漢字	読み	部首	筆順	用例
4画	斗	ト	斗《とます》	丶 冫 𠃊 斗	北斗七星《ホクトシチセイ》
4画	斤	キン	斤《きん》	ノ 厂 斤 斤	一斤《イッキン》
4画	爪	つめ つま	爪《つめ》	ノ 厂 爪 爪	爪先《つまさき》
4画	牙	ガ ゲ きば	牙《きば》	一 ㇇ 于 牙	象牙《ゾウゲ》
5画	叱	シツ しか(る)	口《くちへん》	丨 口 口 叱 叱	叱責《シッセキ》
5画	氾	ハン	氵《さんずい》	丶 冫 氵 氾 氾	氾濫《ハンラン》

ひしゃく。尺貫法の容量の単位。

⑦**ホクト**七星を探す。

大ぐま座にある七つの星。

おの。重さの単位。

⑧**イッキン**は約六〇〇グラム。

重さの単位。

つめ。つめの形をしたもの。

⑨**ツマサキ**上がりの道。

少しずつ登りになること。

きば。歯。

⑩**ゾウゲ**でできた印鑑。

ぞうの二本の門歯。

しかる。とがめる。

⑪部下を厳しく**シッセキ**する。

しかること。

ひろがる。あふれる。

⑫情報が**ハンラン**する現代。

世の中に多く出回ること。

漢字力強化

送りがなを含む書き取り

❶老人が若者を**しかる**。［　　］

❷**あやしい**魅力がある。［　　］

音読みと訓読み

❸**歯牙**にもかけない。［　　］

❹敵に**牙**をむく。［　　］

❺内閣が**瓦**解する。［　　］

❻**瓦**ぶきの屋根。［　　］

❼**臼歯**ですりつぶす。［　　］

❽水車で**石臼**を回す。［　　］

類義語

❾博愛 ＝ □愛

検印

⓬旦　⓭且　⓮乙　⓯牙

5級 4級 3級 準2級 2級 付録

漢字	画数	読み	部首	筆順	用例	意味	問題
尻	5画	しり	尸 かばね	㇕ コ 尸 尸 尻	目尻《めじり》	しり。うしろのほう。	⑬**メジリ**にしわができる。 耳に近い側のめの端。
丼	5画	どんぶり どん	丶 てん	一 二 井 井 丼	天丼《テンどん》	どんぶり。	⑭昼食に**テンドン**を食べる。 てんぷらをのせたどんぶり。
旦	5画	タン ダン	日 ひ	丨 冂 日 日 旦	一旦《イッタン》	あした。あさ。	⑮**イッタン**帰って出直す。 ひとまず。
瓦	5画	ガ かわら	瓦 かわら	一 丆 工 瓦 瓦	鬼瓦《おにがわら》	かわら。	⑯屋根の上の**オニガワラ**。 装飾用の大きなかわら。
伎	6画	キ	亻 にんべん	ノ 亻 仁 什 伎 伎	歌舞伎《カブキ》	芸人。	⑰**カブキ**役者。 伝統芸能の一つ。
汎	6画	ハン	氵 さんずい	丶 冫 氵 氵 汎 汎	汎用性《ハンヨウセイ》	ひろい。ひろく行き渡る。	⑱**ハンヨウ**性の高い部品。 ひろく使えること。
臼	6画	キュウ うす	臼 うす	ノ 亻 ⺁ 臼 臼 臼	脱臼《ダッキュウ》	うす。うすの形をしたもの。	⑲右腕を**ダッキュウ**した。 関節がはずれること。
妖	7画	ヨウ あや(しい)	女 おんなへん	妖 く 女 女 女 妡 妖	妖怪《ヨウカイ》	あやしい。あやしげな。もののけ。	⑳雪女という**ヨウカイ**。 化け物。
沙	7画	サ	氵 さんずい	沙 丶 冫 氵 氵 氵 沙	沙汰《サタ》	すな。すな状の。	㉑地獄の**サタ**も金次第。 金さえあれば何でもできるというたとえ。
汰	7画	タ	氵 さんずい	汰 丶 冫 氵 氵 汁 汰	音沙汰《おとサタ》	よりわける。	㉒**オトサタ**ない。 便り。
沃	7画	ヨク	氵 さんずい	沃 丶 冫 氵 氵 汗 沃	肥沃《ヒヨク》	こえる。	㉓**ヒヨク**な三日月地帯。 土地がこえているさま。
肘	7画	ひじ	月 にくづき	肘 丿 月 月 月 肝 肘	肩肘《かたひじ》	ひじ。	㉔**カタヒジ**張って生きる。 気負うさま。

漢字の豆知識

音読みのない漢字―国字《こくじ》

「匂」は、中国でととのうという意味だった「匀」を、日本でにおいという意味で用い、一部を「ニホヒ」のヒに改めた字。このような日本製の漢字を「国字」という。〝やまとことば〟を漢字にしたので、普通は訓読みだけ。風が止まる「凪《なぎ》」、十字路の「辻《つじ》」、山の上り下りの「峠《とうげ》」などが国字だよ。

人＋動⇒働も国字

類似字

❿**ドンブリ**勘定。「　」

⓫市**セイ**の人々の生活。「　」

⓬呉服屋の大**ダン**那。「　」

⓭歌い**カ**つ踊る。「　」

部首

⓮乞 □

⓯牙 □

漢字力強化 解答 ❶叱る ❷妖しい ❸しが ❹きば ❺がかい ❻かわら ❼きゅうし ❽いしうす ❾汎 ❿井 ⓫井

漢字	画数	読み	部首	筆順	用例
那	7画	ナ	阝 おおざと	フ ヲ ヨ 刃 那 那 那	刹那《セツナ》
芯	7画	シン	艹 くさかんむり	一 十 卄 艹 芯 芯 芯	芯《シン》
弄	7画	ロウ もてあそ(ぶ)	廾 こまぬき	一 丁 干 王 王 弄 弄	翻弄《ホンロウ》
串	7画	くし	丨 ぼう	丶 冂 口 口 吕 吕 串	串焼《くしや》き
冶	7画	ヤ	冫 にすい	丶 冫 冫 冫 冶 冶 冶	陶冶《トウヤ》
呂	7画	ロ	口 くち	丶 冂 口 口 口 呂 呂	語呂《ゴロ》

梵語・外国語の音訳に用いられる。

①**セツナ**の快楽を求める。 きわめて短い時間。

物の中心部分。

②鉛筆の**シン**が折れる。 着色剤を細長く固めたもの。

もてあそぶ。からかう。

③運命に**ホンロウ**される。 思うままにもてあそぶこと。

くし。

④魚の**クシヤ**きを食べる。 細長い棒に刺してやいたもの。

とかす。とける。

⑤人格を**トウヤ**する。 人の性質や能力を育てること。

音楽の調子。

⑥**ゴロ**合わせで年号を覚える。 数字などに意味をこじつけて読ませること。

漢字	画数	読み	部首	筆順	用例
呪	8画	ジュ のろ(う)	口 くちへん	丨 口 口 口 吅 吅 呪 呪	呪文《ジュモン》
妬	8画	ト ねた(む)	女 おんなへん	く 女 女 女 女 女 妬 妬	嫉妬《シット》
弥	8画	や	弓 ゆみへん	フ コ 弓 弓 弓 弓 弥 弥	弥生《やよい》
拉	8画	ラ	扌 てへん	一 十 扌 扌 扌 扌 拉 拉	拉致《ラチ》
狙	8画	ソ ねら(う)	犭 けものへん	ノ 犭 犭 犭 犭 犭 狙 狙	狙撃《ソゲキ》
旺	8画	オウ	日 ひへん	丨 冂 日 日 日 旺 旺 旺	旺盛《オウセイ》

のろう。まじなう。

⑦**ジュモン**を唱える。 まじないやのろいの言葉。

ねたむ。

⑧彼の才能に**シット**する。 すぐれた人をうらやむこと。

いよいよ。ますます。

⑨**ヤヨイ**の空を見上げる。 陰暦三月。

ひく。ひいて連れて行く。

⑩何者かに**ラチ**される。 無理やり連れて行くこと。

ねらう。うかがう。

⑪要人を銃で**ソゲキ**する。 ねらいうつこと。

さかん。さかんなさま。

⑫食欲**オウセイ**な若者。 さかんなさま。

漢字力強化

送りがなを含む書き取り

❶男心を**もてあそぶ**。

❷自分の運命を**のろう**。

❸他人の幸せを**ねたむ**。

❹大会で優勝を**ねらう**。

❺父に**あてた**手紙。

音読みと訓読み

❻**股関節**が痛い。

❼**大股**で歩いていく。

❽**虎口**を脱する。

❾**虎**の威を借る狐《きつね》。

検印

⑫刹 ⑬采 ⑭侶

左側インデックス：5級／4級／3級／準2級／**2級**／付録

枕 8画 まくら（きへん）
⑬ 神様がユメマクラをして横になる。
神仏や故人がゆめのうちに現れる。
十才朴朴枕枕
枕／夢枕（ゆめまくら）

玩 8画 ガン（おうへん）
⑭ 北海道の郷土ガング。おもちゃ。
Ｔ王王玩玩
玩／玩具（ガング）

股 8画 コ・また（にくづき）
⑮ 打球がコカンを抜ける。また。もも。またのあいだ。
月月月股股
股／股間（コカン）

刹 8画 サツ・セツ（りっとう）
⑯ 聖徳太子ゆかりのコサツ。寺。寺院。ふるい寺。
ノメヌ杀杀杀刹刹
刹／古刹（コサツ）

宛 8画 あ（てる）（うかんむり）
⑰ 封書がアテサキ不明で戻る。あて。あてる。手紙などの届けさき。
宀宀宊宊宛宛
宛／宛先（あてさき）

苛 8画 カ（くさかんむり）
⑱ カレツを極める戦闘。きびしい。むごい。きびしく激しいさま。
艹艹苧苧苛苛
苛／苛烈（カレツ）

虎 8画 コ・とら（とらがしら）
⑲ コシ眈々（たんたん）と上を目ざす。とら。じっと機会をねらって形勢をうかがうさま。
卜卜戸声虎虎
虎／虎視眈々（コシタンタン）

采 8画 サイ（のごめ）
⑳ 監督のサイハイが見事だ。とる・えらびとる。指図。指示。
采采采采
采／采配（サイハイ）

侶 9画 リョ（にんべん）
㉑ 人生のハンリョを得る。ともがら。つれ。行動や考えを共にする人。
イイ竹伊伊侶侶
侶／伴侶（ハンリョ）

咽 9画 イン（くちへん）
㉒ イントウ炎にかかる。のど。のどの上部。
ロ叩叩咽咽咽
咽／咽頭（イントウ）

峠 9画 とうげ（やまへん）
㉓ トウゲミチをゆっくり進む。とうげ。山の坂のみち。
山山岼岼峠峠
峠／峠道（とうげみち）

挨 9画 サツ（てへん）
㉔ 朝のアイサツをする。せまる。おしよせる。儀礼・応対の言葉や動作。
扌扩挦挼挼挼
挨／挨拶（アイサツ）

漢字の豆知識
弥生（やよい）

陰暦の三月を「弥生」というけれど、由来を知っているかな。「弥（いや）」は、いよいよ・ますますという意味、「生（おい）」は、草木が芽吹くという意味で、草木がだんだん芽吹く月の「弥生（いやおい）」が変化したものといわれるよ。また、陰暦の一月は、仲睦まじく宴会をする月ということで、正月を「睦び月」と呼んだことから「睦月（むつき）」だ。他の月の由来も調べてみよう。

類似字
⑩ 奇妙なジュ術。
⑪ 結婚をシュク福する。 [　][　]

類義語
⑫ 瞬間 ＝ □那
⑬ 感嘆 ＝ □喝
⑭ 桑門 ＝ □僧

漢字力強化 解答　❶弄ぶ　❷呪う　❸妬む　❹狙う　❺宛て　❻こかんせつ　❼おおまた　❽ここう　❾とら　❿呪　⓫祝

書き取り（拡大練習）

① 拭　9画　ショク／ふく・ぬぐう（ぬぐ）　扌（てへん）
悪い印象をフッショクする。すっかりぬぐいさること。
ぬぐう。ふく。
一十扌扌扩扩拭拭　払拭（フッショク）　拭

② 昧　9画　マイ　日（ひへん）
はっきりしない。道理にくらい。
グマイな人。おろかで道理にくらいさま。
1 ПⅡ日日旷旷昧昧　愚昧（グマイ）　昧

③ 柿　9画　かき　木（きへん）
シブガキを外に干す。熟してもしぶい味のかき。
かき。
一十才木朮枯柿　渋柿（しぶがき）　柿

④ 柵　9画　サク　木（きへん）
テッサクを乗り越える。てつの囲い。
木や竹でつくった囲い。
一十才木枏柵柵　鉄柵（テッサク）　柵

⑤ 虹　9画　にじ　虫（むしへん）
水面がニジイロに輝く。にじのようないろ。
にじ。
1ⅠⅡ口中虫虹虹虹　虹色（にじいろ）　虹

⑥ 訃　9画　フ　言（ごんべん）
知人のフホウに接する。死亡の知らせ。
つげる。人の死の知らせ。
、ニニニ言言言訃　訃報（フホウ）　訃

⑦ 厘　9画　リン　厂（がんだれ）
貨幣・長さ・重さ・小数の単位。
イチリンは約〇・三ミリだ。長さの単位。
一厂厂严厍厘厘厘　一厘（イチリン）　厘

⑧ 勃　9画　ボツ　力（ちから）
急におこる。にわかに。
紛争がボッパツする。急におこること。
一十十†孛孛勃勃　勃発（ボッパツ）　勃

⑨ 怨　9画　エン・オン　心（こころ）
うらむ。うらみ。
エンコンによる犯行。うらむこと。
ノクタ夘処怨怨怨　怨恨（エンコン）　怨

⑩ 畏　9画　イ　おそ（れる）　田（た）
おそれる。おそれうやまう。
自然にイフの念を抱く。おそれおののくこと。
1口曰田畏畏畏畏　畏怖（イフ）　畏

⑪ 眉　9画　ミ・ビ　まゆ　目（め）
まゆ。まゆげ。
ビモク秀麗な青年だ。男性の顔立ちがすぐれ美しいさま。
一尸尸尸屑眉眉　眉目秀麗（ビモクシュウレイ）　眉

⑫ 俺　10画　おれ　イ（にんべん）
おれ。自分の俗称。
オレの話を聞いてくれ。自称代名詞の一つ。
ノイ仁忙佅佅俺　俺（おれ）　俺

漢字力強化

送りがなを含む書き取り

❶ タオルで顔をふく。
❷ 汚名をぬぐう。
❸ おそれ多いお話です。
❹ 話の要点をとらえる。
❺ シールをはがす。
❻ ペンキがはげる。

音読みと訓読み

❼ 眉間にしわを寄せる。
❽ 眉唾物の情報だ。
❾ 各派の領袖が集まる。
❿ 恋人を袖にする。

検印

⑩そで　⑪捉　⑫促　⑬怨　⑭田　⑮一

⑬ 唄【10画】くちへん
うた。民謡。
父の特技は**ナガウタ**だ。
三味線音楽。
唄唄唄唄
長唄（ながうた）

⑭ 哺【10画】くちへん
ホ
はぐくむ。やしなう。
イルカは**ホニュウ**類だ。
脊椎動物の一綱。
哺哺哺哺
哺乳類（ホニュウルイ）

⑮ 挨【10画】てへん
アイ
おす。ひらく。
就任の**アイサツ**に回る。
社交的な対応の言葉や動作。
挨挨挨挨
挨拶（アイサツ）

⑯ 挫【10画】てへん
ザ
くじく。くじける。
何度も**ザセツ**を経験する。
途中で駄目になること。
挫挫挫挫
挫折（ザセツ）

⑰ 捉【10画】てへん
ソク
とら(える)
とらえる。つかまえる。
敵をレーダーで**ホソク**する。
とらえること。
捉捉捉捉
捕捉（ホソク）

⑱ 捗【10画】てへん
チョク
はかどる。仕事が順調にすすむ。
工事が**シンチョク**する。
はかどること。
捗捗捗捗
進捗（シンチョク）

⑲ 桁【10画】きへん
けた
横木をかけわたしたもの。
ケタチガいの強さを見せる。
程度の差が非常に大きいよう。
桁桁桁桁
桁違い（けたちがい）

⑳ 脇【10画】にくづき
わき。かたわら。
話が**ワキミチ**にそれる。
本筋から離れた方向。
脇脇脇脇
脇道（わきみち）

㉑ 袖【10画】ころもへん
シュウ
そで
ナガソデのシャツを着る。
腕を覆う部分がながい衣服。
そで。
袖袖袖袖
長袖（ながそで）

㉒ 酎【10画】とりへん
チュウ
父は**ショウチュウ**が好きだ。
雑穀や芋などから造った酒の一種。
日本固有の蒸留酒。
酎酎酎酎
焼酎（ショウチュウ）

㉓ 剝【10画】りっとう
ハク
は(がす・ぐ・げる)
がれる・げる
出場資格を**ハクダツ**する。
無理に取り上げること。
はぐ。はがれる。
剝剝剝剝
剝奪（ハクダツ）

㉔ 冥【10画】わかんむり
メイ
ミョウ
故人の**メイフク**を祈る。
あの世での安らかさ。
くらい。あの世。
冥冥冥冥
冥福（メイフク）

類似字
⑪ 真意を把**ソク**する。 [ ]
⑫ 返事を催**ソク**する。 [ ]

類義語
⑬ 遺恨＝ □念

部首
⑭ 畏
⑮ 冥

漢字の豆知識
味と味　類似字

一画の違いだけど、別の字なので、区別して覚えよう。
「昧」は、愚か・暗いという意味で、「無知蒙昧（むちもうまい）・曖昧」などは頻出。一方「味」は、口であじわう・あじという意味で、「味噌（みそ）」などの調味料や、「風味・薬味」のように使い、「趣味・興味・人情味」と発展するよ。

昧←日＋未（かすか）
味←口＋未

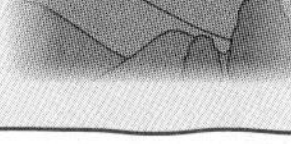

漢字力強化 解答　❶拭く　❷拭う　❸畏れ　❹捉える　❺剝がす　❻剝げる　❼みけん　❽まゆつばもの　❾りょうしゅう

凄 10画
セイ
冫 にすい
凄惨《セイサン》
すさまじい。ぞっとする。
①**セイサン**な事故現場。
むごたらしいこと。

恣 10画
シ
心 こころ
恣意的《シイテキ》
ほしいまま。かってきままにする。
②**シイ**的な解釈に陥る。
思いつきで判断するさま。

拳 10画
ケン
こぶし
手 て
拳銃《ケンジュウ》
こぶし。こぶしを使った武術。
③**ケンジュウ**の不法所持。
ピストル。

脊 10画
セキ
肉 にく
脊髄《セキズイ》
せ。せぼね。せなか。
④事故で**セキズイ**を損傷する。
中枢神経を構成する器官。

釜 10画
かま
金 かね
釜《かま》
かま。飲食物を煮る道具。
⑤同じ**カマ**の飯を食う。
一緒に生活する親しい仲間であることのたとえ。

唾 11画
ダ
つば
口 くちへん
唾液《ダエキ》
つば。つばをはく。
⑥**ダエキ**を分泌する。
口内に分泌される消化えき。

堆 11画
タイ
土 つちへん
堆積《タイセキ》
うずたかい。つみあげる。
⑦土砂が**タイセキ**する。
うずたかくつみ重なること。

惧 11画
グ
忄 りっしんべん
危惧《キグ》
おそれる。おどろく。
⑧絶滅が**キグ**されている魚。
あやぶみおそれること。

捻 11画
ネン
扌 てへん
捻出《ネンシュツ》
ねじる。ひねる。
⑨旅費を**ネンシュツ**する。
やりくりして無理にだすこと。

淫 11画
イン
みだ(ら)
氵 さんずい
淫行《インコウ》
みだら。みだれる。
⑩**インコウ**条例を制定する。
みだらなおこない。

梗 11画
コウ
木 きへん
梗塞《コウソク》
ふさぐ。ふさがる。
⑪心筋**コウソク**で倒れる。
ふさがって通じないこと。

舷 11画
ゲン
舟 ふねへん
舷側《ゲンソク》
ふなばた。ふなべり。
⑫**ゲンソク**にボートを着ける。
ふなばた。

漢字力強化

送りがなを含む書き取り

❶**みだら**な言葉は慎む。〔　〕
❷やる気が**なえる**。〔　〕
❸**さわやか**な風が吹く。〔　〕
❹小説を**むさぼり**読む。〔　〕

音読みと訓読み

❺**鉄拳**が飛ぶ。〔　〕
❻**拳**を握りしめる。〔　〕
❼**懸崖**作りの菊。〔　〕
❽**崖**に追い詰める。〔　〕
❾**喉頭**炎にかかる。〔　〕
❿**喉**から手が出る。〔　〕

検印

❿のど ⓫斬 ⓬切 ⓭痕 ⓮跡 ⓯後 ⓰梗

5級 4級 3級 準2級 2級 付録

斬 11画
ザン き(る)
斤 おのづくり
一 厂 冂 冂 百 亘 車 軒 斬 斬 斬
斬新《ザンシン》
斬

際立つ。刀で切る。
⑬**ザンシン**な企画を出す。
際立ってあたらしいさま。

頃 11画
ころ
頁 おおがい
ノ ヒ ヒ ヒ ヒ ヒ 頃 頃 頃 頃 頃
日頃《ひごろ》
頃

ころ。このごろ。
⑭**ヒゴロ**の感謝の気持ち。
ふだん。

萎 11画
イ な(える)
艹 くさかんむり
一 十 艹 艹 芏 芊 苿 苿 萎 萎 萎
萎縮《イシュク》
萎

なえる。しおれる。
⑮気持ちが**イシュク**する。
元気がなくなること。

痕 11画
コン あと
疒 やまいだれ
丶 亠 广 广 疒 疒 疒 疒 痕 痕 痕
痕跡《コンセキ》
痕

あと。きずあと。あとかた。
⑯侵入された**コンセキ**はない。
過去にあったことを示すあと。

崖 11画
ガイ がけ
山 やま
丶 山 山 山 岸 岸 岸 崖 崖 崖 崖
断崖《ダンガイ》
崖

がけ。切り立った所。
⑰**ダンガイ**絶壁の下は海。
切り立ったがけ。

爽 11画
ソウ さわ(やか)
大 だい
一 丆 ズ ズ ズ ズ ズ ズ ズ 爽 爽
爽快《ソウカイ》
爽

さわやか。すがすがしい。
⑱朝の散歩は**ソウカイ**だ。
さわやかで気持ちがすっきりするさま。

戚 11画
セキ
戈 ほこ
ノ 厂 厂 厂 厂 厈 戚 戚 戚 戚 戚
親戚《シンセキ》
戚

みうち。
⑲正月に**シンセキ**が集まる。
みうち。

曽 11画
ソウ ゾ
曰 ひらび
丶 丷 丷 冖 冖 冖 曽 曽 曽 曽 曽
未曽有《ミゾウ》
曽

かつて。これまで。
⑳古今**ミゾウ**。
今までなかったこと。

羞 11画
シュウ
羊 ひつじ
丶 丷 丷 䒑 羊 羊 羊 羞 羞 羞 羞
羞恥心《シュウチシン》
羞

はじる。はずかしい。
㉑**シュウチ**心が希薄になる。
はずかしく思うこと。

貪 11画
ドン むさぼ(る)
貝 かい
ノ 人 𠆢 今 今 今 貪 貪 貪 貪 貪
貪欲《ドンヨク》
貪

むさぼる。よくばる。
㉒技術を**ドンヨク**に吸収する。
むさぼって飽くことを知らないこと。

亀 11画
キ かめ
亀 かめ
ノ ク 乊 𠂊 龟 龟 亀 亀 亀 亀 亀
亀裂《キレツ》
亀

かめ。かめの甲。
㉓壁に**キレツ**が入る。
ひび割れ。

喉 12画
コウ のど
口 くちへん
丨 口 口 口 叮 叮 呼 呼 喉 喉 喉 喉
咽喉《インコウ》
喉

のど。のどぶえ。
㉔耳鼻**インコウ**科に通う。
のど。

異字同訓

⑪刀で人を**きり**倒す。［　　］
⑫彼と縁を**きる**。［　　］
⑬手術の**あと**が残る。［　　］
⑭苦心の**あと**が見える。［　　］
⑮**あと**から行く。［　　］

類義語

⑯概要＝□概

漢字の豆知識

恣意的　言葉の意味

「恣意的」と「意図的」を混同している人はいないかな。「恣意的」の意味は、自分勝手なさま。思いつきで判断するさま。「意図的」の意味は、目的を持ってわざとそうするさま。子供を意図的に叱るのは、子供のためを思ってのことだけれど、思いつきで恣意的に叱っては駄目だよ。

漢字力強化 解答　❶淫ら　❷萎える　❸爽やか　❹貪り　❺てっけん　❻こぶし　❼けんがい　❽がけ　❾こうとう

喩 12画
ユ
口 くちへん
比喩《ヒユ》
たとえる。たとえ。
①**ヒユ**表現を抜き出す。
たとえ。

湧 12画
ユウ わ(く)
氵 さんずい
湧出《ユウシュツ》
水がわきでる。盛んにおこる。
②温泉が**ユウシュツ**する。
わきでること。

椅 12画
イ
木 きへん
椅子《イス》
いす。こしかけ。
③**イス**に座って本を読む。
こしかけ。

椎 12画
ツイ
木 きへん
脊椎《セキツイ》
背骨。
④人間は**セキツイ**動物だ。
背骨をもつ動物群。

貼 12画
チョウ は(る)
貝 かいへん
貼付《チョウフ》
はる。つける。
⑤書類に写真を**チョウフ**する。
はりつけること。

須 12画
ス
頁 おおがい
必須《ヒッス》
もちいる。もとめる。
⑥名前は**ヒッス**の記入項目だ。
欠かせないこと。

葛 12画
カツ くず
艹 くさかんむり
葛藤《カットウ》
くず。つる草の名。
⑦親子の**カットウ**を描く。
人と人とが譲ることなく対立すること。

痩 12画
ソウ や(せる)
疒 やまいだれ
痩身《ソウシン》
体がやせる。ほそい。
⑧**ソウシン**に憧れる若者。
やせ細っているからだ。

嵐 12画
あらし
山 やま
砂嵐《すなあらし》
あらし。
⑨**スナアラシ**に巻き込まれる。
さばくで起こる、すなを舞い上げるあらし。

斑 12画
ハン
文 ぶん
斑点《ハンテン》
まだら。ぶち。
⑩赤い**ハンテン**ができる。
まだらに散らばったてん。

僅 13画
キン わず(か)
亻 にんべん
僅差《キンサ》
わずか。ほんの少し。
⑪**キンサ**で勝敗が決まった。
ごくわずかなさ。

傲 13画
ゴウ
亻 にんべん
傲慢《ゴウマン》
おごる。あなどる。
⑫**ゴウマン**な態度をとる。
いばって人を見下すさま。

漢字力強化

送りがなを含む書き取り

❶病気で**やせる**。〔　〕
❷今年も残り**わずか**だ。〔　〕
❸花の香りを**かぐ**。〔　〕
❹策士策に**おぼれる**。〔　〕
❺歯茎が**はれる**。〔　〕

音読みと訓読み

❻**寸隙**をつく。〔　〕
❼家具の**隙間**に隠す。〔　〕
❽**養蜂**場を見学する。〔　〕
❾**蜜蜂**を飼育する。〔　〕

検印

❿湧　⓫沸　⓬貼　⓭張　⓮文

嗅 13画
キュウ　か(ぐ)
部首：口　くちへん
嗅覚《キュウカク》
においをかぐ。さぐる。
⑬犬は**キュウカク**が鋭い。
においを感じ取るはたらき。

塡 13画
テン
部首：土　つちへん
補塡《ホテン》
空いたところをうずめる。
⑭巨額の赤字を**ホテン**する。
不足をうめること。

嫉 13画
シツ
部首：女　おんなへん
嫉視《シッシ》
ねたむ。やきもちをやく。
⑮同僚の**シッシ**を浴びる。
ねたましく思って見ること。

慄 13画
リツ
部首：忄　りっしんべん
慄然《リツゼン》
おそれる。おののく。
⑯惨状に**リツゼン**とする。
ぞっとするさま。

溺 13画
デキ　おぼ(れる)
部首：氵　さんずい
溺愛《デキアイ》
おぼれる。夢中になる。
⑰一人娘を**デキアイ**する。
むやみにかわいがること。

隙 13画
ゲキ　すき
部首：阝　こざとへん
間隙《カンゲキ》
すき。すきま。
⑱**カンゲキ**を縫って進む。
わずかなすきやひまをみつけること。

楷 13画
カイ
部首：木　きへん
楷書《カイショ》
書体の一つ。
⑲**カイショ**で丁寧に記入する。
字画をくずさずかくかき方。

腫 13画
シュ　は(れる・らす)
部首：月　にくづき
浮腫《フシュ》
はれもの。はれる。
⑳足に**フシュ**が生じる。
むくみ。

腺 13画
セン
部首：月　にくづき
涙腺《ルイセン》
体液の分泌作用を営む器官。
㉑近ごろ**ルイセン**が緩い。
なみだを分泌する器官。

睦 13画
ボク
部首：目　めへん
親睦《シンボク》
むつまじい。したしい。
㉒部内で**シンボク**を深める。
したしみ仲よくすること。

裾 13画
すそ
部首：衤　ころもへん
裾野《すその》
衣服のすそ。下のほう。
㉓緑化活動の**スソノ**を広げる。
上部にあるものを支える基礎。

蜂 13画
ホウ　はち
部首：虫　むしへん
蜂起《ホウキ》
はち。むらがる。
㉔反乱軍が各地で**ホウキ**する。
大勢が一斉に行動をおこすこと。

異字同訓

❿励まされ勇気が**わく**。〔　〕
⓫風呂が**わく**。〔　〕
⓬ポスターを**はる**。〔　〕
⓭池に氷が**はる**。〔　〕

部首

⓮斑 □

漢字の豆知識

葛藤　**言葉の意味**

「葛藤」とは、①心に相反する欲求が生じ、迷い悩むこと。②互いに争い憎み合うこと。という意味だけれど、なぜ「葛藤」と書くのか知っているかな。「カズラ(葛)」と「フジ(藤)」は、どちらも他の木などに巻きつきながら成長する植物。これらが絡まりもつれ合う姿を、心の迷いにたとえたんだよ。

漢字力強化 解答　❶痩せる　❷僅か　❸嗅ぐ　❹溺れる　❺腫れる　❻すんげき　❼すきま　❽ようほう　❾みつばち

詣	13画	ケイ もう(でる)	言 ごんべん	造詣《ゾウケイ》

行きつく。もうでる。

①絵画に**ゾウケイ**が深い。
学問・芸術などの深い知識やすぐれた技能。

詮	13画	セン	言 ごんべん	詮索《センサク》

あきらか。あきらかにする。

②いちいち**センサク**するな。
細かいことまで調べること。

賂	13画	ロ	貝 かいへん	賄賂《ワイロ》

礼として金品を贈る。

③業者から**ワイロ**を受け取る。
不正な目的で贈る金品。

毀	13画	キ	殳 るまた	毀損《キソン》

こわす。やぶる。

④名誉**キソン**で訴える。
価値をそこなうこと。

頓	13画	トン	頁 おおがい	整頓《セイトン》

とどまる。おちつける。

⑤部屋を**セイトン**する。
きちんと片づけること。

彙	13画	イ	彑 けいがしら	語彙《ゴイ》

なかま。あつめる。

⑥**ゴイ**の豊富な人。
ある範囲のことばのあつまり。

蓋	13画	ガイ ふた	艹 くさかんむり	天蓋《テンガイ》

おおう。ふた。

⑦**テンガイ**付きのベッド。
織物のおおい。

窟	13画	クツ	穴 あなかんむり	洞窟《ドウクツ》

いわや。ほらあな。

⑧**ドウクツ**を探検する。
ほらあな。

煎	13画	セン い(る)	灬 れんが	煎茶《センチャ》

いる。せんじる。

⑨食後に**センチャ**を飲む。
ちゃの葉を湯でせんじた飲料。

塞	13画	サイ ソク ふさ(ぐ・がる)	土 つち	閉塞感《ヘイソクカン》

ふさぐ。とりで。

⑩**ヘイソク**感に覆われた社会。
先行きが見えないこと。

羨	13画	セン うらや(む・ましい)	羊 ひつじ	羨望《センボウ》

うらやむ。ほしがる。

⑪若者の**センボウ**の的になる。
うらやましいと思うこと。

腎	13画	ジン	肉 にく	腎臓《ジンゾウ》

じんぞう。かなめ。

⑫**ジンゾウ**の移植手術。
尿の排出をつかさどる器官。

漢字力強化

送りがなを含む書き取り

❶神社に**もうでる**。〔　〕
❷コーヒー豆を**いる**。〔　〕
❸粘土で穴を**ふさぐ**。〔　〕
❹人の成功を**うらやむ**。〔　〕
❺袖口が**ほころびる**。〔　〕
❻**さげすむ**ような目。〔　〕
❼鮭《さけ》が川を**さかのぼる**。〔　〕
❽人の失敗を**あざける**。〔　〕

音読みと訓読み

❾**頭蓋骨**を損傷する。〔　〕
❿選挙戦の**火蓋**を切る。〔　〕

検印

⑬ 璃（14画）
リ
宝石の一つ。
おうへん
一 Ｔ Ｆ Ｅ 玎 玎 玪 珃 瑠 璃 璃 璃
浄瑠璃（ジョウルリ）
璃

⑬ ジョウルリ。語り物の一つ。

⑭ 瑠（14画）
ル
宝石の一つ。
おうへん
一 Ｔ Ｆ Ｅ 玎 玎 珃 瑠 瑠 瑠
瑠璃色（ルリいろ）
瑠

⑭ ルリ色に輝く石を見る。紫がかった美しい青色。

⑮ 綻（14画）
タン
ほころびる
いとへん
糸 糸 糸 糸 糸 綻 綻 綻 綻
破綻（ハタン）
綻

⑮ 金融機関が経営ハタンする。うまくいかなくなること。
ほころびる。ほころぶ。

⑯ 貌（14画）
ボウ
むじなへん
豸 豸 豸 豿 豿 貌 貌 貌
風貌（フウボウ）
貌

⑯ 恐ろしいフウボウの男。身なりや顔かたち。
かたち。ありさま。

⑰ 蔑（14画）
ベツ
さげす（む）
くさかんむり
艹 芦 芦 芦 蔑 蔑 蔑 蔑
軽蔑（ケイベツ）
蔑

⑰ ケイベツに値する行為。見下すこと。
さげすむ。ないがしろにする。

⑱ 箋（14画）
セン
たけかんむり
ケ 笈 笈 箋 箋 箋 箋 箋
便箋（ビンセン）
箋

⑱ 白色無地のビンセンに書く。手紙を書くための紙。
メモ・手紙などを書くための紙。

---

⑲ 瘍（14画）
ヨウ
やまいだれ
广 疒 疒 疒 疒 疒 瘍 瘍
潰瘍（カイヨウ）
瘍

⑲ 胃にカイヨウができた。表層が炎症を起こし、欠損した状態。
できものの総称。

⑳ 遡（14画）（遡）
ソ
さかのぼ（る）
しんにょう
朔 朔 朔 溯 遡 遡 遡
遡及（ソキュウ）
遡

⑳ ソキュウして適用する。さかのぼって効力をおよぼすこと。
さかのぼる。

㉑ 遜（14画）（遜）
ソン
しんにょう
孫 孫 孫 遜 遜 遜 遜
謙遜（ケンソン）
遜

㉑ ケンソンして何も言わない。へりくだること。
へりくだる。おとる。

㉒ 蜜（14画）
ミツ
むし
宀 宀 宓 宓 容 審 蜜 蜜
蜜月（ミツゲツ）
蜜

㉒ 両国のミツゲツ時代。親密な関係にあること。
みつ。みつのように甘い。

㉓ 辣（14画）
ラツ
からい
辛 辛 辛 辢 辢 辣 辣
辛辣（シンラツ）
辣

㉓ シンラツな批評をする。非常に手きびしいさま。
からい。きびしい。

㉔ 嘲（15画）
チョウ
あざけ（る）
くちへん
ロ ロ 咕 咕 唓 嘲 嘲 嘲
嘲笑（チョウショウ）
嘲

㉔ チョウショウを浴びる。あざけりわらうこと。
あざける。からかう。

漢字の豆知識

💡 **言葉の意味**

語彙
目にする機会は多い言葉だけれど、意味をきちんと理解しているかな。「彙」はあつまりの意で、同じ種類の言葉のあつまりという意味だ。英語の一人称は「I」だけだが、日本語では「私」「僕」「俺」「我」などたくさんの言い方があるね。こういうとき「日本語は語彙が豊富だ。」という使い方をするよ。

同音異義語
⑪ ジチョウ気味に話す。［　］
⑫ 隠忍ジチョウする。［　］

対義語
⑬ 敬称 ↕ ［　］称

類義語
⑭ 挫折 ＝ ［　］挫
⑮ 高慢 ＝ 不［　］
⑯ 敏腕 ＝ ［　］腕

漢字力強化 解答 ❶詣でる ❷煎る ❸塞ぐ ❹羨む ❺綻びる ❻蔑む ❼遡る ❽嘲る ❾ずがいこつ ❿ひぶた

憬 15画
ケイ
忄 りっしんべん
憧憬《ショウケイ(ドウケイ)》

あこがれる。
①彼に**ショウケイ**の念を抱く。
あこがれること。

憧 15画
ショウ
あこが(れる)
忄 りっしんべん
憧憬《ショウケイ(ドウケイ)》

あこがれる。
②外国生活を**ショウケイ**する。
あこがれること。

潰 15画
カイ
つぶ(す・れる)
氵 さんずい
潰瘍《カイヨウ》

つぶれる。みだれる。
③胃**カイヨウ**の治療をする。
表層が炎症を起こして、欠損した状態。

膝 15画
ひざ
月 にくづき
膝頭《ひざがしら》

ひざ。ひざがしら。
④**ヒザガシラ**をぶつける。
ひざこぞう。

稽 15画
ケイ
禾 のぎへん
稽古《ケイコ》

くらべてかんがえる。
⑤お茶の**ケイコ**に通う。
武芸や芸事を習うこと。

誰 15画
だれ
言 ごんべん
誰彼《だれかれ》

だれ。
⑥**ダレカレ**なしに話しかける。
相手かまわず。

踪 15画
ソウ
⻊ あしへん
失踪《シッソウ》

あと。足あと。ゆくえ。
⑦事件の後**シッソウ**する。
ゆくえをくらますこと。

(餌)
餌 15画
ジ
えさ
え
飠 しょくへん
餌食《えジキ》

えさ。
⑧悪の**エジキ**となる。
人の欲望や利益の犠牲となるもの。

(餅)
餅 15画
ヘイ
もち
飠 しょくへん
煎餅《センベイ》

もち。
⑨土産に**センベイ**をもらう。
菓子の一つ。

駒 15画
こま
馬 うまへん
駒《こま》

若い元気な馬。
⑩瓢箪《ひょうたん》から**コマ**が出る。
冗談が事実となるたとえ。

蔽 15画
ヘイ
艹 くさかんむり
隠蔽《インペイ》

おおう。おおいかくす。
⑪悪事の**インペイ**を図る。
故意にかくしおおうこと。

罵 15画
バ
ののし(る)
罒 あみがしら
罵倒《バトウ》

ののしる。口汚くけなす。
⑫人前で**バトウ**される。
ひどくののしること。

漢字力強化

送りがなを含む書き取り

❶女優に**あこがれる**。〔　〕
❷竜巻で家が**つぶれる**。〔　〕
❸口汚く**ののしる**。〔　〕
❹外出を**あきらめる**。〔　〕

音読みと訓読み

❺好**餌**に釣られる。〔　〕
❻ペットに**餌**をやる。〔　〕
❼画**餅**に帰《き》した計画。〔　〕
❽鏡**餅**を飾る。〔　〕
❾「**錦**秋の候」と書く。〔　〕
❿山々が**錦**を織り成す。〔　〕

検印

❿にしき　⓫賭　⓬懸　⓭駆　⓮蔽　⓯手　⓰田

右端の級インデックス（上から下）：5級／4級／3級／準2級／**2級**／付録

上段（右から左）

⑬ サイバシで盛り付ける。
料理用の長いはし。
15画　箸　はし
たけかんむり
ノ ケ ケ 笹 笑 笋 笋 箸 箸
菜箸（サイばし）
箸

⑭ シンシな態度で取り組む。
まじめでひたむきなさま。
まこと。まじめ。
15画　摯　シ
手（て）
一 十 土 圭 幸 執 執 摯 摯
真摯（シンシ）
摯

⑮ キンキ地方の天気予報。
本州中西部にある地域。
みやこ。首都。
15画　畿　キ
田（た）
幺 幺 糸 糸 終 絆 畿 畿 畿
近畿（キンキ）
畿

⑯ 和食の伝統的なハイゼン。
料理を客の前にくばること。
料理をのせる台。
16画　膳　ゼン
月（にくづき）
月 月 肛 胖 胖 胖 膳 膳 膳
配膳（ハイゼン）
膳

⑰ チミツな仕事ぶりだ。
細部まで不足や欠点のないさま。
きめこまかい。くわしい。
16画　緻　チ
糸（いとへん）
幺 糸 糸 絆 絆 絆 絆 緻
緻密（チミツ）
緻

⑱ 江戸時代のハイカイ。
連歌から独立した文芸。
おどける。たわむれる。
16画　諧　カイ
言（ごんべん）
言 言 言 計 計 詳 諧 諧 諧
俳諧（ハイカイ）
諧

下段（右から左）

⑲ 時代と人生をテイカンする。
本質を見きわめる。
あきらめる。あきらか。
16画　諦　テイ　あきら（める）
言（ごんべん）
言 言 言 計 計 許 諦 諦 諦
諦観（テイカン）
諦

⑳ トバク行為は違法だ。
金品をかけた勝負。
かける。かけをする。
16画　賭　ト　か（ける）
貝（かいへん）
貝 貝 貯 貯 賭 賭 賭
賭博（トバク）
賭

㉑ 眠りからカクセイする。
目をさますこと。
酔い・眠り・夢・迷いなどからさめる。
16画　醒　セイ
酉（とりへん）
一 币 两 酉 酉 酢 酢 醒 醒
覚醒（カクセイ）
醒

㉒ キンジョウに花を添える。
よいものをさらに立派にする。
にしき。にしきのように美しい。
16画　錦　キン　にしき
金（かねへん）
金 金 釒 釒 鉑 錦 錦 錦 錦
錦上（キンジョウ）
錦

㉓ キンコ三年の実刑判決。
刑罰の一種。
ふさぐ。とじこめる。
16画　錮　コ
金（かねへん）
金 金 釒 鈤 鈤 錮 錮 錮 錮
禁錮（キンコ）
錮

㉔ 制度がケイガイ化する。
かたちだけが残ること。
骨だけが残った死人の体。
16画　骸　ガイ
骨（ほねへん）
骨 骨 骨 骨 骨 骸 骸 骸
形骸化（ケイガイカ）
骸

漢字の豆知識　瓢箪から駒が出る

瓢箪の小さな口から「駒（馬）」が出るって、想像しにくい状況だね。このことわざは、思いがけないことが起こること。冗談半分で言ったことが現実になること。という意味。同じ意味のことわざに「うそから出たまこと」や「灰吹きから蛇が出る」があるよ。

下段右ミニ問題

異字同訓
⑪ 社運をかけた大事業。[　]
⑫ 優勝をかけた試合。[　]
⑬ 荒野をかける。[　]

対義語
⑭ 露出 ⇔ 遮[　]

部首
⑮ 摯
⑯ 纖

漢字力強化 解答　❶憧れる　❷潰れる　❸罵る　❹諦める　❺こうじ　❻えさ　❼がべい　❽かがみもち　❾きんしゅう

漢字	画数	読み	部首	用例	問題	意味
頰	16画	ほお	頁（おおがい）	頰《ほお》	①ホオを赤く染める。（顔の側面。）	ほお。ほっぺた。
麺	16画	メン	麦（ばくにょう）	麺類《メンルイ》	②昼食はメンルイが多い。（めんの総称。）	めん。
曖	17画	アイ	日（ひへん）	曖昧《アイマイ》	③アイマイな態度をとる。（はっきりしないさま。）	かげる。日がかげってくらい。
臆	17画	オク	月（にくづき）	臆面《オクメン》	④オクメンもなく自慢する。（遠慮することもなく。）	おくする。おじける。
瞳	17画	ドウ ひとみ	目（めへん）	瞳孔《ドウコウ》	⑤ドウコウが開いている。（ひとみ。）	ひとみ。
瞭	17画	リョウ	目（めへん）	明瞭《メイリョウ》	⑥メイリョウに発音する。（はっきりしていること。）	あきらか。はっきりしている。

漢字	画数	読み	部首	用例	問題	意味
謎（謎）	17画	なぞ	言（ごんべん）	謎《なぞ》	⑦ナゾに包まれた事件。（実体がつきとめにくいこと。）	なぞ。
鍵	17画	ケン かぎ	金（かねへん）	鍵《かぎ》穴《あな》	⑧カギアナに工具をさす。（かぎをさすためのあな。）	かぎ。ピアノなどの指で押す部分。
鍋	17画	なべ	金（かねへん）	土《ド》鍋《なべ》	⑨ドナベを落として割る。（つちでできたなべ。）	なべ。
闇	17画	やみ	門（もんがまえ）	夕《ゆう》闇《やみ》	⑩ユウヤミが迫る。（ゆうがたの薄ぐらさ。）	くらい。光が薄い。
戴	17画	タイ	戈（ほこ）	頂《チョウ》戴《ダイ》	⑪お電話をチョウダイする。（賜る。）	いただく。
鎌	18画	かま	金（かねへん）	鎌《かま》	⑫カマで稲を刈る。（草刈りなどに用いる農具。）	かま。草を刈る農具。

漢字力強化

送りがなを含む書き取り

❶ボールを**ける**。〔　〕

❷書斎に**こもる**。〔　〕

音読みと訓読み

❸出**藍**の誉れ。〔　〕

❹**藍**色のゆかたを着る。〔　〕

❺**艶**美な女性。〔　〕

❻顔の色**艶**が悪い。〔　〕

❼灯**籠**に火をともす。〔　〕

❽玄関に花**籠**を飾る。〔　〕

類義語

❾小心＝□病

検印

⑩瞭 ⑪僚 ⑫鍵 ⑬健 ⑭建 ⑮壁 ⑯壁

左端レベル表示：5級／4級／3級／準2級／**2級**／付録

---

⑬ 人を**アゴ**で使う。
高慢な態度で人を使う。
あご。

18画　顎　ガク／あご　頁 おおがい
咢咢咢咢顎顎顎顎顎
顎〈あご〉
顎

⑭ **フジイロ**のストール。
薄い紫。
ふじ。つる性の植物の総称。

18画　藤　トウ／ふじ　くさかんむり
艹艹萨萨萨藤藤藤藤藤藤
藤色〈ふじいろ〉
藤

⑮ **アイゾ**めのハンカチ。
あいで布や糸をそめること。
あい。あいいろ。

18画　藍　ラン／あい　くさかんむり
艹芢芢萨藍藍藍
藍染め〈あいぞめ〉
藍

⑯ 現代画壇の**ソウヘキ**。
すぐれている二つのもの。
たま。たまのようにりっぱなもの。

18画　璧　ヘキ　玉 たま
尸尸启启辟辟辟壁壁璧
双璧〈そうへき〉
璧

⑰ **カンコク**旅行に行きたい。
東アジアにある国の通称。
大韓民国。

18画　韓　カン　韋 なめしがわ
十古古卓卓卓韩韩韩韩韓韓
韓国〈かんこく〉
韓

⑱ 抗議を**イッシュウ**する。
すげなくはねつけること。
ける。けとばす。

19画　蹴　シュウ／け（る）　あしへん
口口甲足足趵趵踰踰踰蹴蹴
一蹴〈いっしゅう〉
蹴

---

⑲ 浅間**サンロク**の四季。
やまのふもと。
ふもと。

19画　麓　ロク／ふもと　木 き
艹产芦芦芦萨蓙蓙蔍蔍麓
山麓〈さんろく〉
麓

⑳ **ヨウエン**なほほえみ。
あやしいほどになまめかしく美しいさま。
なまめかしい。つや。

19画　艶　エン／つや　色 いろ
口曲曲曲豊豊艶艶艶艶
妖艶〈ようえん〉
艶

㉑ 掃きだめに**ツル**。
つまらない所にすぐれたものがある。
つる。

21画　鶴　つる　鳥 とり
ナオナ在奋奋崔崔雀鹤鶴
鶴〈つる〉
鶴

㉒ **ロウジョウ**作戦をとる。
しろにたてこもって敵を防ぐこと。
かご。こめる。こもる。

22画　籠　ロウ／かご／こ（める）／こ（もる）　たけかんむり
竹竹笠笆筲筲簹籠籠籠
籠城〈ろうじょう〉
籠

㉓ 朝から**ユウウツ**な気分だ。
心がふさぐこと。
ふさぐ。ふさがる。

29画　鬱　ウツ　鬯 ちょう
林梯梯梯梦梦郁鹤鬱
憂鬱〈ゆううつ〉
鬱

漢字の豆知識

鬱の字、書けるかな？

二十九画もある「鬱」の字は、読めても書くのはなかなか難しいよね。「リン（林）カーン（缶）は（宀）アメリカン（米）コ（冖）ヒー（凵）を三（彡）杯飲む」という覚え方があるんだよ。書けた？

鬱

類似字

⑩ 差は一目**リョウ**然だ。〔　〕

⑪ 職場の同**リョウ**。〔　〕

⑫ **ケン**盤ハーモニカ。〔　〕

⑬ **ケン**康に留意する。〔　〕

⑭ 新居を**ケン**築する。〔　〕

⑮ 完**ペキ**な作品だ。〔　〕

⑯ 洞窟に**ヘキ**画を描く。〔　〕

漢字力強化 解答　❶蹴る　❷籠もる　❸しゅつらん　❹あいいろ　❺えんび　❻いろつや　❼とうろう　❽はなかご　❾臆

一 次の——線の漢字の読みをひらがなで記せ。 (30) 1×30

1 部長を補佐する立場。（　　）
2 僅差で勝敗が決まった。（　　）
3 条約を批准する。（　　）
4 支払いを一か月猶予する。（　　）
5 進捗状況を報告する。（　　）
6 水槽の掃除をする。（　　）
7 徹宵して納期を守った。（　　）
8 先生の薫陶を受けた。（　　）
9 会社が経営破綻を来たす。（　　）
10 恐竜の化石が発見される。（　　）
11 引用文を括弧でくくる。（　　）
12 傑出した才能の持ち主。（　　）
13 公共の安寧秩序に努める。（　　）

二 次の漢字の部首を記せ。 (10) 1×10

〈例〉 菜 [艹]　間 [門]

1 奔（　　）
2 甲（　　）
3 耗（　　）
4 亜（　　）
5 幽（　　）
6 殻（　　）
7 臭（　　）
8 軟（　　）
9 娠（　　）
10 扉（　　）

三 熟語の構成のしかたには次のようなものがある。 (20) 2×10

ア 同じような意味の漢字を重ねたもの (岩石)
イ 反対または対応の意味を表す字を重ねたもの (高低)
ウ 上の字が下の字を修飾しているもの (洋画)
エ 下の字が上の字の目的語・補語になっているもの (着席)
オ 上の字が下の字の意味を打ち消しているもの (非常)

ごえつ・ぼうじゃく・せいれん・だび
せっちゅう・しゅうれい・じゅうとう
かんわ・せんざい・きぼつ

問2 次の11～15の意味にあてはまるものを**問1**のア～コの四字熟語から一つ選び、記号で答えよ。 (10) 2×5

11 初めは勢いがよいが、終わりは振るわないこと。（　　）
12 心がきれいで私欲がなく、後ろ暗いところのないこと。（　　）
13 蔵書が非常に多いことのたとえ。（　　）
14 仲の悪い者どうしが同じ境遇にいること。（　　）
15 人前をはばからず勝手気ままな言動をするさま。（　　）

一	／30
二	／10
三	／20
四	／30
五	／20
六	／20
七	／10
八	／10
九	／50
合計	／200

検印

14 課長が左遷される。（　　）
15 朝の挨拶をする。（　　）
16 国の財政が疲弊する。（　　）
17 参詣のため潔斎する。（　　）
18 首肯しがたい説明だ。（　　）
19 不動産の売買を媒介する。（　　）
20 平安文学に通暁している。（　　）
21 机に膝頭をぶつけた。（　　）
22 弥生の空を見上げる。（　　）
23 共稼ぎの夫婦。（　　）
24 海老《えび》で鯛《たい》を釣る。（　　）
25 花瓶に花を挿す。（　　）
26 病人を慰めようと心を砕く。（　　）
27 二階にも桟敷席を設ける。（　　）
28 戸棚の上に木箱を置く。（　　）
29 生け垣に囲まれた大きな家。（　　）
30 弓の弦を張り換える。（　　）

次の熟語は右のア～オのどれにあたるか、一つ選び、記号で答えよ。

1 逸脱（　　）
2 不遜（　　）
3 涼風（　　）
4 享楽（　　）
5 愚痴（　　）

6 雪辱（　　）
7 別荘（　　）
8 慶弔（　　）
9 漸進（　　）
10 需給（　　）

四 次の四字熟語について、問1と問2に答えよ。 (30)

問1 次の四字熟語の（1～10）に入る適切な語を後の□の中から選び、漢字二字で記せ。 (20) 2×10

ア 竜頭（1）（　　）
イ 汗牛（2）（　　）
ウ 神出（3）（　　）
エ 和洋（4）（　　）
オ 眉目（5）（　　）
カ（6）同舟（　　）
キ（7）休題（　　）
ク（8）潔白（　　）
ケ（9）一遇（　　）
コ（10）無人（　　）

五 次の1～5の対義語、6～10の類義語を後の□の中から選び、漢字で記せ。□の中の語は一度だけ使うこと。 (20) 2×10

対義語

1 広大（　　）
2 多弁（　　）
3 鎮静（　　）
4 濃縮（　　）
5 放任（　　）

類義語

6 来歴（　　）
7 刹那（　　）
8 捻出（　　）
9 道徳（　　）
10 誠実（　　）

ゆいしょ・りんり・かもく・くめん
きょうしょう・こうふん・しんし
かんしょう・きしゃく・しゅんじ

5級
4級
3級
準2級
2級
付録

六 次の——線のカタカナを漢字に直せ。 (20) 2×10

1 証拠書類を**オウシュウ**する。（　　）
2 活発な意見の**オウシュウ**があった。（　　）
3 戦火の**キョウイ**にさらされる。（　　）
4 **キョウイ**的な打率を記録する。（　　）
5 地価の**トウキ**を抑える。（　　）
6 ごみの不法**トウキ**を禁じる。（　　）
7 立ち退きを**キョウセイ**する。（　　）
8 **キョウセイ**視力を記入する。（　　）
9 思想の自由を**オカ**してはならない。（　　）
10 危険を**オカ**して船出する。（　　）

八 次の——線のカタカナを漢字一字と送りがな（ひらがな）に直せ。 (10) 2×5

〈例〉 問題に**コタエル**。 答える

1 定説を**クツガエス**。（　　）
2 **ワズラワシイ**問題を片づける。（　　）
3 無関心を**ヨソオウ**。（　　）
4 流行はすぐに**スタレル**。（　　）
5 観衆を**ワカス**大接戦となった。（　　）

九 次の——線のカタカナを漢字に直せ。 (50) 2×25

1 高速道路が**ジュウタイ**する。（　　）
2 **カジョウ**な期待を寄せられる。（　　）
3 **スウコウ**な志を持っている。（　　）
4 旅客機に**トウジョウ**する。（　　）
5 試供品を**ハンプ**する。（　　）
6 **カンリョウ**が実権を握る。（　　）

20 相手の言葉を途中で**サエギ**る。（　　）
21 永遠の愛を**チカ**う。（　　）
22 去る者は日々に**ウト**し。（　　）
23 人を**ネンゴ**ろにもてなす。（　　）
24 医者が脈を**ミ**る。（　　）
25 帽子を**マブカ**にかぶる。（　　）

——おわり——

2級模擬テスト 解答

一
1 ほさ　2 きんさ　3 ひじゅん　4 ゆうよ
5 しんちょく　6 すいそう　7 てっしょう
8 くんとう　9 はたん　10 きょうりゅう
11 かっこ　12 けっしゅつ　13 あんねい
14 させん　15 あいさつ　16 ひへい

七 次の各文にまちがって使われている同じ読みの漢字が一字ある。上に誤字を、下に正しい漢字を記せ。(10) 2×5

1 前評判は決して高くなかったが、地区優勝の与勢を駆って、全国大会でも一気に勝ち上がった。（　↓　）

2 年金受給年齢の引き上げを背景に、定年後も同じ会社で職託社員として勤務することを望む人が増えている。（　↓　）

3 郷土文化の発展に多大な貢遺をした地元の研究家の功績をたたえ、表彰状を贈るとともに、駅前に銅像を建立することになった。（　↓　）

4 遺跡の発屈調査を通じて歴史への関心を高めてもらおうと、調査隊の隊員を広く一般から募集することにした。（　↓　）

5 無農薬栽培の野菜を宅配してくれる業者を数社招介されたので、実際に購入して比較することにした。（　↓　）

7 事件の**カチュウ**にある人に取材する。（　）

8 無事宇宙から**キカン**する。（　）

9 **バクゼン**とした印象しかない。（　）

10 **ハバツ**抗争に明け暮れる。（　）

11 **ソボク**な味のクッキー。（　）

12 彼といると**ユカイ**な気持ちになる。（　）

13 話を一度ふりだしに**モド**す。（　）

14 **タダ**し書きがついている。（　）

15 骨肉の**ミニク**い争い。（　）

16 最近**フトコログアイ**が悪い。（　）

17 **ミサキ**の灯台に灯がともる。（　）

18 悪事の片棒を**カツ**ぐ。（　）

19 **キモ**を据えて難題に取り組む。（　）

[答案・解答欄]

一
17けっさい　18しゅこう　19ばいかい
20つうぎょう　21ひざがしら　22やよい
23ともがせ　24さ　25くだ　26さじき　27さじき
28とだな　29がき　30つる

二
1大　2田　3耒　4ニ　5幺　6殳　7自
8車　9女　10戸

三
1蛇尾　2充棟　3鬼没　4折衷　5秀麗
6呉越　7閑話　8清廉　9千載　10傍若

四
1＝ア　2＝オ　3＝ウ　4＝エ　5＝ア
6＝エ　7＝ウ　8＝イ　9＝ウ　10＝イ

五
問1　1狭小　2寡黙　3興奮　4希釈　5干渉
6由緒　7瞬時　8工面　9倫理　10真摯
問2　11＝ア　12＝ク　13＝イ　14＝カ　15＝コ

六
1押収　2応酬　3脅威　4驚異　5騰貴
6投棄　7強制　8矯正　9侵　10冒

七
1与→余　2職→嘱　3遣→献　4屈→掘
5招→紹

八
1覆す　2煩わしい　3装う　4廃れる
5沸かす

九
1渋滞　2過剰　3崇高　4搭乗　5頒布
6官僚　7渦中　8帰還　9漠然　10派閥
11素朴　12愉快　13戻　14但　15醜
16懐具合　17岬　18担　19肝　20遮　21誓
22疎　23懇　24診　25目深

都道府県名を覚えよう

①北海道《ほっかいどう》
②青森県《あおもりけん》
③岩手《いわて》県
④宮城《みやぎ》県
⑤秋田《あきた》県
⑥山形《やまがた》県
⑦福島《ふくしま》県
⑧茨城《いばらき》県
⑨栃木《とちぎ》県
⑩群馬《ぐんま》県
⑪埼玉《さいたま》県
⑫千葉《ちば》県

⑬東京都《とうきょうと》
⑭神奈川《かながわ》県
⑮新潟《にいがた》県
⑯富山《とやま》県
⑰石川《いしかわ》県
⑱福井《ふくい》県
⑲山梨《やまなし》県
⑳長野《ながの》県
㉑岐阜《ぎふ》県
㉒静岡《しずおか》県
㉓愛知《あいち》県
㉔三重《みえ》県

㉕滋賀《しが》県
㉖京都府《きょうとふ》
㉗大阪《おおさか》府
㉘兵庫《ひょうご》県
㉙奈良《なら》県
㉚和歌山《わかやま》県
㉛鳥取《とっとり》県
㉜島根《しまね》県
㉝岡山《おかやま》県
㉞広島《ひろしま》県
㉟山口《やまぐち》県
㊱徳島《とくしま》県

㊲香川《かがわ》県
㊳愛媛《えひめ》県
㊴高知《こうち》県
㊵福岡《ふくおか》県
㊶佐賀《さが》県
㊷長崎《ながさき》県
㊸熊本《くまもと》県
㊹大分《おおいた》県
㊺宮崎《みやざき》県
㊻鹿児島《かごしま》県
㊼沖縄《おきなわ》県

検印

『改訂常用漢字表』追加漢字

漢字	画数	部首	部首名	筆順
阪	7画	阝	こざとへん	フ ろ 阝 阝厂 阝厂 阝反 阪
奈	8画	大	だい	一 ナ 大 太 夳 夲 奈 奈
岡	8画	山	やま	丨 冂 冂 円 円 円 岡 岡
阜	8画	阜	おか	′ ľ 户 户 白 自 皀 阜
栃	9画	木	きへん	一 十 オ 木 木一 木丆 析 栃 栃
茨	9画	艹	くさかんむり	一 十 艹 艹 艹 芢 芣 茨 茨
埼	11画	扌	つちへん	一 十 扌 扌 扌 扌 扌 埣 埣 埼 埼
梨	11画	木	き	一 二 千 禾 禾 利 利 利 梨 梨 梨
鹿	11画	鹿	しか	ヽ 亠 广 户 庐 庐 庐 唐 鹿 鹿 鹿
媛	12画	女	おんなへん	く 女 女 女 女 女 女 女 婇 婬 嫒 媛
熊	14画	灬	れんが	ム ム 𠫓 育 育 能 能 能 能 能 熊 熊

●地図の番号と対照させて、右ページの解答欄に都道府県名を書こう。

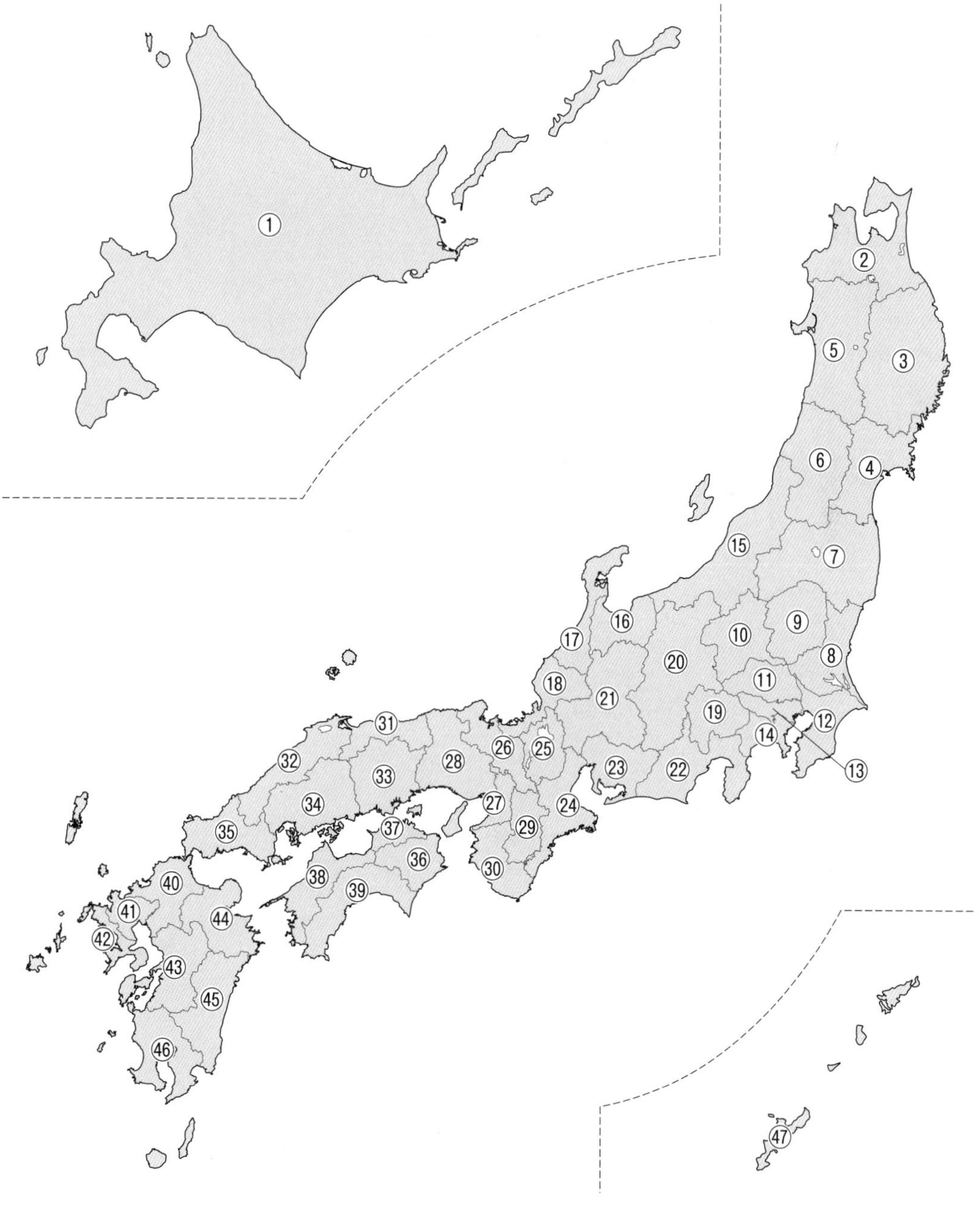

常用漢字表「付表」

●読みを答えなさい。

① 明日〔　〕
② 小豆〔　〕
③ 海女・海士〔　〕
④ 硫黄〔　〕
⑤ 意気地〔　〕
⑥ 田舎〔　〕
⑦ 息吹〔　〕
⑧ 海原〔　〕
⑨ 乳母〔　〕
⑩ 浮気〔　〕
⑪ 浮つく〔　〕
⑫ 笑顔〔　〕
⑬ 叔父・伯父〔　〕
⑭ 大人〔　〕
⑮ 乙女〔　〕
⑯ 叔母・伯母〔　〕
⑰ お巡りさん〔　〕
⑱ お神酒〔　〕
⑲ 母屋・母家〔　〕
⑳ 母さん〔　〕
㉑ 神楽〔　〕
㉒ 河岸〔　〕
㉓ 鍛冶〔　〕
㉔ 風邪〔　〕
㉕ 固唾〔　〕
㉖ 仮名〔　〕
㉗ 蚊帳〔　〕
㉘ 為替〔　〕
㉙ 河原・川原〔　〕
㉚ 昨日〔　〕
㉛ 今日〔　〕
㉜ 果物〔　〕
㉝ 玄人〔　〕
㉞ 今朝〔　〕
㉟ 景色〔　〕
㊱ 心地〔　〕
㊲ 居士〔　〕
㊳ 今年〔　〕
㊴ 早乙女〔　〕
㊵ 雑魚〔　〕
㊶ 桟敷〔　〕
㊷ 差し支える〔　〕
㊸ 五月〔　〕
㊹ 早苗〔　〕
㊺ 五月雨〔　〕
㊻ 時雨〔　〕
㊼ 尻尾〔　〕
㊽ 竹刀〔　〕
㊾ 老舗〔　〕
㊿ 芝生〔　〕
51 清水〔　〕
52 三味線〔　〕
53 砂利〔　〕
54 数珠〔　〕
55 上手〔　〕
56 白髪〔　〕
57 素人〔　〕

解答

①あす ②あずき ③あま ④いおう ⑤いくじ ⑥いなか ⑦いぶき ⑧うなばら ⑨うば ⑩うわき ⑪うわつく ⑫えがお ⑬おじ ⑭おとな ⑮おとめ ⑯おば ⑰おまわりさん ⑱おみき ⑲おもや ⑳かあさん ㉑かぐら ㉒かし ㉓かじ ㉔かぜ ㉕かたず ㉖かな ㉗かや ㉘かわせ ㉙かわら ㉚きのう ㉛きょう ㉜くだもの ㉝くろうと ㉞けさ ㉟けしき ㊱ここち ㊲こじ ㊳ことし ㊴さおとめ ㊵ざこ ㊶さじき ㊷さしつかえる ㊸さつき ㊹さなえ ㊺さみだれ ㊻しぐれ ㊼しっぽ ㊽しない ㊾しにせ ㊿しばふ 51しみず 52しゃみせん 53じゃり 54じゅず 55じょうず 56しらが 57しろうと

検印

58 師走 〔　　〕
59 数寄屋・数寄屋 〔　　〕
60 相撲 〔　　〕
61 草履 〔　　〕
62 山車 〔　　〕
63 太刀 〔　　〕
64 立ち退く 〔　　〕
65 七夕 〔　　〕
66 足袋 〔　　〕
67 稚児 〔　　〕
68 一日 〔　　〕
69 築山 〔　　〕
70 梅雨 〔　　〕
71 凸凹 〔　　〕
72 手伝う 〔　　〕
73 伝馬船 〔　　〕
74 投網 〔　　〕
75 父さん 〔　　〕
76 十重二十重 〔　　〕

77 読経 〔　　〕
78 時計 〔　　〕
79 友達 〔　　〕
80 仲人 〔　　〕
81 名残 〔　　〕
82 雪崩 〔　　〕
83 兄さん 〔　　〕
84 姉さん 〔　　〕
85 野良 〔　　〕
86 祝詞 〔　　〕
87 博士 〔　　〕
88 二十・二十歳 〔　　〕
89 二十日 〔　　〕
90 波止場 〔　　〕
91 一人 〔　　〕
92 日和 〔　　〕
93 二人 〔　　〕
94 二日 〔　　〕
95 吹雪 〔　　〕
96 下手 〔　　〕

97 部屋 〔　　〕
98 迷子 〔　　〕
99 真面目 〔　　〕
100 真っ赤 〔　　〕
101 真っ青 〔　　〕
102 土産 〔　　〕
103 息子 〔　　〕
104 眼鏡 〔　　〕
105 猛者 〔　　〕
106 紅葉 〔　　〕
107 木綿 〔　　〕
108 最寄り 〔　　〕
109 八百長 〔　　〕
110 八百屋 〔　　〕
111 大和 〔　　〕
112 弥生 〔　　〕
113 浴衣 〔　　〕
114 行方 〔　　〕
115 寄席 〔　　〕
116 若人 〔　　〕

---

58 しわす（しはす）
59 すきや
60 すもう
61 ぞうり
62 だし
63 たち
64 たちのく
65 たなばた
66 たび
67 ちご
68 ついたち
69 つきやま
70 つゆ
71 でこぼこ
72 てつだう
73 てんません
74 とあみ
75 とうさん
76 とえはたえ
77 どきょう
78 とけい
79 ともだち
80 なこうど
81 なごり
82 なだれ
83 にいさん
84 ねえさん
85 のら
86 のりと
87 はかせ
88 はたち
89 はつか
90 はとば
91 ひとり
92 ひより
93 ふたり
94 ふつか
95 ふぶき
96 へた
97 へや
98 まいご
99 まじめ
100 まっか
101 まっさお
102 みやげ
103 むすこ
104 めがね
105 もさ
106 もみじ
107 もめん
108 もより
109 やおちょう
110 やおや
111 やまと
112 やよい
113 ゆかた
114 ゆくえ
115 よせ
116 わこうど

慣用表現①

1 次の慣用表現の空欄に体の一部分の漢字を書きなさい。

問題	意味
① 彼の努力には（　）**が下がる**思いだ。	敬服させられること。
② 父の（　）**に泥を塗って**しまった。	恥をかかせること。
③ 祖母は甘い物に（　）**がない**。	思慮分別をなくすほど好きであること。
④ 彼女のうわさを（　）**に挟む**。	ちらっと聞くこと。
⑤ 成績がいいのを（　）**に掛ける**。	自慢したり得意がったりすること。
⑥ 彼女は（　）**が堅い**から信用できる。	秘密などをよく守り、簡単にしゃべらないこと。
⑦ 難しくて僕では（　）**が立たない**。	かなわないこと。
⑧ 返事を（　）**を長くして**待つ。	今か今かと待ち焦がれること。
⑨ ほっと（　）**をなで下ろした**。	安心すること。
⑩ 弱いほうの（　）**を持つ**。	ひいきすること。味方すること。
⑪ ゴルフの（　）**が上がった**。	上手になること。
⑫ （　）**に汗握る**シーソーゲーム。	見ていて緊張したり興奮したりすること。
⑬ 相手と（　）**を割って**話し合う。	本心を隠さないで打ち明けること。
⑭ 彼は誰にでも（　）**が低い**男だ。	他人に対してたかぶらず謙虚であること。
⑮ エラーが投手の（　）**を引っ張った**。	物事の順調な進行の邪魔をすること。
⑯ （　）**を集めて**相談する。	大勢の人が集まって相談すること。
⑰ 突然の解散話に己の（　）**を疑った**。	思いがけないことを聞き、信じられないこと。
⑱ **開いた**（　）**が塞がらない**発言だ。	あきれて何も言えないこと。
⑲ **揚げ**（　）**を取る**のは悪い癖だ。	人の言い間違いを取り上げてからかうこと。
⑳ 怠けていたので**痛い**（　）**を見る**。	つらい思いをさせられること。
㉑ **後ろ**（　）**を引かれる**思いで出た。	心残りがしてなかなか思い切れないこと。
㉒ 土壇場で**奥の**（　）を使う。	とっておきの手段。
㉓ 共犯者と（　）**裏を合わせる**。	他の人と話の筋道を合わせて言うこと。
㉔ 路上で騒ぐ若者を**白い**（　）**で見る**。	軽蔑した冷淡な目つきで見ること。
㉕ 国の未来を**双**（　）**に担う**。	重要な任務を引き受けること。
㉖ **血も**（　）**もない**仕打ちを受ける。	思いやりの気持ちがないこと。
㉗ 新人の成長を**長い**（　）**で見る**。	現状だけで判断せず、気長に将来を見守ること。
㉘ 洋服の値札を見て**二の**（　）**を踏む**。	どうしようかと迷うこと。
㉙ 長年の研究が**日の**（　）**を見る**。	不遇だったものが認められるようになること。
㉚ 母校の後輩のために**一**（　）**脱ぐ**。	本気になって他人に力を貸すこと。
㉛ 政治家が講演会で**弁**（　）**を振るう**。	熱心によどみなく語ること。
㉜ （　）**身を惜しまず**人に尽くす。	苦労を嫌がらないこと。

解答

1 ①頭 ②顔 ③目 ④耳 ⑤鼻 ⑥口 ⑦歯 ⑧首 ⑨胸 ⑩肩 ⑪腕 ⑫手 ⑬腹 ⑭腰 ⑮足 ⑯額 ⑰耳 ⑱口 ⑲足 ⑳目 ㉑髪 ㉒手 ㉓口 ㉔目 ㉕肩 ㉖涙 ㉗目 ㉘足 ㉙目 ㉚肌 ㉛舌 ㉜骨

検印

2 次の慣用表現の空欄に動物の名の漢字を書きなさい。

①夫婦げんかは（　）**も食わぬ。**	全く相手にする気にならないこと。
②（　）**の子**の百万円を奪われた。	大切にして手放さないもの。
③彼女とはなぜか（　）**が合う。**	気が合うこと。
④会議の進行は（　）**の歩み**のようだ。	進み具合の遅いたとえ。
⑤学校では（　）**をかぶって**いる。	本性を隠して上品ぶること。
⑥所詮（　）**知恵**しか持っていない。	一見気が利いていて、実は間の抜けている考え。
⑦（　）**の額**ほどの土地しかない。	面積の狭いたとえ。
⑧（　）**ににらまれた蛙《かえる》**のように動けない。	怖いものの前で身がすくむこと。
⑨**飛ぶ**（　）**を落とす勢い**で勝ち進む。	きわめて盛んな勢いのたとえ。
⑩（　）**の鳴くような声**で答える。	力弱く細い声。
⑪怪談を聞いて（　）**肌が立った。**	恐怖などで皮膚があわ立つこと。
⑫（　）**の生殺し**の状況が続く。	決着をつけないで曖昧なままにしておくこと。
⑬**逃がした**（　）**は大きい**ものだ。	手に入れそこなった物は大きく感じるたとえ。
⑭皆に仕事をやらせて自分だけ帰ろうとは（　）**がいい**話だ。	自己中心的でずうずうしいこと。
⑮事故現場に**野次**（　）が集まる。	無関係なことに興味を示して騒ぎ立てる人。
⑯店は**閑古**（　）**が鳴く**状態だ。	商売などがはやらない様子。
⑰そんな（　）**芝居**は通用しないぞ。	すぐに見透かされるような、浅はかなたくらみ。
⑱**借りてきた**（　）のように静かだ。	普段と違っておとなしくしている様子。
⑲評論家の意見の**尻**（　）**に乗る。**	軽々しく同調して行動すること。
⑳**飼い**（　）**に手をかまれた**気分だ。	面倒を見ていた者に裏切られること。
㉑**生き**（　）**の目を抜く**せちがらい世の中。	他人を出し抜いてすばやく利を得るさま。
㉒父は今（　）**の居所が悪い。**	不機嫌で、ちょっとした事にも怒る状態。
㉓転職して**水を得た**（　）**のようだ。**	その人に合った場を得て活躍するたとえ。
㉔彼の自慢は（　）**の遠吠《とおぼ》え**にすぎない。	臆病者が陰でいばる様子。
㉕社長の（　）**の一声**で決まった。	多くの意見をおさえつける権威者の一言。
㉖困ったときだけ（　）**なで声**で頼むな。	機嫌をとるためのやさしくこびる声。
㉗開店前に**長**（　）**の列**ができる。	長く続く行列。
㉘（　）**の巣をつついたような**騒ぎだ。	大騒ぎになって収拾がつかないさま。
㉙ここで引き下がっては**腹の**（　）**がおさまらない。**	腹が立って我慢できないこと。
㉚方針が（　）**の目**のように変わる。	物事が事情によって目まぐるしく変わること。
㉛目立たぬようにしていたが、とんだところで（　）**脚をあらわした。**	隠していたことがあらわれること。

2 ①犬 ②虎 ③馬 ④牛 ⑤猫 ⑥猿 ⑦猫 ⑧蛇 ⑨鳥 ⑩蚊 ⑪鳥 ⑫蛇 ⑬魚 ⑭虫 ⑮馬 ⑯鳥 ⑰猿 ⑱猫 ⑲馬 ⑳犬 ㉑馬 ㉒虫 ㉓魚 ㉔犬 ㉕鶴 ㉖猫 ㉗蛇 ㉘蜂 ㉙虫 ㉚猫 ㉛馬

1 次の慣用表現の空欄にあてはまる漢字を書きなさい。

① **的を**〔　〕**た**意見を述べる。
的確に要点や本質を捉えること。

② 父は〔　〕**をなして**怒った。
顔色を変えて怒ること。

③ **根も**〔　〕**もない**うわさが立つ。
何の根拠もない、全くのでたらめであること。

④ 彼のスピーチは**立て**〔　〕**に水**だ。
弁舌の流暢《りゅうちょう》なさま。

⑤ 弟は褒めるとすぐ〔　〕**に乗る**。
いい気になってつけあがるさま。

⑥ 〔　〕**で鼻をくくった**ような挨拶。
無愛想にふるまうさま。

⑦ 新人に**花を**〔　〕**たせる**。
相手に勝ちや名誉を譲ること。

⑧ あの歌手の人気も**地に**〔　〕**ちた**。
盛んであったものが衰え廃れること。

⑨ 二人の友情に〔　〕**をさす**。
邪魔だてすること。

⑩ 彼女の才能に**舌を**〔　〕**く**。
非常に感心するさま。

⑪ ここでやめたら**元も**〔　〕**もない**。
これまでの苦労が何にもならないこと。

⑫ 彼は万事に〔　〕**け目がない**。
損になることはせず、うまく立ち回ること。

⑬ 的確な指摘に**ぐうの**〔　〕**も出ない**。
一言も反論ができないさま。

⑭ そんな言い方をしたら**角が**〔　〕**つ**。
人との関係が穏やかでなくなること。

⑮ 未熟者の私が**出る**〔　〕**ではない**。
参加したり発言したりする場面ではないこと。

⑯ 一度**味を**〔　〕**める**とやめられない。
一度経験したことのうまみを忘れないこと。

⑰ 人の**恨みを**〔　〕**う**ような言動。
人に恨まれるようなことをすること。

⑱ 事件には陰で〔　〕**を引く**人がいる。
陰から人を操ること。

⑲ **気が**〔　〕**けない**大切な友人。
遠慮したりする必要がないこと。

⑳ 全員の努力が**功を**〔　〕**する**。
事が成就すること。

㉑ 今は焦らず〔　〕**が熟する**のを待つ。
物事をするのに最適の状況となること。

㉒ 捨てぜりふを残し〔　〕**を蹴る**。
怒ってその場を去ること。

㉓ 子供のために**心を**〔　〕**にする**。
相手のために非情な態度をとること。

㉔ **口角**〔　〕**を飛ばして**反論する。
激しく議論すること。

㉕ 君に頼りきりでは**立つ**〔　〕**がない**。
立場を失って面目が立たないこと。

㉖ **煮ても**〔　〕**いても食えない**やつだ。
手に負えず持て余すこと。

㉗ 九月に入って暑さが〔　〕**を越す**。
物事の絶頂の時が過ぎること。

㉘ 無愛想で**取り付く**〔　〕**もない**。
相手がそっけなくて近づけないこと。

㉙ **薄**〔　〕**をふむ**思いで切り抜けた。
きわめて危ない場面に臨むことのたとえ。

㉚ 料理の腕なら〔　〕**に出る者がない**。
誰よりもすぐれていること。

㉛ でたらめな話を〔　〕**に受ける**。
言葉どおりに受け取ること。

㉜ 念を押さなくても〔　〕**も承知**だ。
十分よく知っているさま。

解答 1 ①射 ②色 ③葉 ④板 ⑤図 ⑥木 ⑦持 ⑧落 ⑨水 ⑩巻 ⑪子 ⑫抜 ⑬音 ⑭立 ⑮幕 ⑯占 ⑰買 ⑱糸 ⑲置 ⑳奏 ㉑機 ㉒席 ㉓鬼 ㉔泡 ㉕瀬 ㉖焼 ㉗峠 ㉘島 ㉙氷 ㉚右 ㉛真 ㉜百

2 次の慣用表現の色字のカタカナを漢字に直しなさい。

①敵味方が**イチドウに会する。**
たくさんの人々が同じ場所に集まること。

②**カイシンの笑み**をもらす。
思いどおりで十分に満足すること。

③今回は**クハイをなめた。**
つらい経験をすること。

④何の**ヘンテツもない**話だ。
普通のものと変わりがないこと。

⑤誰も**ガンチュウにない。**
関心や意識の範囲内にないこと。

⑥**一躍キャッコウを浴びる。**
世間の人々から注目されること。

⑦道に迷って**トホウに暮れる。**
どうしてよいのか、わからなくなること。

⑧**シアンに余って**相談する。
いくら考えてもよい考えが浮かばないこと。

⑨彼には**ドギモを抜かれた。**
ひどくびっくりさせられること。

⑩後輩に**ハッパを掛ける。**
気合を入れること。

⑪他社の**キセンを制する。**
先に行動して相手を抑えること。

⑫大会で**シユウを決する。**
戦って勝負をつけること。

⑬世間に**イッセキを投じる。**
反響を呼ぶ問題を投げかけること。

⑭悪事の**カタボウを担ぐ。**
ある企ての一部に協力すること。

⑮恋人の前で**ミエを張る。**
必要以上によく見せようとすること。

⑯怠惰な弟に**アイソが尽きる。**
すっかり嫌になること。

⑰多くの中で**イサイを放つ。**
特別に目立ってすぐれて見えること。

⑱提案を**イッショウに付す。**
ばかにして相手にしないこと。

⑲合否の**メイアンを分ける。**
勝負などがはっきり決まること。

⑳**カンプ無きまで**打ちのめす。
無傷な部分がないほど徹底的に。

㉑心の**キンセンに触れる**言葉。
よいものに感銘を受けること。

㉒苦労が**スイホウに帰する。**
努力が無駄になること。

㉓**シマツに負えない**庭の雑草。
どうにも処理できないこと。

㉔開発計画を**ハクシに戻す。**
元の状態に戻すこと。

㉕優勝争いに**ヒバナを散らす。**
互いに激しく争うこと。

㉖あとは君に**ゲタを預ける**よ。
信用して処置を任せること。

㉗**セワが焼ける**人だ。
ある人について手数がかかること。

㉘**マシャクに合わない**商売。
割に合わないこと。

㉙**ハメを外して**騒ぐ。
調子に乗りすぎて度を越すこと。

㉚人の好意を**ムゲにする。**
台なしにすること。

㉛遺産を**ユミズのように使う。**
あるに任せて乱費すること。

㉜**ワキメも振らず**働く。
集中して行うこと。

㉝**ユウシュウの美**を飾った。
最後までやり通して立派な成果をあげること。

㉞**ウムを言わせず**参加させる。
無理やりに。

---

2 ①一堂 ②会心 ③苦杯 ④変哲 ⑤眼中 ⑥脚光 ⑦途方 ⑧思案 ⑨度肝 ⑩発破 ⑪機先 ⑫雌雄 ⑬一石 ⑭片棒 ⑮見栄 ⑯愛想 ⑰異彩 ⑱一笑 ⑲明暗 ⑳完膚 ㉑琴線 ㉒水泡 ㉓始末 ㉔白紙 ㉕火花 ㉖下駄 ㉗世話 ㉘間尺 ㉙羽目 ㉚無下 ㉛湯水 ㉜脇目 ㉝有終 ㉞有無

ことわざ・故事成語

1 次のことわざの空欄にあてはまる漢字を書きなさい。

① うわさをすれば（　）がさす　人のうわさをしていたら本人が現れること。
② 人の花は（　）い　他人のものはよく見えることのたとえ。
③ 安物買いの（　）失い　質の悪い安い物を買って結局損をすること。
④ 旅は道連れ（　）は情け　生きていくには互いに助け合う心が大切であること。
⑤ 壁に耳あり障子に（　）あり　秘密はとかく漏れやすいことのたとえ。
⑥ 枯れ木も（　）のにぎわい　つまらないものでもないよりはましであること。
⑦ 住めば（　）　どんな所も住み慣れると居心地よく思われること。
⑧ 焼け石に（　）　労力をかけても効果がないさま。
⑨ （　）に竹を接ぐ　物事のつながりが不自然なさま。
⑩ 石の上にも（　）年　つらくても耐えればやがて報われること。
⑪ （　）は本能寺にあり　真の目的は別にあること。
⑫ （　）に短したすきに長し　中途半端で使いものにならないこと。
⑬ 雨降って（　）固まる　もめごとの後はかえって事態がよくなること。
⑭ 敵に（　）を送る　苦境にある敵を助けること。
⑮ 火のない所に（　）は立たぬ　何もなければうわさは立たないということ。
⑯ （　）から牡丹餅《ぼたもち》　思いがけない幸運を得ること。

⑰ （　）多くして船、山に登る　指図する人が多くて物事が進まないこと。
⑱ 泣く子と（　）には勝てぬ　どんなに道理で争っても勝ち目がないこと。
⑲ 寄らば（　）の陰　頼るなら力のある人を頼るべきだということ。
⑳ 命あっての（　）　何よりも命が大切だということ。
㉑ （　）をたたいて渡る　非常に用心深く物事を行うこと。
㉒ （　）の敵《かたき》を長崎で討つ　恨みを別のところで晴らすこと。
㉓ 二階から（　）　回りくどくて効き目がないこと。
㉔ （　）合って銭《ぜに》足らず　理論と実践が一致しないさま。
㉕ 下手な（　）も数打ちゃ当たる　たくさんの失敗の中にまぐれ当たりがあること。
㉖ そうは（　）が卸さない　思いどおりにはなってくれないこと。
㉗ 清水《きよみず》の（　）から飛び下りる　思い切って大きな決断をすること。
㉘ （　）に提灯《ちょうちん》　あっても無用なもののたとえ。
㉙ （　）に塩　力なくしおれているさま。
㉚ 怪我《けが》の（　）　災難と思われたことが、好結果となること。
㉛ 飛ぶ鳥の（　）　あてにならないものをあてにすること。
㉜ （　）を捕らえて縄をなう　準備を怠り、事が起こって慌てて用意すること。
㉝ （　）の隅を楊枝《ようじ》でほじくる　つまらない事柄にまで口出しをすること。

解答
1 ①影 ②赤 ③銭 ④世 ⑤目 ⑥山 ⑦都 ⑧水 ⑨木 ⑩三 ⑪敵 ⑫帯 ⑬地 ⑭塩 ⑮煙 ⑯棚 ⑰船頭 ⑱地頭 ⑲大樹 ⑳物種 ㉑石橋 ㉒江戸 ㉓目薬 ㉔勘定 ㉕鉄砲 ㉖問屋 ㉗舞台 ㉘月夜 ㉙青菜 ㉚功名 ㉛献立 ㉜泥棒 ㉝重箱

2 次の空欄に入る漢字を後から選び、故事成語を完成させなさい。

①漁夫の（　）　両者が争っているすきに第三者が利益を横取りすること。
②禍福は糾《あざな》える（　）のごとし　人の世の幸・不幸は表裏一体であること。
③（　）に縁《よ》りて魚を求む　方法を誤ると目的は達せられないこと。
④他山の（　）　他人のどんな言行も自分を磨く助けになること。
⑤（　）牛の一毛　多数の中のごくわずかな部分。
⑥覆水（　）に返らず　一度してしまったことは取り返しがつかないこと。
⑦虎の（　）を借る狐《きつね》　強者の陰で威張る人のたとえ。
⑧座右の（　）　いつも心にとめておいて、戒めや励ましとする文句。
⑨烏合《うごう》の（　）　規律も統制もなく寄り集まった群衆。
⑩玉琢《みが》かざれば（　）を成さず　よい素質があっても修養を積まねば立派になれないこと。
⑪青雲の（　）　功名を立て、立身出世しようと望む心。
⑫（　）の中の蛙《かわず》　狭い知識にとらわれて大局的な判断のできないさま。
⑬李下《りか》に（　）を整《ただ》さず　人に少しでも疑われるような行動はすべきではないこと。
⑭人間万事塞翁が（　）　人生の吉凶、幸・不幸は予測できないこと。

衆・馬・盆・志・利・器・木
石・井・冠・九・銘・縄・威

3 次の故事成語の色字のカタカナを漢字に直しなさい。

①**ケイセツ**の功　苦労して勉学に励んだその成果。
②**チクバ**の友　幼なじみ。
③**ハイスイ**の陣　一歩も後にはひけない状況の中で全力を尽くすこと。
④**スイギョ**の交わり　きわめて親密な交友。
⑤**サンコ**の礼　人に仕事を頼むのに、何度も訪問して礼を尽くすこと。
⑥**ギュウジ**を執る　ある集団の主導権を握ること。
⑦**コウジ**魔多し　よいことには邪魔が入りやすいこと。
⑧**シュウビ**を開く　心配事がなくなってほっとした顔つきになること。
⑨**ハチク**の勢い　勢いが盛んで抑えがたいさま。
⑩**カンタン**相照らす　互いに心の中を打ち明けて親しく交際すること。
⑪**トウカク**を現す　才能・力量が人よりも一段とすぐれること。
⑫**シガ**にかけず　相手を全く問題にしないこと。
⑬**センリ**眼　遠方の出来事や将来のこと、隠れたものなどを見通す能力。
⑭朝令**ボカイ**　方針などが絶えず変わって定まらないこと。
⑮**ムジュン**　つじつまが合わないこと。
⑯**リュウトウ**蛇尾　はじめは勢いがよいが、終わりになると振るわないこと。
⑰**イッスイ**の夢　人の世の栄枯盛衰のはかないことのたとえ。

2 ①利 ②縄 ③木 ④石 ⑤九 ⑥盆 ⑦威 ⑧銘 ⑨衆 ⑩器 ⑪志 ⑫井 ⑬冠 ⑭馬
3 ①蛍雪 ②竹馬 ③背水 ④水魚 ⑤三顧 ⑥牛耳 ⑦好事 ⑧愁眉 ⑨破竹 ⑩肝胆 ⑪頭角 ⑫歯牙 ⑬千里 ⑭暮改 ⑮矛盾 ⑯竜頭 ⑰一炊

1 次の四字熟語の空欄にあてはまる漢数字を書きなさい。

① 心機《しんき》〔　〕転《てん》　ある事柄を契機に気持ちががらりと変わること。

② 〔　〕日《じつ》〔　〕秋《しゅう》　ひどく待ち遠しく思う様子。

③ 〔　〕束《そく》〔　〕文《もん》　大量にあるのに、値段がきわめて安いこと。

④ 朝《ちょう》〔　〕暮《ぼ》〔　〕　人をうまくごまかし欺くこと。

⑤ 〔　〕面楚歌《めんそか》　まわりが敵や反対者ばかりで、味方のないこと。

⑥ 〔　〕〔　〕時中《じちゅう》　いつでも。常に。

⑦ 〔　〕方《ほう》〔　〕方《ぽう》　あらゆる方面。あちこち。

⑧ 〔　〕里霧中《りむちゅう》　物事の事情がわからず、進む方向が見えなくなること。

⑨ 〔　〕転《てん》〔　〕倒《とう》　苦痛のあまり転げ回ること。

⑩ 〔　〕人《にん》〔　〕色《いろ》　好みや考えなどは、人によってそれぞれ異なるということ。

⑪ 〔　〕発《ぱつ》〔　〕中《ちゅう》　計画や予想がすべて当たること。

⑫ 〔　〕変《ぺん》〔　〕化《か》　さまざまに変化すること。

2 次の四字熟語の空欄にあてはまる漢字を書きなさい。

① 勇猛《ゆうもう》〔　〕《か》敢《かん》　性質が勇ましく決断力に富んでいるさま。

② 隠忍自《いんにんじ》〔　〕《ちょう》　じっと我慢して軽はずみな行動をしないこと。

③ 異《い》〔　〕《く》同音《どうおん》　大勢の意見や考えが一致すること。

④ 絶《ぜっ》〔　〕《たい》絶命《ぜつめい》　進退のきわまった状態。

⑤ 〔　〕《こ》城落日《じょうらくじつ》　勢いが衰えて、頼りなく心細いこと。

⑥ 〔　〕《こう》言令色《げんれいしょく》　言葉を飾り、顔色を取り繕うこと。

⑦ 大器《たいき》〔　〕《ばん》成《せい》　大人物は世に出るまでに時間がかかるということ。

⑧ 臨《りん》〔　〕《き》応変《おうへん》　その時とその場に応じて、適切な手段を施すこと。

⑨ 快刀乱《かいとうらん》〔　〕《ま》　もつれた出来事を明快に処理するさま。

⑩ 暗中模《あんちゅうも》〔　〕《さく》　手がかりのないことを探し求めること。

⑪ 温《おん》〔　〕《こ》知新《ちしん》　古いことを研究して新しい知識を開くこと。

⑫ 意味《いみ》〔　〕《しん》長《ちょう》　表面上の意味のほかに別の意味が隠されていること。

解答

1 ①心機一《いっ》転　②一《いち》日千《せん》秋　③二《に》束三《さん》文　④朝三《さん》暮四《し》　⑤四《し》面楚歌　⑥四《し》六《ろく》時中　⑦四《し》方八《はっ》方　⑧五《ご》里霧中　⑨七《しち》転八《ばっ》倒　⑩十《じゅう》人十《と》色　⑪百《ひゃっ》発百《ひゃく》中　⑫千《せん》変万《ばん》化

2 ①勇猛果敢　②隠忍自重　③異口同音　④絶体絶命　⑤孤城落日　⑥巧言令色　⑦大器晩成　⑧臨機応変　⑨快刀乱麻　⑩暗中模索　⑪温故知新　⑫意味深長

検印

3 次の四字熟語の空欄にあてはまる漢字を書きなさい。

① 花《か》［　］《ちょう》［　］《ふう》月《げつ》　自然の美しい風物。

② ［　］《ちん》［　］《し》黙考《もっこう》　黙って深く考え込むこと。

③ 南船《なんせん》［　］《ほく》［　］《ば》　たえずあちらこちらを旅すること。

④ 同床《どうしょう》［　］《い》［　］《む》　行動をともにしながら意見や考え方が異なること。

⑤ 枝《し》［　］《よう》［　］《まっ》節《せつ》　物事の大切でない事柄。どうでもよい事柄。

⑥ ［　］《しん》［　］《しゅつ》鬼没《きぼつ》　自由自在に現れたり隠れたりすること。

⑦ 明鏡《めいきょう》［　］《し》［　］《すい》　心にやましい点がなく、澄みきっていること。

⑧ 付《ふ》［　］《わ》［　］《らい》同《どう》　むやみに他人の意見に従うこと。

⑨ ［　］《せい》［　］《こう》雨読《うどく》　悠然と心のままに生活すること。

⑩ 金《きん》［　］《か》［　］《ぎょく》条《じょう》　きわめて大切な法律・規則。

⑪ 支離《しり》［　］《めつ》［　］《れつ》　ばらばらで、筋道が立っていないさま。

⑫ ［　］《た》［　］《き》亡羊《ぼうよう》　事が多くて真実をつかみにくいこと。

⑬ ［　］《たい》［　］《ぎ》名分《めいぶん》　行動の基準となる道理。

⑭ ［　］《てん》［　］《い》無縫《むほう》　性格が無邪気で飾り気がないこと。

⑮ 群雄《ぐんゆう》［　］《かっ》［　］《きょ》　英雄が各地に点在し競い合っていること。

⑯ 前代《ぜんだい》［　］《み》［　］《もん》　今まで一度も聞いたことがないこと。

⑰ ［　］《すい》［　］《せい》夢死《むし》　何もせずむなしく一生を終えること。

⑱ ［　］《ほん》［　］《まつ》転倒《てんとう》　重要なこととそうでないことを取り違えること。

⑲ 無味《むみ》［　］《かん》［　］《そう》　おもしろみも風情もないこと。

⑳ 堅忍《けんにん》［　］《ふ》［　］《ばつ》　堅くじっとこらえて心のぐらつかないこと。

㉑ ［　］《へい》［　］《しん》低頭《ていとう》　身をかがめ、頭を下げて恐れ入ること。

㉒ ［　］《とう》［　］《ほん》西走《せいそう》　あちこち忙しく走り回るさま。

㉓ 自暴《じぼう》［　］《じ》［　］《き》　やけになって自分を粗末にすること。

㉔ ［　］《はく》［　］《らん》強記《きょうき》　広く書物を読み、よく記憶していること。

㉕ ［　］《せい》［　］《れん》潔白《けっぱく》　心がきよらかで私欲がなく、後ろ暗いところのないこと。

㉖ 不偏《ふへん》［　］《ふ》［　］《とう》　中立・公正な立場をとること。

---

3 ①花鳥風月 ②沈思黙考 ③南船北馬 ④同床異夢 ⑤枝葉末節 ⑥神出鬼没 ⑦明鏡止水 ⑧付和雷同 ⑨晴耕雨読 ⑩金科玉条 ⑪支離滅裂 ⑫多岐亡羊 ⑬大義名分 ⑭天衣無縫 ⑮群雄割拠 ⑯前代未聞 ⑰酔生夢死 ⑱本末転倒 ⑲無味乾燥 ⑳堅忍不抜 ㉑平身低頭 ㉒東奔西走 ㉓自暴自棄 ㉔博覧強記 ㉕清廉潔白 ㉖不偏不党

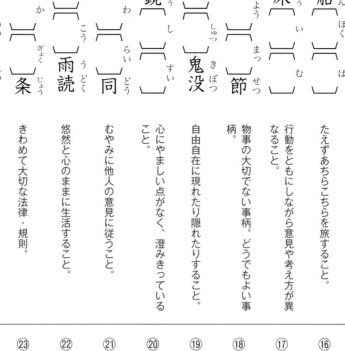

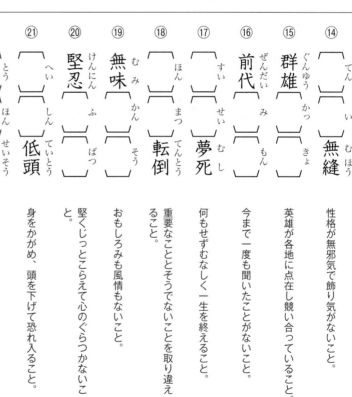

四字熟語②

1 次の四字熟語を漢字で書きなさい。

① しんしょうぼうだい【　　】 物事をおおげさに言うこと。

② きそうてんがい【　　】 普通では思いもよらないほど奇抜であること。

③ たんとうちょくにゅう【　　】 前置きなしにずばり本題に入ること。

④ ごんごどうだん【　　】 言葉で言い表せないほどひどいこと。

⑤ じごうじとく【　　】 自分でした悪事の報いを自分で受けること。

⑥ くうぜんぜつご【　　】 前例もなく、これからもあり得ないようなこと。

⑦ たいげんそうご【　　】 実力が伴わないのに、いばって大きなことを言うこと。

⑧ ふんこつさいしん【　　】 全力を尽くして事に当たること。

⑨ だんいほうしょく【　　】 満ちたりた暮らしのこと。

⑩ かろとうせん【　　】 季節はずれで役に立たないもののたとえ。

⑪ かんこつだったい【　　】 先人の詩文の表現や発想を自分の作品の中に取り入れること。

⑫ けいきょもうどう【　　】 軽はずみでいいかげんな行動をすること。

⑬ いっきとうせん【　　】 能力が人並み以上に高いこと。

⑭ でんこうせっか【　　】 行動などが瞬時に行われること。

⑮ あくせんくとう【　　】 困難を乗り切るために非常な努力を払うこと。

⑯ うんさんむしょう【　　】 跡形もなく消えてしまうこと。

⑰ いちごいちえ【　　】 一生に一度しかない出会い。

⑱ がでんいんすい【　　】 自分に都合のいいように言ったり行ったりすること。

⑲ いきしょうてん【　　】 何かしようとする気持ちが非常に盛んなさま。

⑳ しこうさくご【　　】 失敗を重ねながら解決策を見いだしていくこと。

解答

1 ①針小棒大 ②奇想天外 ③単刀直入 ④言語道断 ⑤自業自得 ⑥空前絶後 ⑦大言壮語 ⑧粉骨砕身 ⑨暖衣飽食 ⑩夏炉冬扇 ⑪換骨奪胎 ⑫軽挙妄動 ⑬一騎当千 ⑭電光石火 ⑮悪戦苦闘 ⑯雲散霧消 ⑰一期一会 ⑱我田引水 ⑲意気衝天 ⑳試行錯誤

2 ①ういてんぺん ②じゅんぷうまんぱん ③たいぜんじじゃく ④しんらばんしょう ⑤しんちんたいしゃ

検印

2 次の四字熟語の読みを答えなさい。

① 有為転変「　　」世の中のすべてのものは絶えず移り変わっていくものであること。

② 順風満帆「　　」物事が好都合に調子よくいくこと。

③ 泰然自若「　　」ゆったりと落ち着いていて物事に動じない様子。

④ 森羅万象「　　」この世のすべてのもの。

⑤ 新陳代謝「　　」新しいものが古いものにとってかわること。

⑥ 羊頭狗肉「　　」見かけと実質とが一致しないこと。

⑦ 捲土重来「　　」一度失敗したものが再び勢いを盛り返すこと。

⑧ 天真爛漫「　　」自然のままで、飾り気がなく純真なさま。

⑨ 風光明媚「　　」自然の景色がすばらしく美しいこと。

⑩ 不倶戴天「　　」憎み合い恨み合って、仲の悪い間柄。

⑪ 茫然自失「　　」あっけにとられて、我を忘れてしまうこと。

⑫ 艱難辛苦「　　」人生でぶつかる困難や苦労。

⑬ 臥薪嘗胆「　　」目的を達成するために、あらゆる苦難に耐えて苦労をすること。

⑭ 画竜点睛「　　」物事の中心となる大切なところ。

⑮ 渾然一体「　　」すべてが溶け合って一つのものになるさま。

⑯ 曖昧模糊「　　」物事がはっきりせずぼんやりしているさま。

⑰ 一気呵成「　　」ひといきに仕事を成し遂げること。

⑱ 紆余曲折「　　」事情がこみいって、いろいろ変化すること。

⑲ 豪放磊落「　　」度量が広く、小さいことにこだわらないこと。

⑳ 古色蒼然「　　」長い年月を経て、いかにも古びて見えるさま。

㉑ 獅子奮迅「　　」激しい勢いで物事に対処するさま。

㉒ 融通無碍「　　」考え方や行動が自由であること。

---

⑥ようとうくにく
⑦けんどちょうらい
⑧てんしんらんまん
⑨ふうこうめいび
⑩ふぐたいてん
⑪ぼうぜんじしつ
⑫かんなんしんく
⑬がしんしょうたん
⑭がりょうてんせい
⑮こんぜんいったい
⑯あいまいもこ
⑰いっきかせい
⑱うよきょくせつ
⑲ごうほうらいらく
⑳こしょくそうぜん
㉑ししふんじん
㉒ゆうずうむげ

音訓索引

●「漢字の学習編」で扱った見出し漢字の音訓を五十音順に並べ、掲載されているページを示した。
●カタカナは音読み、ひらがなは訓読みを示す。
●同じ読みを持つ漢字は画数順（漢字の上の数字は画数）に並べた。

部首一覧

部首	名称	意味	例字
偏 へん			
亻	にんべん	人の動作・状態	優 伏
口	くちへん	口の機能	嘆 噴
土	つちへん	土の形状	塊 均
女	おんなへん	女性	媒 嫁
子	こへん	子供	孤 孫
山	やまへん	山の形状	岐 峰
工	たくみへん	工作	巧
巾	はばへん	布	帆 幅
弓	ゆみへん	弓の種類・働き	弦 弾
彳	ぎょうにんべん	道・道を歩く	徐 征
忄	りっしんべん	心の作用・状態	快 憶
扌	てへん	手の動作	捨 拍
氵	さんずい	水・河川・液体	潤 滴
阝	こざとへん	丘・山の形状	陰 隆
方	ほうへん	旗の種類・状態	旋 施
日	ひへん	時間・明暗	暇 晩
月	つきへん	時間	服 朕
木	きへん	木の種類・状態	机 枯
歹	かばねへん	死・傷害	殖 殊
火	ひへん	火の性質・作用	燥 炊
片	かたへん	板の状態	版
牜	うしへん	牛の種類・状態	牲 牧
王	おうへん	宝石・装飾品	環 珍
礻	しめすへん	神・祭礼	祈 禍
月	にくづき	体の部分・状態	脱 肝
田	たへん	田畑・耕作	略 畔
𤴔	ひきへん	足の動作	疎
目	めへん	目の機能・状態	眺 瞭
矢	やへん	矢の種類・形状	矯 知
石	いしへん	岩石・鉱物	硬 砂
立	たつへん	人が立つ動作	端
衤	ころもへん	衣服の部分・状態	被 襟
米	こめへん	米の種類・状態	粗 糧
糸	いとへん	糸の種類・形状	繊 縛
耒	すきへん	農具・耕作	耗 耕
耳	みみへん	耳の機能・状態	職 聴
舟	ふねへん	船の種類・状態	艦 般
虫	むしへん	昆虫などの生物	蛇 蚊
角	つのへん	動物の角	解 触
言	ごんべん	言葉による表現	詳 請
豸	むじなへん	獣	貌
貝	かいへん	貨幣・財宝	購 贈
𧾷	あしへん	足の動作・状態	跳 踏
車	くるまへん	車の種類・部分	轄 軌
酉	とりへん	酒の種類	醸 酔
釆	のごめへん	分ける	釈
里	さとへん	村里	野
食	しょくへん	飲食	飢 飽
𩙿	しょくへん	飲食	餌 餅
革	かわへん	革の状態・製品	靴
馬	うまへん	馬の種類・働き	駄 駆
骨	ほねへん	体・骨格	髄 骸
魚	うおへん	魚類・水生動物	鯨 鮮
歯	はへん	歯の機能・年齢	齢
旁 つくり			
乚	おつ	曲がったさま	乳 乱
刂	りっとう	刀の種類・働き	刻 剣
巛	かわ	川・水の流れ	巡
彡	さんづくり	装飾	彫 彩
阝	おおざと	居住地・地名	郊 郭
攵	のぶん	打つ・強制する	政 攻
斤	おのづくり	刃物で切る	断 斬
殳	るまた	打つ・たたく	殴 殻
隶	れいづくり	追う・捕まえる	隷
冠 かんむり			
亠	なべぶた	（亠の形）	享 亡
人	ひとやね	人の動作・状態	企 介
冖	わかんむり	覆われたもの	冥 冗
宀	うかんむり	家屋・屋根	寡 寄
⺌	しょう	小さいこと	尚 当
彑	けいがしら	豚・いのしし	彙
⺍	つかんむり	（ツの形）	厳 営
艹	くさかんむり	草花の種類	葛 菌
⺥	つめかんむり	手の動作	爵
耂	おいかんむり	老人	者 考
癶	はつがしら	足の動作	登 発
穴	あなかんむり	穴の種類・形状	窮 突
罒	あみがしら	網の種類・状態	罷 羅
⺮	たけかんむり	竹の形状・製品	範 策
虍	とらがしら	虎の性質・状態	虚 虐
覀	おおいかんむり	伏せる・覆う	覇 覆
髟	かみがしら	毛髪・ひげ	髪
脚 あし			
八	は	分ける・開く	具 典
夂	すいにょう	足の動作	夏 変
廾	こまぬき	両手の動作	弄 弁
⺗	したごころ	心の作用・状態	慕 恭
灬	れんが	火の性質・作用	烈 焦
氺	したみず	水・河川・液体	泰
舛	まいあし	両足の動作	舞
垂 たれ			
厂	がんだれ	崖・岩・石	厚 厄
尸	かばね	体・体の動作	屈 居
广	まだれ	屋根・建物	廃 床
戸	とだれ	扉・家	房 扇
疒	やまいだれ	病気・傷害	療 疲
繞 にょう			
廴	えんにょう	道・行く・進む	建 延
辶	しんにょう	道を歩く動作	遜 遡
走	そうにょう	走る動作	越 赴
麦	ばくにょう	麦の種類・食品	麺
鬼	きにょう	霊魂・精霊	魅
構 かまえ			
冂	どうがまえ	（冂の形）	冊 円
勹	つつみがまえ	包みこむ	勾 匂
匚	はこがまえ	箱	匠
匸	かくしがまえ	隠す・しまう	匹 匿
囗	くにがまえ	囲む・巡らす	団 囚
弋	しきがまえ	くい	弐 式
气	きがまえ	気体の状態	気
行	ぎょうがまえ	道・道を歩く	衛 衝
門	もんがまえ	出入り口・囲い	閑 閉
その他			
一	いち	（一の形）	与 丁
丨	ぼう	縦に貫く	串 中
丿	の	垂れているさま	乏 久
乙	おつ	曲がったさま	乾 九
亅	はねぼう	（亅の形）	了 争
二	に	重ねたさま	互 井
人	ひと	人・人の動作	以 人
入	いる	（入の形）	内 全
儿	ひとあし	人	免 克
八	はち	分ける・開く	公 八
冫	にすい	凍る・寒い	准 凝
几	つくえ	台・寄りかかる	処 凡
凵	うけばこ	容器・くぼみ	凹 出
刀	かたな	刀の種類・働き	分 刃
力	ちから	力を入れる動作	励 勢
匕	ひ	さじ	化 北
十	じゅう	数の十	協 卓
卜	ぼく	占い	占
卩	わりふ	ひざまずく動作	却 即